权威·前沿·原创

**皮书系列为
"十二五""十三五"国家重点图书出版规划项目**

智库成果出版与传播平台

甘肃经济发展分析与预测（2021）

ANALYSIS AND FORECAST ON ECONOMIC DEVELOPMENT OF GANSU (2021)

主　编／安文华　王晓芳

社会科学文献出版社
SOCIAL SCIENCES ACADEMIC PRESS (CHINA)

图书在版编目(CIP)数据

甘肃经济发展分析与预测.2021 / 安文华,王晓芳主编. -- 北京:社会科学文献出版社,2021.1
（甘肃蓝皮书）
ISBN 978-7-5201-7727-6

Ⅰ.①甘… Ⅱ.①安… ②王… Ⅲ.①区域经济-经济分析-甘肃-2020②区域经济-经济预测-甘肃-2021 Ⅳ.①F127.42

中国版本图书馆CIP数据核字（2020）第255348号

甘肃蓝皮书
甘肃经济发展分析与预测（2021）

主　　编 / 安文华　王晓芳

出 版 人 / 王利民
组稿编辑 / 邓泳红
责任编辑 / 宋　静

出　　版 / 社会科学文献出版社·皮书出版分社（010）59367127
　　　　　　地址：北京市北三环中路甲29号院华龙大厦　邮编：100029
　　　　　　网址：http://www.ssap.com.cn
发　　行 / 市场营销中心（010）59367081　59367083
印　　装 / 三河市东方印刷有限公司

规　　格 / 开　本：787mm×1092mm　1/16
　　　　　　印　张：19.25　字　数：251千字
版　　次 / 2021年1月第1版　2021年1月第1次印刷
书　　号 / ISBN 978-7-5201-7727-6
定　　价 / 158.00元

本书如有印装质量问题，请与读者服务中心（010-59367028）联系

▲ 版权所有 翻印必究

甘肃蓝皮书编辑委员会

主　　任　王福生　陈富荣
副 主 任　范　鹏　陈卫中　王成勇　梁和平　王炯玉
　　　　　马虎成　苏海明　张应华　陈　波　郭鹤立
　　　　　罗凤存　刘永升
总 主 编　王福生　陈富荣
成　　员　安文华　马廷旭　王俊莲　王　琦　董积生
　　　　　冯宏录　高应恒　刘玉顺　周小鹃

甘肃蓝皮书编辑委员会办公室

主　　任　董积生
副 主 任　王彦翔

《甘肃经济发展分析与预测（2021）》编辑委员会

主　　任　　王福生　陈富荣

副 主 任　　安文华　马廷旭　王俊莲　王　琦　董积生

委　　员　　罗　哲　王晓芳　何　苑　王建兵　胡政平
　　　　　　高应恒　刘玉顺

主　　编　　安文华　王晓芳

首席专家　　王晓芳　罗　哲

主要编撰者简介

安文华 甘肃省社会科学院副院长。主要研究领域为社会科学总论、科研管理等。主要专著有《中国社会科学论纲》《丝绸之路三千里》《华夏文明八千年》《反贫困之路》《中国国情丛书——百县市经济社会调查：静宁卷》《传统农业县的变迁》《全国社会科学院年鉴（2016）》等。主要论文有《试论领导干部的"参用"思想》《敦煌艺术哲学论要》《中国美学的新起点》《社科管理的性质及对管理者的素质要求》《科学、社会科学的由来与发展》《自然科学与社会科学的融合是科学体系健康发展的必然》《中国社会科学的历史追寻》《传承优秀文化，构建中国特色社会主义话语体系》《当代中国哲学社会科学话语体系研究》等。主编出版了《甘肃经济发展分析与预测》（2017～2020共四卷）、《甘肃社会发展分析与预测》（2012～2018共七卷）、《甘肃文化发展分析与预测》（2014～2016共三卷）。成果获省部级社科优秀成果一等奖1项、二等奖2项、三等奖4项。

王晓芳 甘肃省社会科学院区域经济研究所所长、研究员，甘肃省领军人才。主要从事区域经济、信息经济、流通经济研究。主要著作包括《西部欠发达地区县域经济研究》《西北地区少数民族信息资源开发与阅读文化构建》《西北地区信息用户满意度与信息素质教育》《甘肃向西开放务实合作·中亚篇》等10余部，在《中国农村经济》《甘肃日报》《甘肃社会科学》等刊物发表论文60余篇。先后主持完成国家社科基金项目、甘肃省社科规划项目、甘肃科技基金软科学项目、"陇原青年创新人才扶持计划"项目、兰州市科技基金软科学项目、福特基金项目等20多项。先后获第十届、第十一届、第十三届甘肃省社会科学优秀成果奖,中国社会科学情报学会论文奖,甘肃省图书情报学会论文奖等奖项10多项。作为首席专家主编出版了《甘肃商贸流通发展报告》(2016~2020卷)、《甘肃经济发展分析与预测》(2020)。

总　序

"甘肃蓝皮书"是甘肃省社会科学院倾力打造的全面反映甘肃经济、政治、社会、文化、生态等各领域发展最新情况的智库研究成果转化平台。多年来,在省委省政府及有关部门、单位的支持下,经过全院科研人员的合力攻坚,"甘肃蓝皮书"研究成果日益丰富,社会影响力日益扩大,已由最初的院内科研平台,发展成为如今的甘肃省内智库服务党委政府决策和全省经济社会发展的重要品牌、社会科学的学术品牌、思想文化领域的标志品牌,甘肃有关部门、行业和地方工作成就的展示品牌。

"甘肃蓝皮书"的诞生与发展,生动记录了甘肃省经济社会的巨大变迁和人民群众关注点的时代变化,充分展现了传统社会科学研究机构向现代特色智库、高端智库、数字智库转型的发展历程。2006年《甘肃经济社会发展分析与预测》《甘肃舆情分析与预测》面世,标志着"甘肃蓝皮书"正式诞生。至"十一五"末,《甘肃社会发展分析与预测》《甘肃县域和农村发展报告》《甘肃文化发展分析与预测》相继面世,"甘肃蓝皮书"由原来2种增加到5种。2011年首倡甘肃、陕西、宁夏、青海、新疆西北五省区社科院联合编研出版《中国西北发展报告》。从2014年起,加强与省内重要部门和市(州)合作,先后与省住房和城乡建设厅、省民族事务委员会、省商务厅、省统计局、酒泉市共同编研出版《甘肃住房和城乡建设发展分析与预测》《甘肃民族发展报告》《甘肃商贸流通发展报告》《甘肃酒泉经济社会发展报告》。2018年与省精神文明办、平凉市合作编研出版《甘肃精神文明发展报告》《甘肃平凉经济社会发展报告》。2019年与省文化和旅游厅、临夏州合作编研出版《甘肃旅游业发展报告》《临夏回族自治州经济社会发展形势分析与预测》。2020年与兰州市合作编研出版《兰州市经济社会发展形势分析与预测》，与宁夏、青海、内蒙古、陕西、山西、河南、山东等省区社科院合作编研《黄河流域蓝皮书——黄河流域生态保护和高质量发展报告》。至此"甘肃蓝皮书"的编研出版规模发展到16本，涵盖了经济、政治、社会、文化、县域、住建、商贸、旅游、民族等领域，地域范围从省内市（州）拓展到"丝绸之路经济带"、黄河流域的国内主要相关区域。

2020年"甘肃蓝皮书"继续秉持稳定规模、完善机制，提升质量、扩大影响的编研理念，在选题和框架设计方面，紧密结合世情、国情、党情及省情实际，围绕中心、服务大局，紧跟时代、反映当下。"甘肃蓝皮书"始终坚持追踪前沿、创新驱动、服务党委政府宗旨，坚定不移走高质量发展之路。一是密切跟踪学术前沿，持续拓宽研究视野，及时掌握新思想、新观点、新论断，坚持基础研究和应用研究并重，突出"甘肃蓝皮书"优势、特色。二是坚定开放合作，更好利用省内外创新资源，提升创新能力，大力促进大数据、云平台、人工智能等技术与社科研究渗透融合，建构数字化时代蓝皮书编研体系，驱动"甘肃蓝皮书"向更高质量、更高水平发展。三是面向全省发展需求，聚焦全局性、战略性和前瞻性的重大理论与现实问题，向党委政府决策和社会提供事实依据充分、分析深入准确、结论科学可靠、对策具体可行的研究成果,促使"甘肃蓝皮书"更加"接地气"。

在"十四五"时期,甘肃省社会科学院作为省属综合性社会科学研究机构和智库,将坚持以习近平新时代中国特色社会主义思想为指导,认真贯彻党的十九大及十九届二中、三中、四中、五中全会精神,全面落实习近平总书记对甘肃重要讲话和指示精神,立足新发展阶段,贯彻新发展理念,进一步聚焦甘肃"十四五"时期经济社会发展的重大问题,开展应用研究、战略研究、对策研究,切实发挥好决策咨询、资政建言、服务党委政府作用,沿着打造西部最具国内外影响力的现代特色智库、高端智库、数字智库的方向扎实迈进。

凝心聚力著华章,守正创新谱新篇。站在"两个一百年"历史交汇点上,相信在各方共同努力下,"甘肃蓝皮书"将继续提升学术影响力和品牌知名度,展现"甘肃风格",彰显"陇原品质",成为服务党委政府科学决策更有价值的参考书,成为深度了解和认识甘肃省情的重要窗口,从而为加快建设幸福美好新甘肃、不断开创富民兴陇新局面提供智力支持和理论支撑。

此为序。

王福生
2020年12月6日

摘 要

2020年，甘肃省全面落实党中央"六稳""六保"重大决策部署，立足"五个坚持"，即坚持稳中求进总基调，坚持双循环新发展理念，坚持以供给侧改革为主线，坚持推动高质量发展，坚持打好三大攻坚战，统筹推进疫情防控和经济社会发展各项工作，精准打好政策组合拳，加速推进经济运行循环畅通，经济总体运行稳中向好，经济韧性增强，经济基础更加稳固。全书重点研究了甘肃经济运行、发展规划、产业发展、投入产出及重大专题等，分析和总结了2020年甘肃经济发展现状和问题，预测和展望了2021年甘肃经济发展走势与前景，并针对现状、问题、发展目标提出了理论与实践相结合的应用对策建议。

《甘肃经济发展分析与预测（2021）》共分总报告、发展规划篇、产业篇、投入产出篇、专题篇五大部分14个专题。总报告分析了2020年甘肃农业、工业、服务业、投资、消费、进出口、财政金融等主要指标变化状况，指出了甘肃在双循环新发展格局中还面临五大短板，还需着力"六个瞄准"，积极推进经济进一步复苏并步入高质量发展轨道。发展规划篇主要针对甘肃"十四五"时期经济发展重点任务，融入"一带一路"抢占技术制高点、生态制高点等重大问题进行了理论探索和相应的比较研究。产业篇主要针对甘肃农业和农村经济、工业经济、服务业、"十大生态产业"中的中医中药产业、上市公司中涉农企业发展等方面，进行深度调查分析，提出了促进发展相关产业的理论对策。投入产出篇主要就固定资产投资和城乡居民收入进行了分析与预测。专题篇主要针对甘肃黄河流域生态治理和高质量发展、兰白国家自创区发展、榆中生态创新城建设等进行了研究。

《甘肃经济发展分析与预测（2021）》认为，2020年甘肃粮食及六大特色产业稳定增长，"甘味"农产品线上销售趋旺；工业增加值增速全国领先，工业发展新动能持续增强；服务业恢复性增长，快递业高速增长；固定资产投资继续保持稳步回升态势，民间投资加速回暖；社会消费品零售总额增长受阻，扩大内需仍是经济发展的首要任务；对外贸易环境结构发生变化，增强出口新动能日益迫切；财政收支同比下降，民生支出比例显著提高；各项贷款增长继续放缓，个人存款增速大幅度提高。本报告针对2020年经济运行状况，结合"十四五"发展要求和双循环新发展理念，分析预测了2021年甘肃主要经济发展指标，并提出了相应的理论对策建议。

关键词： 甘肃经济　产业发展　投资消费　国内外贸易　高质量发展

Abstract

In 2020, Gansu overall implemented the "six stability" and "six security" of the significant decision deployment which was put forward by the Central Committee of the CPC. Gansu based on the "five persists", which means persist on the seeking improvement in stability keynote, persist on double cycle new development concept, persist on taking the supply-side reform as the main line, persist on promoting the development of high quality, persist on winning the three critical battles. In order to accelerate the economic circulation smooth running this year, Gansu coordinated and promoted the epidemic prevention and the economic and social development, also implemented a series of comprehensive policies. As a whole, the economy has been running steadily and improving, the economic resilience has been enhanced, and its foundation has become more stable. Analysis and forecast on economic development of Gansu (2021) focuses on Gansu economic operation, development planning, industrial development, input-output and major topics and so on, it analyzes and summarizes the present situation and problems of Gansu Province economic development in 2020, and it also forecasts and looks forward to the trend and prospect of Gansu Province economic development in 2021, and it puts forward some practical countermeasures and suggestions for the combination of theory and practice in view of the present situation, problems and development goals.

Analysis and forecast on economic development of Gansu (2021) is divided into five parts: general report, development planning reports, industrial reports, input-output reports and special research reports, including 14 subjects. The general report analyzed the changes of main indicators in 2020, such as agriculture, industry, service industry, investment, consumption, import and export, finance, and pointed out that Gansu still faces five short boards in the new development pattern of dual cycle, and it is necessary to focus on "six targets", actively promoted further economic recovery and step into the track of high-quality development. The development planning reports mainly carried out theoretical exploration and corresponding comparative study on the major issues such as the key tasks of economic development in the period of the 14th five year plan, integrating the "Belt and Road" and seizing the commanding heights of technology and ecology. The chapter of industrial reports makes in-depth investigation and analysis on five aspects including the agriculture and rural economy, the industrial economy, the service industry, the traditional Chinese medicine industry and the agricultural enterprises development in listed companies, and finally puts forward theoretical countermeasures to promote the development of related industries. The input-output chapter mainly analyzes and forecasts the investment in fixed assets and the income of urban and rural residents. The special reports mainly focuses on the ecological management and high quality development of Yellow River Basin in Gansu Province, the development of National Independent Innovation Zone in Lanzhou and Baiyin city, the development of Ecological Innovation Zone in Yuzhong county and so on.

In 2020, the grain and six characteristic industries are steady growth, and the agricultural products sales on the internet are more and more vigorous; The growth rate of industrial added value leads the country, and the new driving force of industrial development continues to increase; The service industry has recovered growth, and the express industry has grown rapidly; The investment in fixed assets continued to rise steadily, and the

Abstract

private investment accelerated to pick up; The structure of foreign trade environment has changed, so it is increasingly urgent to enhance the new momentum of export; The fiscal revenue and expenditure decreased, and the proportion of people's livelihood expenditure increased significantly; The growth of various loans continued to slow down, and the personal deposits increased significantly. In view of the economic operation in 2020 and the development requirements of the 14th five year plan as well as the new development concept of double cycle, this book analyzes and forecasts the main economic development indicators of Gansu Province in 2021, and puts forward corresponding theoretical countermeasures and suggestions.

Keywords: Gansu Economy; Industrial Development; Investment and Spending; Domestic and International Trade; High-quality Development

目 录

Ⅰ 总报告

B.1 2020~2021年甘肃经济运行分析及对策建议 …… 王晓芳 / 001
  一 2020年甘肃经济运行分析 …………………………… / 002
  二 双循环新发展格局中甘肃经济发展存在的
    突出问题 ……………………………………………… / 021
  三 精准把握甘肃构建双循环新发展格局的发力点 …… / 025

Ⅱ 发展规划篇

B.2 "十四五"时期甘肃经济发展重点任务展望 …… 刘伯霞 / 032
B.3 甘肃打造"五个制高点"
  ——技术制高点研究 ………………………… 关　兵 / 066
B.4 甘肃打造"五个制高点"
  ——生态制高点研究 ………………………… 张淳晟 / 084

Ⅲ 产业篇

B.5 2020~2021年甘肃农业与农村经济发展形势分析与预测
　　　　　　　　　　　　　　　　　　　燕星宇 / 101

B.6 2020~2021年甘肃工业经济运行分析与预测
　　　　　　　　　　　　　　　　　　　蒋　钦 / 120

B.7 2020~2021年甘肃服务业发展形势分析与预测
　　　　　　　　　　　　　　　　　　　蒋　钦 / 136

B.8 甘肃"十大生态产业"中的中医中药产业分析
　　　　　　　　　　　　　　　　　　　郝希亮 / 150

B.9 甘肃上市公司中涉农企业发展状况分析　……… 常红军 / 164

Ⅳ 投入产出篇

B.10 甘肃固定资产投资状况分析与预测 …………… 杨春利 / 180

B.11 甘肃城乡居民收入状况分析与预测 …………… 尹小娟 / 201

Ⅴ 专题篇

B.12 甘肃黄河流域生态治理和高质量发展问题研究
　　　　　　　　　　　　　　　　　　　邓生菊 / 216

B.13 兰白国家自创区发展研究 ……………………… 王丹宇 / 233

B.14 榆中生态创新城建设研究 ……………………… 索国勇 / 260

皮书数据库阅读使用指南

CONTENTS

I General Report

B.1 Analysis and Countermeasures of the Economic Operation
in Gansu Province 2020-2021   *Wang Xiaofang* / 001
    1. The Analysis of the Economic Operation of Gansu Province in 2020 / 002
    2. The Prominent Problem of Gansu's Economic Development
      in the New "Double Circulation" Development Pattern / 021
    3. Accurate Understanding the Force of Gansu to Build a New
      "Double Circulation" Development Pattern / 025

II Development Planning Reports

B.2 The Outlook of Key Tasks of Gansu's Economic Development During
the '14th Five-Year Plan' Period   *Liu Boxia* / 032
B.3 The Research on how Creating the Technical Commanding Elevation One of
the "Five Commanding Heights" in Gansu Province   *Guan Bing* / 066
B.4 Creating Five Commanding Heights in Gansu Province: An Investigation
of the Ecological Commanding Height   *Zhang Chunsheng* / 084

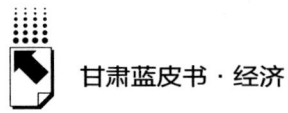

Ⅲ Industry Reports

B.5 Analysis and Prediction for Gansu's Agriculture and Rural Economy
　　　　　　　　　　　　　　　　　　　　　　　Yan Xingyu / 101
B.6 Analysis and Expectation of Gansu Industrial Economic Situation
　　　　　　　　　　　　　　　　　　　　　　　Jiang Qin / 120
B.7 Service Industry Development of Gansu Province Analysis and Forcast
　　　　　　　　　　　　　　　　　　　　　　　Jiang Qin / 136
B.8 Exploring Traditional Chinese medicine industry in "Ten Ecological Industries"in Gansu　　　　　　　　　　*Hao Xiliang* / 180
B.9 Analysis of the Development Status of Agriculture-related Enterprise of Listed Companies in Gansu Province　　*Chang Hongjun* / 164

Ⅳ Input-output Reports

B.10 Analysis and Forecast of the Fixed Assets Investment in Gansu Province
　　　　　　　　　　　　　　　　　　　　　　　Yang Chunli / 180
B.11 Income Growth of Urban and Rural Residents and Countermeasures in Gansu Province　　　　　　　　　　*Yin Xiaojuan* / 201

Ⅴ Special Research Reports

B.12 Research on Ecological Protection and High Quality Development in Gansu Section of the Yellow River Basin　*Deng Shengju* / 216
B.13 Research on the Development of Lanbai National Independent Innovation Demonstration Zone　　　　　*Wang Danyu* / 233
B.14 Analysis Report on the Situation and Development of Yuzhong Ecological Innovation Zone　　　　　　*Suo Guoyong* / 260

总报告

General Report

B.1
2020～2021年甘肃经济运行分析及对策建议

王晓芳*

摘　要： 2020年甘肃经济总体运行稳中向好，经济韧性增强，经济基础更加稳固，粮食及六大特色产业稳定增长，"甘味"农产品产销两旺；工业增加值增速全国领先，工业发展新动能持续增强；服务业恢复性增长，快递业高速增长；固定资产投资继续保持稳步回升态势，民间投资加速回暖；社会消费品零售总额增长受阻，扩大内需仍是经济发展的首要任务；对外贸易环境结构发生变化，增强出口新动能日益迫切；财政收支同比下降，民生支出比例显著提高；各项贷款增长继续放缓，个人存款大

---

* 王晓芳，甘肃省社会科学院区域经济研究所所长、研究员，主要研究方向为区域经济、信息经济、流通经济。

幅度增加。2021年甘肃在双循环新发展格局中还面临内需市场规模小、对外贸易依存度低、市场主体发育不充分、民营经济发展活力不够等明显短板，本文提出"六个瞄准""六个着重发力"的对策建议。

关键词： 经济运行　生态产业　双循环　甘肃

2020年，甘肃省全面落实党中央"六稳""六保"重大决策部署，立足"五个坚持"，即坚持稳中求进总基调，坚持双循环新发展理念，坚持以供给侧改革为主线，坚持推动高质量发展，坚持打好三大攻坚战，统筹推进疫情防控和经济社会发展各项工作，精准打好政策组合拳，加速推进经济运行循环畅通。前三季度，全省经济加快恢复，生产需求不断改善，积极因素不断增多，三次产业实现增长回升态势持续显现，经济运行稳定向好态势进一步巩固。

一　2020年甘肃经济运行分析

2020年1~9月，甘肃省实现生产总值6444.3亿元，同比增长2.8%，位列全国第三、西北第一。分季度看，第一季度下降3.4%，第二季度增长1.5%。分产业看，第一产业增加值889.3亿元，增长5.1%；第二产业增加值2007.9亿元，增长4.6%；第三产业增加值3547.1亿元，增长1.2%，三次产业结构为13.8∶31.2∶55.0。2020年，甘肃经济总体运行稳中向好，经济韧性增强，经济基础更加稳固，粮食及六大特色产业稳定增长，大宗农产品产销两旺；工业新动能增强，规模以上工业增加值增速全国领先；固定资产投资继续保持稳步回升态势，民间投资加速回暖；社会消费品零售总额增长受阻，扩大内需仍是经济发展的首要任务；对外贸易环境结构发生变化，增强出口新动能日益迫切；财政收支同比下降，民生支出比例显著提高；各项贷款增长继续放缓，个人存款大幅度提高。

（一）粮食及六大特色产业稳定增长，"甘味"农产品产销两旺

2020年前三季度，全省农林牧渔及农林牧渔服务业增加值同比增长4.8%，高出同期全国平均水平。蔬菜、水果、中药材等主要经济作物产量均实现了稳定增长。

1. 夏粮生产持续稳定，全年粮食有望再获丰收

按照年初制定的《2020年全省稳定粮食生产行动方案》中提出的目标，粮食播种面积稳定在4000万亩以上，总产量稳定在1100万吨以上。2020年，甘肃夏粮播种面积1315.4万亩，产量323.4万吨。初步统计，1~8月已完成粮食作物播种4006万亩，其中小麦1106万亩、玉米1500万亩、马铃薯1030万亩，玉米、马铃薯等秋粮长势良好，全年有望获得粮食丰收，全面实现粮食生产行动方案预期目标。

2. 畜牧业快速发展，猪、牛、羊、家禽存出栏全面增长

2020年前三季度，全省猪存栏同比增长19.2%，出栏增长1.9%，其中能繁殖母猪存栏增长15.1%；牛存栏增长2.1%，出栏增长6.2%；羊存栏增长8.2%，出栏增长11.3%；家禽存栏增长22.8%，出栏增长45.0%。与同期全国畜牧业发展形势相比，各项指标均位居前列，特别是生猪保供成绩显著，接近全国同期增长水平。

3. 特色产业发展步伐加快，薯果药产量稳定增长

2020年前三季度，全省蔬菜、水果产量同比分别增长5.5%和5.9%，预计中药材产量增长7.6%。

4. 线上销售快速增长，"甘味"农产品在热销中创建特色品牌

以电商平台、直播带货为主的线上销售快速增长，带动"甘味"

农产品热销。电商销售成为甘肃农产品销售的重要渠道，阿里巴巴农村电商已经与省内23个县开展合作，打造出了"礼县苹果""民勤蜜瓜""临洮百合""景泰面粉""静宁苹果"等特色品牌。据统计，阿里巴巴经济体已经对接销售甘肃农产品金额超5亿元。2020年8月，甘肃省成功举办了特色农产品集中上市季线上线下产销对接活动，兰州设主会场，在广州、北京、重庆、成都、上海、杭州等地大型农产品批发市场设6个分会场，依托省商务厅在当地设立的甘肃省农产品销售服务中心开展"云对接"，进一步拓展省外市场，助力农产品销售，活动签约28个项目约20万吨特色农产品，签约额9.6亿元。2020年9月，甘肃省消费扶贫月活动正式启动，以促进"甘味"农产品和优质特色扶贫产品销售、保障城市"米袋子""菜篮子""果盘子"有效供给、构建社会扶贫长效机制为目标，通过消费扶贫专柜专馆专区、消费扶贫地方馆及服务我国832个贫困县的网络销售平台"扶贫832平台"等载体，采取政府引导与社会参与相结合、政策支持与市场运作相结合、线上平台与线下渠道相结合、集中发动与持续推动相结合等方式，统筹各方面资源购买并帮助销售扶贫产品。

（二）工业增加值增速全国领先，工业发展新动能持续增强

2020年，在新冠肺炎疫情冲击下，甘肃工业经济运行整体上呈现"先降后升"发展态势，自第二季度以来甘肃工业生产快速恢复，发展新动能持续增强，1~8月，全省规模以上工业增加值同比增长6.2%，高于全国平均增速5.8个百分点，增速全国领先。

1. "三保"措施有效，工业生产快速恢复

受新冠肺炎疫情影响，第一季度，甘肃工业经济增加值增速大幅下滑，累计同比下降4.4%。第二季度，在甘肃省委、省政府保市场主体、保产业链、保供应链以及其他各项政策的有效落实下，

工业企业原材料供应不足、产品销售运输不畅和防护物资短缺等突出问题得到有效缓解，工业生产加快恢复，增速和累计增速在季内实现由负转正。第三季度以来，工业增加值累计增速持续稳步提升，8月累计增速达到6.2%，比上年同期高出3.5个百分点，比全国平均增速高出5.8个百分点，比西部地区和西北五省区平均增速分别高出4.0个、3.0个百分点。

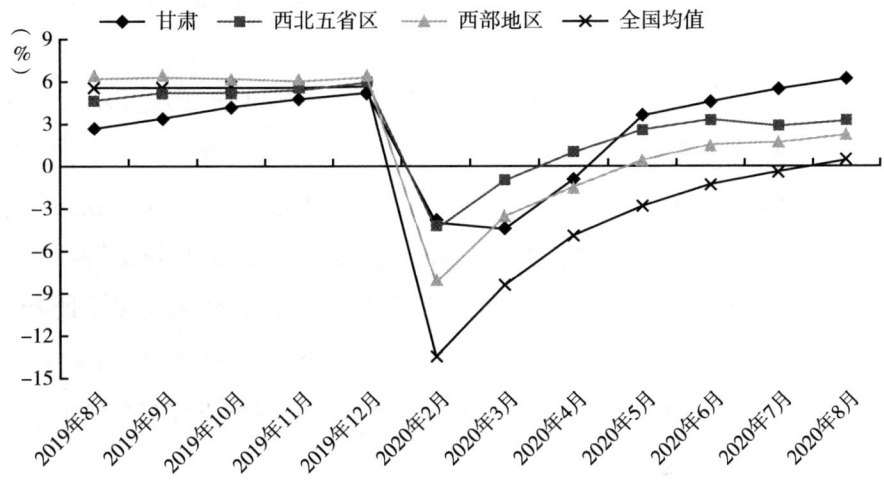

图1　2019年8月至2020年8月甘肃省与全国、西部地区及西北五省区工业增加值增速变化对比

2. 十大生态产业投资增加，工业发展新动能持续增强

以先进制造、清洁生产、数据信息等为主的十大生态产业项目投资持续增加，带动甘肃战略性新兴产业、高技术产业、装备制造业和新能源产业呈现较快发展态势，工业经济发展新动能进一步显现。初步核算，2020年前三季度，全省十大生态产业增加值1335.7亿元，同比增长3.0%，增速比上半年提高1.3个百分点；占全省地区生产总值的20.7%，比重比上年同期提高0.4个百分点。2020年计划实施的495个项目中，已建成55个，371个项目正在建设，累计完成

投资133.2亿元,其中,高技术制造业投资增长10.2%,消费品制造业增长11.0%,装备制造业投资增长2.7%。

1~8月,全省规模以上工业战略性新兴产业、高技术产业、装备制造业增加值分别增长9.1%、18.8%、19.3%,分别比规模以上工业增加值增速高出2.9个、12.6个、13.1个百分点。新能源产业发展条件改善,上半年,新能源装机占全省发电装机容量的42.4%,超过火电成为甘肃第一电源,装机规模居全国第7位。

3.支持实体经济发展举措有力,企业效益呈现快速恢复增长态势

2020年,甘肃工业企业效益受疫情影响第一季度直线式下降,之后逐月大幅快速回升。自第二季度以来,政策发力缓解企业经营压力,大规模减税降费,降低企业用电、用地及租金成本等支持实体经济发展的政策落地,有效地降低了企业成本,企业效益呈现快速恢复增长态势。1~8月,全省规模以上工业企业累计实现营业收入4420.6亿元,同比增长12.2%(见表1),实现利润总额155.8亿元,同比增长19.8%。

表1 2020年1~8月工业企业经济效益主要指标增速

单位:%

项目	1~2月	1~3月	1~4月	1~5月	1~6月	1~7月	1~8月
营业收入	2.7	2.1	2.5	7.0	10.2	10.7	12.2
投资收益	-50.0	-47.4	-63.6	-121.2	-27.9	40.0	128.6
财务费用	7.4	3.1	0.2	-1.6	-2.5	-3.3	-6.2
管理费用	-4.9	-5.6	-8.8	-9.9	-9.0	-8.2	-7.5
销售费用	-11.4	-12.3	-9.4	-7.7	-6.0	-4.3	-2.6

资料来源:甘肃省统计局工业处。

（三）服务业恢复性增长，快递业加速增长

2020年突发新冠肺炎疫情对甘肃服务业造成严重影响，第一季度各项主要指标大幅下滑，旅游业等部分主要行业处于停摆状态，第二季度后服务业开始复苏，主要指标逐月回升。总体上看，疫情造成的影响正在持续减弱，服务业处于恢复性增长阶段。2020年1~8月，全省规模以上服务业实现营业收入747.8亿元，同比下降11.1%（见图2）。

1. 交通运输、仓储和邮政业下滑，服务业营业收入整体下降

分门类看，在十大门类中，除科学研究和技术服务业增长18.8%，信息传输、软件和信息技术服务业增长1.7%外，其他8个门类营业收入均不同程度地下降。营业收入降幅最大的是文化、体育和娱乐业，同比下降25.1%；交通运输、仓储和邮政业在全省服务业中占比高达52.8%（见图3、表2），1~8月实现营业收入394.9亿元，同比下降19.9%；居民服务、修理和其他服务业同比下降12.4%；卫生和社会工作同比下降5.9%。

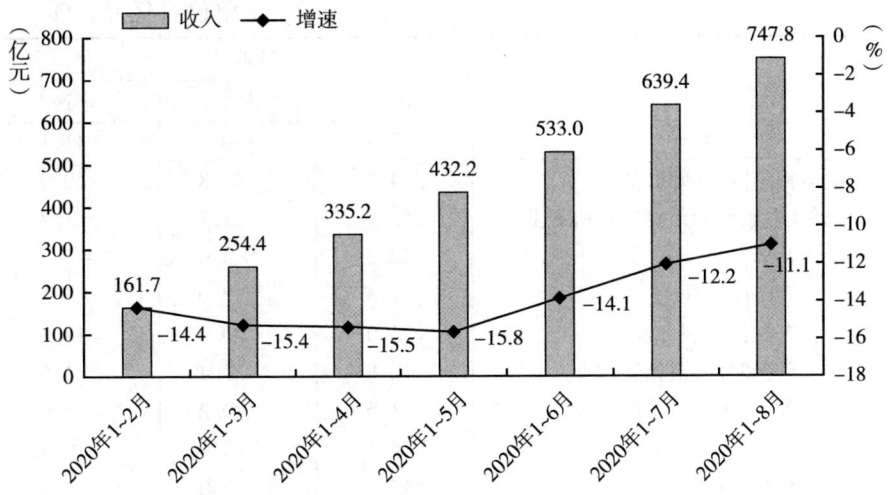

图2　2020年1~8月规模以上服务业营业收入及增速

资料来源：甘肃省统计局服务业处。

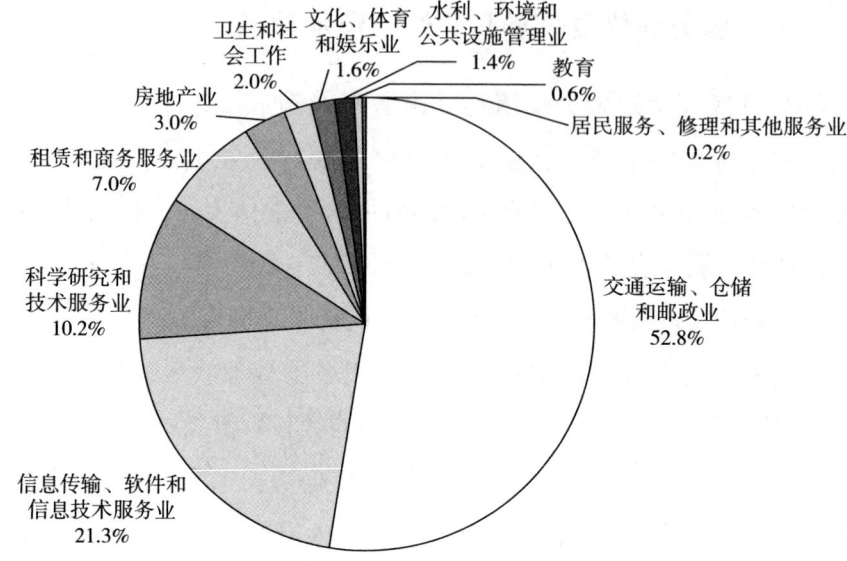

图3　2020年1~8月规模以上服务业十大行业门类营业收入占比

资料来源：甘肃省统计局服务业处。

表2　2020年1~8月甘肃省规模以上服务业分行业门类营业收入情况

单位：亿元，%

行业	营业收入		
	总量	占比	增速
总计	747.8	100	-11.1
交通运输、仓储和邮政业	394.9	52.8	-19.9
信息传输、软件和信息技术服务业	158.9	21.3	1.7
房地产业	22.3	3.0	-5.5
租赁和商务服务业	52.3	7.0	-5.2
科学研究和技术服务业	76.0	10.2	18.8
水利、环境和公共设施管理业	10.8	1.4	-1.6
居民服务、修理和其他服务业	1.5	0.2	-12.4
教育	4.1	0.6	-0.9
卫生和社会工作	15.1	2.0	-5.9
文化、体育和娱乐业	11.9	1.6	-25.1

资料来源：甘肃省统计局服务业处。

2. 铁路公路航空客运量下降明显，货运量处于恢复性增长阶段

2020年1~9月，甘肃铁路系统完成客运量2970.0万人次，同比下降35.6%，增速比上年同期下降43.9个百分点；客运周转量175.8亿人公里，同比下降47.7%（见表3），增速比上年同期下降52.0个百分点。其中，9月当月完成客运量455.7万人次，同比下降9.1%；客运周转量29.2亿人公里，同比下降21.7%。完成公路客运量1.5亿人次，同比下降44.5%；客运周转量98.3亿人公里，同比下降44.6%（见表4）。其中，9月当月完成客运量2188.8万人次，同比下降23.3%；客运周转量13.4亿人公里，同比下降23.6%。航空系统累计完成旅客吞吐量912.4万人次，同比下降33.9%。其中，9月当月完成旅客吞吐量182.7万人次，同比增长11.1%。

表3　2020年1~9月甘肃省铁路运输增长速度变动情况

单位：%

时间	客运量增速	客运周转量增速	货运量增速	货物周转量增速
1月	6.8	2.2	-4.4	-10.4
1~2月	-43.1	-44.9	0.6	-4.5
1~3月	-47.0	-48.4	2.9	-3.0
1~4月	-45.9	-45.5	6.1	-6.1
1~5月	-43.0	-44.5	9.7	-5.5
1~6月	-41.5	-45.5	9.7	-5.7
1~7月	-40.3	-48.4	10.5	-5.2
1~8月	-38.8	-50.9	10.7	-5.0
1~9月	-35.6	-47.7	10.9	-4.1

资料来源：甘肃省统计局服务业处。

1~9月，铁路系统完成货运量4364.2万吨，同比增长10.9%，增速比上年同期上升24.5个百分点；货物周转量1078.0亿吨公里，同比下降4.1%，增速较上年同期回落6.8个百分点。其中，9月当

月完成货运量503.9万吨,同比增长12.3%;货运周转量131.9亿吨公里,同比增长2.1%。公路系统累计完成货运量4.4亿吨,同比增长4.4%;货物周转量726.0亿吨公里,同比增长3.0%。其中,9月当月完成货运量5803.3万吨,同比上升10.0%;货物周转量98.4亿吨公里,同比上升6.2%。

表4 2020年1~9月全省公路运输增速情况

单位:%

时间	客运量增速	客运周转量增速	货运量增速	货物周转量增速
1月	-8.0	-7.8	-0.6	3.0
1~2月	-54.9	-54.6	-19.4	-17.7
1~3月	-66.9	-66.2	-10.7	-9.5
1~4月	-70.1	-69.6	-3.7	-2.8
1~5月	-60.0	-59.5	-0.6	0.01
1~6月	-52.8	-52.4	1.0	1.5
1~7月	-49.7	-49.4	2.9	2.5
1~8月	-47.0	-46.9	3.6	2.5
1~9月	-44.5	-44.6	4.4	3.0

资料来源:甘肃省统计局服务业处。

3. 快递业快速增长,邮政电信软件业高位运行

2020年1~8月,完成邮政业务量28.5亿元,同比增长26.2%。电信业务量完成1606.2亿元,同比增长30.9%。完成快递业务量7909.0万件,同比增长35.7%(见表5)。移动互联网用户达到2311.4万户,同比小幅下降0.5%;4G移动电话用户2207.6万户,同比增长0.2%。固定互联网宽带接入用户901.9万户,同比增长5.5%,其中固定互联网光纤宽带接入用户864.9万户,同比增长6.7%。

表5　2020年1～8月全省完成快递业务量同比增长情况

单位：万件，%

时间	快递业务量	增速	时间	快递业务量	增速
1月	706.4	0.5	1～5月	4275.0	33.7
1～2月	1165.4	7.6	1～6月	5427.1	36.3
1～3月	2149.5	20.2	1～7月	6729.4	37.5
1～4月	3189.9	29.0	1～8月	7909.0	35.7

资料来源：甘肃省统计局服务业处。

1～7月，全省规模以上软件和信息技术服务业企业共计152家。实现软件业务收入合计32.0亿元，同比增长14.6%。其中，软件产品收入达到9.9亿元，同比增长21.6%；信息技术服务收入达到21.0亿元，同比增长11.4%；信息安全收入达到1558.0万元，同比增长21.6%，嵌入式系统软件收入9150.5万元，同比增长16.7%。

（四）固定资产投资继续保持稳步回升态势，民间投资加速回暖

2020年1～9月，全省固定资产投资同比增长6.5%，增速比上半年提高2.5个百分点（见图4）。其中，基础设施投资同比增长11.4%，增速比上半年提高11.6个百分点。

1. 第一产业投资高速增长，工业投资增长疲软

2020年1～9月，第一产业投资同比增长40.6%，增速比上半年提高7.6个百分点，其中畜牧业投资增长1.6倍，林业和农林牧渔服务业分别增长49.7%和34.0%；第二产业投资下降1.3%，增速与上年同期持平，其中，工业投资下降2.1%，制造业投资增长7.8%；第三产业投资增长6.6%，比上年同期提高2.9个百分点。全省三次产业投资结构为5.4∶17.0∶77.6，与上年同期比较，一产提高1.3个

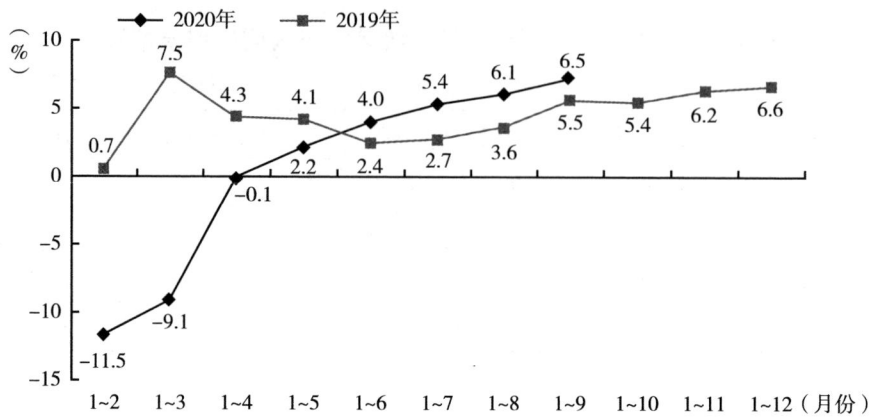

图4 2019～2020年全省固定资产投资增速对比情况

资料来源：甘肃省统计局投资处。

百分点，二产、三产分别降低1.1个和0.2个百分点。

2. 民间投资出现回暖迹象，项目投资加速增长

2020年1～8月，全省国有控股投资增长3.0%，增幅比1～7月提高1.0个百分点，国有控股投资占全部固定资产投资的比重为56.3%。全省民间投资增势稳定，增长10.1%，增幅比1～7月提高0.2个百分点，民间投资占全部固定资产投资的比重为43.4%。其中，房地产民间投资增长8.0%，项目民间投资增长12.1%。

3. 基础设施投资加快，房地产投资平稳增长

2020年1～8月，基础设施投资增长7.2%，高于全部投资1.1个百分点。其中：道路运输业增长21.1%，是带动基础设施投资快速回暖的主要因素，当期，道路运输业完成投资占基础设施投资的68.1%，向上拉动基础设施投资12.7个百分点。电信、广播电视和卫星传输服务业，公共设施管理业，生态保护和环境治理业降幅分别收窄29.5个、4.6个和4.3个百分点。房地产开发投资增长10.0%（见图5），向上拉动全省固定资产投资增长2.8个百分点，占全部固定资产投资的比重为29%左右。从实物量完成情况看，1～8月，全

省房屋施工面积比上年同期下降0.1%,其中:房屋新开工面积增长4.5%;房屋竣工面积下降2.9%;商品房销售面积增长8.1%。

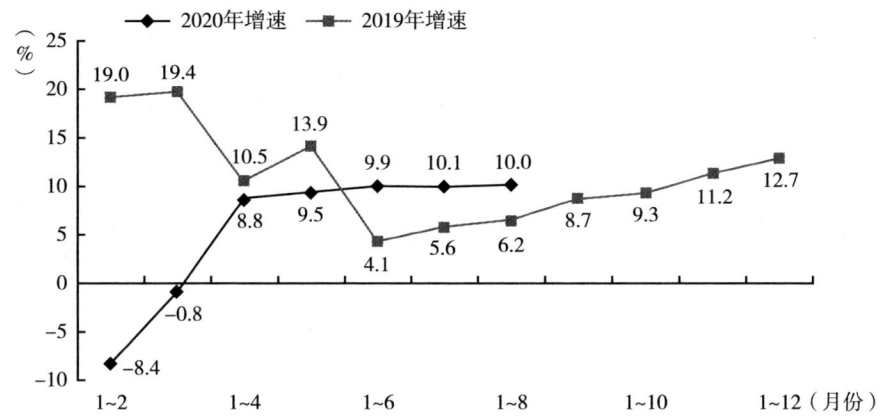

图5 2019~2020年全省房地产开发投资增速对比情况

资料来源:甘肃省统计局投资处。

(五)社会消费品零售总额增长受阻,扩大内需仍是经济发展的首要任务

2020年1~8月,全省实现社会消费品零售总额2228.0亿元,同比下降6.0%,降幅比上年同期回落13.1个百分点,比1~7月收窄1个百分点(见图6),低于全国平均水平6.5个百分点。

1.批发业与零售业增速放缓,住宿业与餐饮业加速回升

批发业呈现正增长态势,零售业出现负增长,从4月起开始稳步回升。2020年1~8月,限额以上批发业实现销售额3314.2亿元,同比增长2.8%,限额以上零售业实现销售额583.2亿元,同比下降1.7%。从单月来看,2~8月分别增长-48.3%、-5.0%、0.6%、7.8%、16.0%、6.7%、3.7%,整体零售业呈现增速波动大、回升影响因素增多的态势。

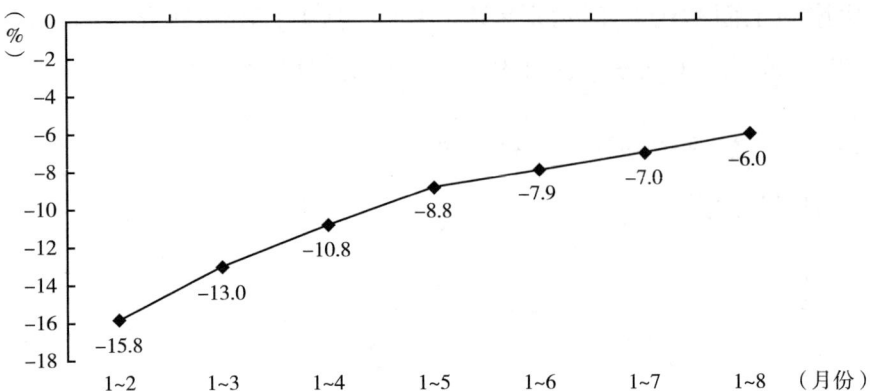

图 6　2020 年 1~8 月甘肃省社会消费品零售总额累计同比增速

资料来源：甘肃省商务厅综合处。

住宿业整体低迷，但也呈现逐月回升态势。1~8 月限额以上住宿业实现营业额 18.0 亿元，同比下降 29.9%，降幅比上年同期回落 31.5 个百分点，从单月来看，2~8 月分别下降 86.0%、60.4%、37.8%、28.6%、19.6%、16.0%、11.0%（见图 7），住宿业呈现稳步回升的态势。

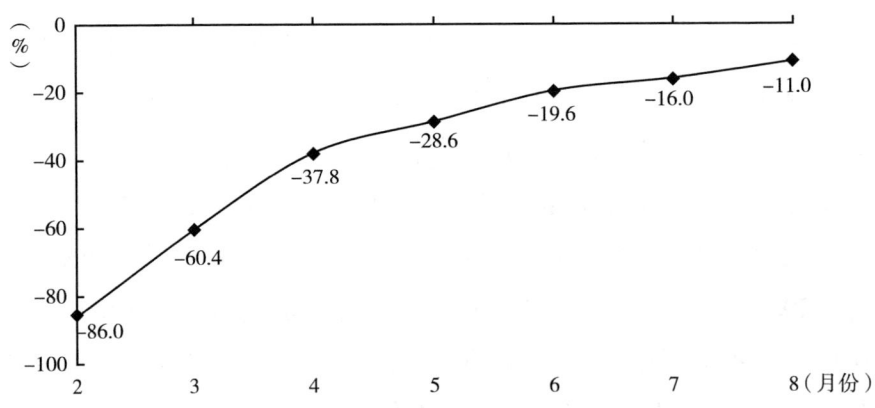

图 7　2020 年 2~8 月甘肃省住宿业增速状况

资料来源：甘肃省商务厅综合处。

餐饮业呈现加速回升的态势。1~8月限额以上餐饮业实现营业额20.8亿元，同比下降22.0%，降幅比上年同期回落28.4个百分点。从单月来看，2~8月分别下降84.0%、57.1%、27.0%、6.9%、6.8%、3.9%、1.3%（见图8）。

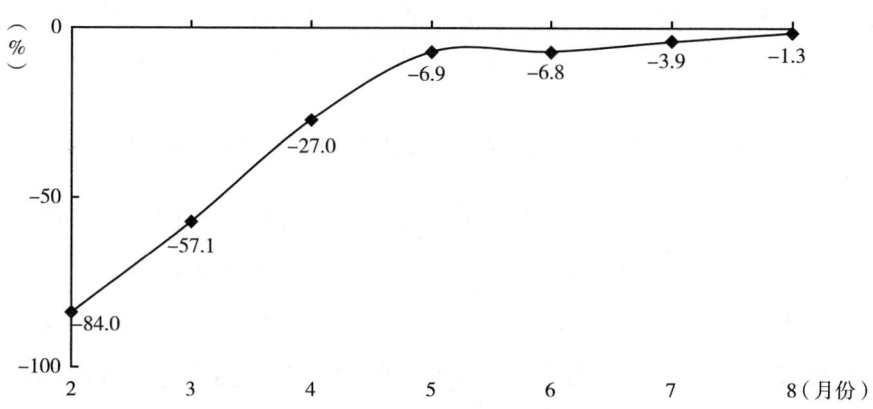

图8　2020年2~8月甘肃省限额以上餐饮业增速状况

资料来源：甘肃省商务厅综合处。

2. 基本生活类商品销售有升有降，中西药品类稳定增长，汽车类增长加快

2020年1~8月，吃穿用类实现零售额124.8亿元，同比增长2.0%；粮油、食品类实现零售额56.3亿元，同比增长22.3%；饮料类由负转正，同比增长4.3%；烟酒类同比下降2.3%；日用品类同比增长0.2%；服装鞋帽、针纺织品类同比下降21.0%；中西药品类实现零售额32.6亿元，同比增长2.4%。汽车类增长加快，石油及其制品类有所回落。汽车类实现零售额188.9亿元，同比增长4.8%，比1~7月提高2.8个百分点；石油及其制品类实现零售额203.2亿元，同比下降9.4%，降幅比1~7月扩大2.1个百分点。

3. 城镇仍是消费领域的绝对主力，乡村消费潜力有待进一步释放

从限额以上单位实现的消费品总额地域分布看，2020年1~8月，城镇实现617.9亿元,占94.6%,比2019年的82.6%提高了12个百分点;乡村实现35.0亿元,占5.4%,比2019年的17.4%降低了12个百分点。这表明,城镇仍是甘肃消费市场的绝对主体力量,乡村消费绝对量下滑显著。从增速来看,城镇消费增速同比下降4.3%,乡村消费同比增长1.4%,延续了近年来消费市场地域特征,乡村消费增长高于城镇,表明乡村消费潜力依然没有被完全释放,增长空间很大。

(六)对外贸易环境结构发生变化,增强出口新动能日益迫切

"十三五"时期,甘肃对外贸易进入一个相对困难时期,2020年1~9月,全省进出口总额271.8亿元,同比下降2.0%,降幅比上半年收窄7.6个百分点。其中,出口总额62.1亿元,下降35.3%;进口总额209.7亿元,增长15.7%。9月,进出口总额同比增长36.3%。其中,出口总额下降14.7%,进口总额增长57.2%。

表6 2020年1~8月西部12个省区市进出口状况

单位:亿元,%

地区	进出口总额	出口总额	进口总额	同比增长		
				进出口	出口	进口
总　值	200488.3	110482.8	90005.4	-0.6	0.8	-2.3
四　川	5146.7	2915.6	2231.1	22.7	22.7	22.6
重　庆	3983.6	2520.7	1462.9	10.3	9.4	12.0
广　西	2995.9	1639.2	1356.7	-2.3	-3.9	-0.4
陕　西	2458.3	1222.3	1236	5.4	-4.4	17.3
云　南	1313.9	582.4	731.4	-10.5	-8	-12.4
新　疆	890.9	604.5	286.4	1.1	-4.1	14.2
内蒙古	662	225.8	436.2	-10.0	-8.9	-10.6
贵　州	317.2	263.8	53.5	15.1	33.1	-31.1
甘　肃	229.1	54.3	174.8	-6.8	-37.5	9.9
宁　夏	78.2	55	23.1	-50.3	-45.8	-58.6
青　海	11.8	6	5.8	-53.7	-58.6	-47.3
西　藏	10.5	7.1	3.4	-58.1	-65.6	-23.1

资料来源:甘肃省商务厅综合处。

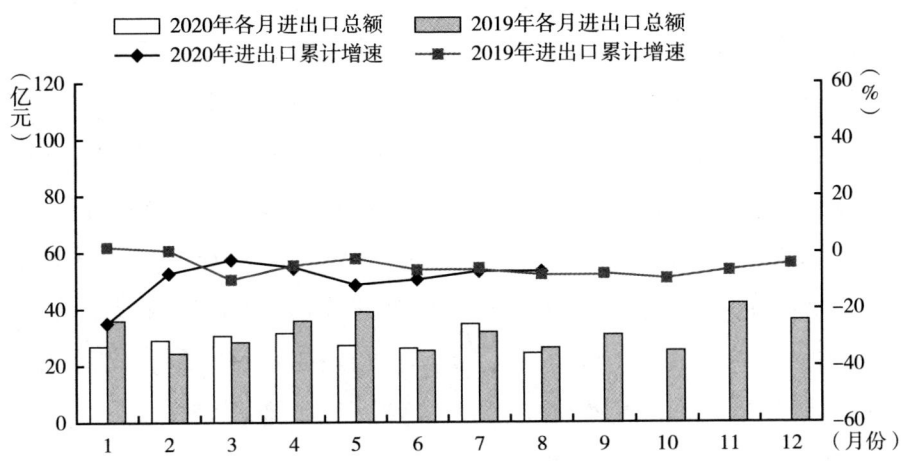

图9　2019年及2020年1~8月甘肃进出口增长状况

资料来源：甘肃省商务厅综合处。

1. 矿产品出口下降幅度大，原料性出口结构变化明显

2020年1~8月，矿产品实现进出口103.8亿元，下降5%，占全省进出口总额的45.3%。其中，矿产品实现出口2147万元，下降79.2%，占出口总额的0.4%。焦炭或半焦炭出口985万元，下降25.2%；新增碱烧镁（轻烧镁）出口637万元；其他矿渣及矿灰出口494万元，增长21.7%；新增原状云母及劈开的云母片、硅酸盐水泥出口31万元。

2. 机电产品出口明显下降，高新产品出口略有增长

2020年，1~8月，全省机电高新产品实现进出口50.8亿元，下降28.1%，占全省进出口总额的22.2%。其中，机电产品出口29.2亿元，下降43.7%；高新产品出口16.4亿元，增长3%。碳素制品出口5.7亿元，下降76.8%；集成电路及其组件出口13.3亿元，增长11.1%；钻机及配件出口4640万元，下降80.5%；轴承出口1.1亿元，下降25.2%；其他机电高新产品出口9.2亿元，下降22.6%。

3. 农产品进出口强劲，成为最大亮点，特色农产品出口高速增长

2020年1~8月，全省农产品实现进出口16.0亿元，增长22.7%，占全省进出口总额的7%。其中，出口11.4亿元，增长15.8%。苹果汁出口1.2亿元，增长228.1%；蔬菜种子出口1.3亿元，增长52.1%；杂豆出口6032万元，增长46%；干洋葱出口4269万元，增长123.2%；干酪素出口2337万元，增长66.1%；中药材出口2064万元，增长30.4%；白瓜子出口2425万元，增长205.3%；葵花子出口6842万元，增长112.3%；坚果籽仁出口3712万元，增长23.5%；花卉种子出口2479万元，增长23%。

（七）财政收支同比下降，民生支出比例显著提高

2020年1~8月，全省一般公共预算收入542.9亿元，同比减收20.2亿元，下降3.6%，降幅比上月末收窄1.7个百分点。其中：税收收入367.7亿元，下降6.5%；非税收入175.2亿元，增长3.1%。全省一般公共预算支出2526.5亿元，同比减支53.2亿元，下降2.1%，民生支出占比超过八成。

1. 税收收入持续恢复，企业所得税增幅由负转正

2020年1~8月，全省地方级税收收入降幅比上年同期和上月末分别收窄0.3个和1.4个百分点，分税种看：三大主体税种234.7亿元，占税收总额的63.8%，下降7.9%，降幅比上月末收窄0.9个百分点。其中：企业所得税52.7亿元，增长1%，增幅由负转正；增值税169.3亿元，下降10.3%，降幅比上月末收窄0.4个百分点；个人所得税12.6亿元，下降9.4%，降幅比上月末收窄1.6个百分点。其他小税种133亿元，下降3.7%，降幅比上月末收窄2.5个百分点。印花税、车船税和环境保护税分别增长14.6%、10.3%和15.8%；土地增值税增长0.8%，增幅由负转正；城市维护建设税降幅比上月末收窄1.8个百分点；契税降幅比上月末收窄5个百分点。

2. 非税收入保持较快增长势头，政府住房基金收入加快增长

2020年1～8月，全省纳入一般公共预算的非税收入175.2亿元，同比增收5.2亿元，增长3.1%，增幅比上月末提高2.3个百分点。分项目看：专项收入48.2亿元，下降14.5%，降幅比上月末收窄2.4个百分点；国有资源（资产）有偿使用收入44.9亿元，增长7.9%，增幅比上月末提高2.5个百分点；罚没收入18.8亿元，增长24.1%，增幅比上月末提高3.1个百分点；政府住房基金收入15.3亿元，增长17.5%，增幅比上月末提高9.3个百分点。

3. 重点支出保障有力，扶贫、教育、卫生、交通等重点民生支出继续保持较高强度

2020年1～8月，十一类民生支出2047.3亿元，占一般公共预算支出的比重为81%。教育支出398.4亿元，占一般公共预算支出的比重为15.8%，同比增支3.5亿元，增长0.9%；社会保障和就业支出395.5亿元，占比为15.7%，同比增支24.6亿元，增长6.6%；卫生健康支出247.7亿元，占比为9.8%，同比增支2.4亿元，增长1%；农林水支出474.3亿元，占比为18.8%，同比增支46.9亿元，增长11%；灾害防治及应急管理支出15.1亿元，同比增支1亿元，增长7.1%。

（八）各项贷款增长继续放缓，个人存款大幅度提高

2020年1～8月，全省金融机构各项贷款增长继续放缓，其中，单位中长期贷款增速持续回落，单位短期贷款负增长，个人贷款增速缓慢下降；各项存款保持稳定增长，其中企业存款继续负增长，个人存款增速大幅度提高，财政性存款同比增多。

1. 各项贷款增长继续放缓，企业短期贷款与个人经营贷款明显减少

至8月末，全省金融机构本外币各项贷款余额20331亿元，同比增长7.3%，较上月和上年同期分别下降0.13个和2.21个百分点，

各项贷款增速自3月以来继续放缓。8月全省金融机构新增各项贷款18亿元,同比减少22亿元,1~8月新增各项贷款879亿元,同比减少58亿元。

单位中长期贷款增速持续回落。至8月末,全省金融机构单位中长期贷款余额9704亿元,同比增长7.9%,较上年同期下降0.5个百分点,呈现持续回落的态势。

单位短期贷款负增长。至8月末,全省金融机构单位短期贷款余额3564亿元,同比下降0.65%,较上年同期下降5.31个百分点,单位短期贷款增速下降明显。

个人贷款增速缓慢下降。至8月末,全省金融机构住户贷款余额5342亿元,同比增长4.94%,较上月和上年同期分别下降0.10个和8.60个百分点,增速缓慢下降。8月新增住户贷款20亿元,同比少增4亿元,其中个人消费贷款新增27亿元,个人经营性贷款减少7亿元。

2. 企业存款持续负增长,个人存款增速大幅提高

至8月末,全省金融机构各项存款余额19895亿元,同比增长7.1%,较上年同期提高4.3个百分点,连续三个月存款增速维持在7%以上,保持稳定增长。8月新增各项存款81亿元,同比少增54亿元,1~8月新增各项存款1212亿元,同比多增420亿元。

企业存款继续负增长。至8月末,全省金融机构企业存款余额5013亿元,同比下降1.4%,连续2个月负增长。8月企业存款减少42亿元,同比少减9亿元。

个人存款增速大幅提高。至8月末,全省金融机构住户存款余额10790亿元,同比增长13.8%,较上年同期提高6.6个百分点,是全省各项存款稳定增长的主要动力。8月新增个人存款51亿元,同比少增33亿元。

财政性存款同比多增。至8月末,全省金融机构财政性存款余额

441亿元，同比下降11.39%，8月新增财政性存款108亿元，同比多增28亿元。

二 双循环新发展格局中甘肃经济发展存在的突出问题

2020年前三季度，甘肃多项经济运行指标跃居全国前列，但面对世界政治经济形势波谲云诡以及国内经济增长中枢下移和疫情的多重冲击，甘肃经济基础相对薄弱，内需市场规模小，开放水平不高，对外贸易依存度低。在构建双循环新发展格局中实现快速发展的预期效果，还面临如下五大短板。

（一）经济总量小，内循环支撑力弱

2020年前三季度，甘肃经济总量在西部12个省区市中仅位列第9，仅及陕西省的1/3、贵州省的一半（见表7）。2020年前三季度人均GDP只有2.43万元，与全国人均GDP 5.16万元比相差2.73万元。

表7　2019年及2020年前三季度西部省区市经济总量

单位：亿元

省区市	2019年	2020年前三季度	省区市	2019年	2020年前三季度
四　川	46615.82	34905.00	贵　州	16769.34	12650.00
陕　西	25793.17	18681.48	新　疆	13597.11	9819.94
重　庆	23605.77	17708.00	甘　肃	8718.30	6444.30
云　南	23223.75	17539.76	宁　夏	3748.48	2796.02
广　西	21237.14	15999.07	青　海	2965.95	2170.13
内蒙古	17212.50	12320.00	西　藏	1697.82	未公布

资料来源：各省区市2019年及2020年前三季度国民经济和社会发展统计公报。

（二）人均收入低，消费能力有限

2019年，甘肃城镇居民和农村居民人均可支配收入在西部12个省区市中均为倒数第一。2020年前三季度甘肃城镇居民和农村居民人均可支配收入分别低于全国平均7757元、5420元；与贵州比，分别相差1895元、949元（见表8）。一般来说，地区收入差距具有长期性、稳定性，短时期内不会有大的改观。而人均可支配收入是消费最根本的基础，收入上不去，消费能力必然会受到限制。

表8 2019年及2020年前三季度西部省区市人均可支配收入

单位：元

省区市	2019年		2020年前三季度	
	城镇居民	农村居民	城镇居民	农村居民
四川	36154	14670	28475	11775
陕西	36098	12326	28618	9881
重庆	28920	15133	30834	12265
云南	36238	11902	27663	8341
广西	34745	13676	26679	10661
内蒙古	40782	15283	31061	10799
贵州	34404	10756	26959	7826
新疆	34664	13122	未公布	未公布
甘肃	32323	9629	25064	6877
宁夏	34328	12858	25181	8759
青海	33830	11499	25414	8300
西藏	37410	12951	31100	9039

资料来源：各省区市2019年及2020年前三季度国民经济和社会发展统计公报。

（三）内需市场规模偏小，消费增长空间不大

2019年，甘肃全省社会消费品零售总额为3700.3亿元，仅

占全国的0.89%；社会消费品零售总额在西部12个省区市中排名倒数第五。2020年前三季度全省社会消费品零售总额为2663.6亿元（见表9），占全国273324亿元的0.97%，同比提高了0.08个百分点。

表9　2019年及2020年前三季度西部省区市社会消费品零售总额

单位：亿元

省区市	2019年	2020年前三季度	省区市	2019年	2020年前三季度
四　川	20144.30	14916.3	贵　州	7468.20	未公布
陕　西	9598.73	6621.84	新　疆	3361.60	1343.97
重　庆	8667.34	8329.58	甘　肃	3700.30	2663.6
云　南	7539.18	6981.35	宁　夏	984.42	925.50
广　西	7747.67	未公布	青　海	880.75	629.85
内蒙古	7610.85	未公布	西　藏	649.33	未公布

资料来源：各省区市2019年及2020年前三季度国民经济和社会发展统计公报。

（四）外贸依存度不高，贸易逆差逐年扩大

2019年，甘肃对外贸易总额为379.90亿元，仅占全国对外贸易总额的0.12%。外贸依存度仅为4.4%，大大低于全国平均35%的水平，也远低于西部重庆（24.5%）、广西（22.1%）、四川（14.5%）、陕西（13.6%），与宁夏比，也还差两个百分点。况且近五年来甘肃外贸逆差问题比较突出，并呈凝固化方向发展。2020年前三季度，甘肃外贸逆差扩大到147.6亿元，同期，西部大部分省区市外贸顺差却在扩大。如贵州省2019年外贸顺差为200.71亿元（见表10），2020年前三季度为250.86亿元。

表10 2019年西部省区市对外贸易额情况

单位：亿元

省区市	进出口总额	出口	进口
四川	6765.90	3892.30	2873.60
陕西	3515.75	1873.27	1642.48
重庆	5792.78	3712.92	2079.86
云南	2323.70	1037.20	1286.50
广西	4694.71	2597.15	2097.56
内蒙古	1095.70	376.80	718.90
贵州	453.57	327.14	126.43
新疆	237.09	180.44	56.65
甘肃	379.90	131.40	248.50
宁夏	240.62	148.92	91.70
青海	37.25	20.21	17.04
西藏	48.76	37.45	11.31

资料来源：各省区市2019年国民经济和社会发展统计公报。

（五）市场主体发育不充分，民营经济发展活力不够

2019年，甘肃省新设立市场主体25.98万户，累计170.79万户，与新疆186.3万户相差不大，但远远低于贵州省的306.81万户（见表11）。2020年上半年，甘肃新设立的市场主体数为13.62万户，贵州新设立的市场主体数为27.12万户。2019年，甘肃非公经济占经济总量的比重为38.5%，仅高于青海省和新疆维吾尔自治区，其他省区市都超过或接近一半（见表11）。

表11　2019年西部省区市市场主体总数及非公经济占比

单位：万户，%

省区市	市场主体总数	非公经济占比	省区市	市场主体总数	非公经济占比
四　川	613	56.3	贵　州	306.81	55.0
陕　西	116.7	54.6	新　疆	186.3	31.4
重　庆	251.1	62.3	甘　肃	170.79	38.5
云　南	325	47.2	宁　夏	63.9	49.2
广　西	298.6	51.1	青　海	44.6	31.6
内蒙古	204.3	66.7	西　藏	34.5	45.0

注：新疆数据为2018年。

资料来源：各省区市2019年国民经济和社会发展统计公报。

三　精准把握甘肃构建双循环新发展格局的发力点

甘肃省虽然处在国内国际双循环相互促进的地理节点上，具备资源禀赋、交通基础设施完善、产业门类齐全等优势，但也存在五大突出短板，要跳出经济总量与人均收入等限制性短板，要着眼于改善营商环境，发展市场主体，增强经济活力，根除民营经济发展隐形障碍，消解消费领域"梗阻"，畅通出口路径，补强"内循环"短板，锻造"外循环"长板。

（一）瞄准民营经济生存空间越来越小的问题，加快推进卓有成效的混合所有制改革

甘肃民营经济生存空间越来越小，表现在两个方面。一方面，近年来，甘肃纷纷创建新的国有企业，在高度竞争的一般消费品领域与民营企业竞争，极大地挤压了民营企业的生存和发展空间。如甘肃新

成立的国投、文旅投、科投、国药投、物流投、物业投等这类企业，通过国有企业整合资源和募集资金的强大优势，不仅迅速整合行业内的原国有企业，也将目光盯上了行业里发展不错的民营企业，通过注资稀释股份、产权收购、债务重组、市场分割等形式将这些企业纳入旗下，使其渐渐丧失了民营企业固有的特点和优势，尤其是教育培训、医疗药品、文化旅游、地产物业等高度竞争领域表现得更为明显。另一方面，混合所有制改革成效不大。自2017年以来，甘肃省属企业推出的混改项目，大致可归纳为募集资金类、兼并民企类、"甩包袱"类等三类。募集资金类多为部分老旧企业，在技术改造、企业搬迁方面推出混改项目，重在引进民间资本参与投资，增加投资主体，分散和降低投资风险。兼并民企类主要体现在新成立的国有投资类企业，重在通过混改将行业里具有一定发展实力和发展潜力的民营企业纳入旗下，弥补其没有实体企业的缺陷。"甩包袱"类体现在两个方面：一是部分国有大型企业只将其所属的非主导型产业，从属服务型领域等负担重、盈利能力弱的项目拿出来推行混改。二是部分市场竞争力日益衰落、市场占有率快速降低的国有企业整体混改。这三类混改，大大降低了对民营经济的吸引力，加之混改方案对民营股权的限制，多为20%~30%，最高不能超过49%，民营经济最顾忌的是因混改而丧失了话语权、主动性，因而极少参与混改，甘肃国有企业混改进展依然缓慢，成效不大。

甘肃省新推出的、备受民营企业界点赞的"干货满满"的49条，从扩大市场准入、降低经营成本、加大奖补力度、加强融资支持、健全平等保护的法治环境等十个方面大力支持民营经济发展，重视程度高、涵盖面广、创新举措多等均走在全国前列。在加强落实这些实实在在举措的同时，还要从理论上提高对民营经济的认识，切实消除民营经济发展中的基础性"梗阻"，这样才能更为有效地激发、促进甘肃民营经济快速发展。

1. 加大力度提高发展民营经济的思想认识，加强理论研究

大力发展民营经济是坚持和完善社会主义基本经济制度的必然要求。如何促进民营经济发展？将社会主义基本经济制度坚持好、巩固好、完善好、发展好，使其更加成熟、更加定型，具有重大的理论和实践意义。建议甘肃省委省政府从理论上、思想上重视起来，动员、组织宣传部门、理论界投入更大的精力，致力于民营经济专题宣传和研究。首先，发动新闻媒体大造促进民营经济发展的舆论热潮，开辟专栏、专题、专版、专业频道，持续宣传。其次，理论界要进行更多的专题调查、专项研究，推出更多专业文章，分析甘肃民营经济发展还存在的隐性的、深层次的问题，提供更具理论深度和广度、更具操作性和实践性、更具前瞻性和战略性的建议对策。

2. 要鼓励"让利于民"，规范国有企业投资经营行为

首先，要切实重视混改项目的顶层设计和专家评估，推向市场的混改项目要有含金量、吸引力，要可持续。其次，在积极扩大民营经济市场准入的同时，要对国有资本、国有企业市场准入进行规范性限制。

（二）瞄准民营企业"缺血""失血"问题，要在促进商业银行提高为地方企业服务水平上着重发力

资金是企业发展的"血液"，融资问题一直是影响甘肃民营企业发展最大的、最根本的、最基础性的"梗阻"。民营企业常常受制于融资难、融资贵、融资少、融资慢等困扰，无力前行。当前，民营企业融资规模较小，融资效率低于国有企业，流动性短缺严重，在不良率普遍攀升的因素影响下，银行面对民营企业借贷需求，常常设置很多障碍。

在现行的金融体制下，要寻求突破，只能在地方性金融机构运营管理等方面做文章，要出严规，要求地方金融机构始终站在高度支持

民营经济发展的前列。农信社、农合、甘肃银行、兰州银行、金控集团、公航旅和省中小的小贷、担保公司等地方性金融机构,在支持民营经济发展方面还能有更大空间拓展,还能做出更大的贡献。

一是要强行规定地方商业银行中小企业贷款比例,不低于年度贷款总额的40%。

二是大幅降低民营中小企业贷款利率,年贷款利率不高于基准利率(LPR)的10%。

三是针对民营中小企业提供的不动产抵押物不能设置地域、属性限制,同时要提高抵押率,抵押率应调整在70%以上。

四是持续落实民营企业贷款到期自动无条件续贷、展期等政策,不能因任何理由收贷和提高利率。

五是针对经营确有困难无力还贷的企业,要充分沟通,实施积极的资产重组、债务重组、产权重组等方案,为民营企业解难纾困,保持社会经济稳定。

(三)瞄准消费结构升级阻力,要在畅通汽车消费梗阻方面着重发力

一是延长汽车消费贷期限。一般汽车经销商实施的三年消费贷,期限短,居民还贷压力大,应鼓励经销商与金融机构联手,按汽车档次实施更为宽松的车贷政策,10万元以下的,车贷可放宽至5年;10万~20万元的,车贷可放宽至8年;20万~30万元的,车贷可放宽至10年;30万元以上的,车贷可放宽至12年。

二是严格查处汽车售后服务乱收费、高收费现象,特别是要降低汽车保养费、修理费、洗车费等。

三是降低汽车保险费率、汽车年检检测费率。

四是积极扩建停车场,鼓励社会资金投资建设智能型、自动式停车场;规划部门应允许和鼓励利用闲置建筑物改建停车场;鼓励企事

业单位对外开放所属专业停车场。

五是降低宾馆、酒店、商场、餐饮馆、旅游景点等的停车场收费标准，促进便利消费。建议市区重要道路停车费8小时应控制在10元以内，专业停车场停车费8小时应控制在7元以内，家属区、住宅小区停车费8小时应控制在3元以内。

六是全面降低高速公路收费标准，对涉农、涉外贸的运输车辆要持续开通"绿色通道"。货车走不起高速现象一定要引起有关部门的高度重视，要从建设丝绸之路经济带"枢纽制高点"这一发展目标出发，降费率，畅物流。

（四）瞄准"房住不炒"理念，要在促进住宅稳定发展方面着重发力

一是放宽住房限购政策，一个家庭在同一市级范围内可允许购两套房；面积大于144平方米住宅不限购；精装房不限购。

二是取消住房销售资金监管政策，改为按建设合同总额缴纳10%保证金，即可自行销售、自行支配销售资金。

三是鼓励地方银行降低购房首付比例，一般住宅两套范围内，应将首付比例统一调整在20%，追加开发商担保责任即可放贷。

四是下大力气解决各种涉房历史遗留问题。对土地手续不清、规划超标、审批和备案手续不全等问题但已交付入住的住房、厂房、营业用房等，可探讨实施先办证后处理或者以罚代管等政策，明确产权，明确责任，不能让购房者长期受害，平息社会纷争，并为未来开征房地产税奠定基础。

（五）瞄准市场交易方式新变化，要在电子商务创新平台和发展模式方面着重发力

一是主动把握电子商务红利释放期的历史机遇，大力发展信息平

台、交易平台、消费平台和创新平台，使电子商务成为全省消费领域新途径，力争在三年内使电子商务对社会消费品零售总额增长的贡献率达到60%以上。

二是大力发展跨境电子商务，使其成为外贸企业主要经营方式。外贸企业主要依赖参展、电商、国外大型经销商、境外营销网络等4种方式拓展境外市场，据调查，目前全球贸易中有44.3%的企业开展跨境电商业务，甘肃要力争在"十四五"时期，一半以上的企业、80%以上的业务量通过跨境电商平台来实现。

三是加快完善甘肃电子商务服务体系建设，增强网上交易便利性、融合性，增强市场消费对全省经济稳增长的基础作用，增强电子商务在产业融合发展上的聚合优势，特别是要与农业、旅游业、文化产业、环境治理方面优先融合发展，助力甘肃的脱贫攻坚、乡村振兴、生态建设、社会治理和经济转型发展。

四是依托电子商务发展的典型模式，在陇南电商模式、环县农产品网销模式、广河电子商务与传统优势产业融合发展模式三大典型模式的基础上，总结和推广电商网店带动、电商产业带动、电商创业带动、电商就业带动和电商入股带动的电商带动方式，让电子商务渗透在全省各个产业领域里，降低交易成本，扩大交易额。

五是加快电子商务向系统集成转变、向高级融合发展转变，促进甘肃电子商务持续保持高增长率。要充分把握电子商务融合发展趋势，加快大数据、云计算、人工智能、区块链等新兴技术在电子商务领域广泛运用，构建电子商务和智能社会建设的深度联系，不断推出新制造、新服务、新产品，满足市场需求。

（六）瞄准甘肃主要的出口市场，要面向东盟和中西亚着重发力

一是把握甘肃对外贸易呈现的"国进民出""大进小出"发展格局，

大力激发中小企业、民营企业出口新动能。从甘肃国有企业、民营企业和外资企业出口占比来看，2017年为17∶80∶3，2018年为23∶76∶1。甘肃国有企业、大型骨干企业主导进口，民营企业、中小企业主导出口的格局越发明显。

二是把握"一带一路"建设这一甘肃最大的发展机遇，坚定地向西开放，提高甘肃与丝绸之路沿线国家贸易额。自2014年起，甘肃与丝绸之路沿线国家贸易占比快速增长，占全省贸易总额的一半左右，其中主要增长点在中西亚和中东欧地区。

三是把握东盟国家是甘肃传统的、主要的对外贸易地区，稳定的出口主要区域这一特征，充分利用国际陆海贸易新通道，放大区位优势，快速融入国际国内产业链，把握中国—东盟自由贸易区升级版建设加快的新机遇，以期实现对东盟国家贸易的稳定增长。在甘肃与东盟10个国家贸易往来中，马来西亚、新加坡、泰国、越南、印度尼西亚成为主要的贸易国，甘肃与东盟国家贸易中存在较好的顺差，近20年来，向新加坡出口成为甘肃出口的强力引擎。

四是重点发展壮大现代物流产业、特色农业和中药材、先进制造业、矿产资源加工产业、文化旅游产业等五大出口导向型优势产业，发挥甘肃的资源禀赋和比较优势，培育特色优势产业集群，有效带动相关产业发展，形成具有竞争优势的产业链。

五是以建设有甘肃特色的自由贸易试验区为核心，创新对外开放新模式，争取实行特色优势产业项下的自由贸易政策，包括积极推动中国（甘肃）有色金属自由贸易试验区立项建设、积极争取实行文化旅游业项下自由贸易政策、争取实行特色农产品项下自由贸易政策。

发展规划篇

Development Planning Reports

B.2 "十四五"时期甘肃经济发展重点任务展望

刘伯霞*

摘　要： 本报告分析了"十四五"期间甘肃经济发展面临的机遇与挑战；全面分析了甘肃在国家发展战略中的角色定位、发展优势与短板，从而有针对性地提出了"十四五"期间甘肃要顺应国家战略发展目标，以推动高质量发展为主题，构建以国内大循环为主体、国内国际双循环相互促进的新发展格局。同时，找准自己的角色定位，抢抓"十四五"发展机遇，放大优势，补齐短板，突出重点，凸显特色等重点任务及对策建议。

---

* 刘伯霞，甘肃省社会科学院区域经济研究所研究员，研究方向为区域经济、城市经济、农村经济。

关键词： 经济发展　消费结构　生态产业　甘肃

"十三五"时期，甘肃坚持稳中求进的工作总基调，深入贯彻新发展理念，深化供给侧结构性改革，坚持以改革开放为动力，推动高质量发展、绿色发展崛起，全省经济运行稳中向好，经济结构进一步优化，新动能较快增长，发展基础更加稳固，绿色发展稳步推进，环境质量总体改善，脱贫攻坚成效显著，居民生活水平进一步提高，但甘肃经济发展也存在一些短板和弱项。"十四五"时期是开启建设全面社会主义现代化国家新征程、向第二个百年奋斗目标进军的关键期，甘肃经济发展机遇与挑战并存，压力与动力并存，优势与劣势同在。因此，"十四五"甘肃经济发展的重点是，顺应国家战略发展目标，以推动高质量发展为主题，构建以国内大循环为主体、国内国际双循环相互促进的新发展格局。同时，要积极找准自己的角色定位，抢抓"十四五"发展机遇，放大优势，补齐短板，突出重点，凸显特色。

一　"十四五"时期甘肃经济发展的机遇与挑战

（一）甘肃经济发展面临多重叠加机遇

"十四五"时期甘肃将迎来构建以国内大循环为主体、国内国际双循环相互促进的新发展格局，国家加快西部基础设施建设，推进黄河流域生态环境保护与高质量发展，推进新型城镇化、新基建，居民消费结构变化升级以及"十四五"新产业新业态发展等难得的机遇期和发展动能转换的窗口期。

1. 发展环境面临新机遇

从国际形势来看，当今世界正经历百年未有之大变局，新一轮科技革命和产业变革改变了传统的生产方式、社会结构和生活方式,世界权力首次向非西方世界转移扩散,一大批新兴经济体和发展中国家群体性崛起,世界经济中心向亚太转移,和平与发展仍然是时代主题,外部发展环境向好。

从国内形势来看,我国已转向高质量发展阶段,制度优势显著,治理效能提升,经济长期向好,物质基础雄厚,人力资源丰富,市场空间广阔,发展韧性强劲,社会大局稳定,继续发展具有多方面优势和条件,有利于甘肃后发赶超、乘势而上。

2. 区域经济发展面临新机遇

从区域经济发展的视角来看,新一轮西部大开发、"一带一路"建设、黄河流域生态保护和高质量发展、"兰州-西宁城市群"建设、"关中平原城市群"建设等多重叠加的机遇,都给甘肃提供了巨大的投资空间和市场机会。

(1)"一带一路"的政策支持机遇

"一带一路"建设在我国未来发展中,是关键契机,是千载难逢的新机遇。对于丝绸之路关键必经之地、丝绸之路经济带黄金段上重要角色的甘肃来说,必将产生重要的影响,为甘肃对外经贸合作和优势产业的持续发展提供了良好机遇。未来只有借助国家对"一带一路"的政策支持,自身灿烂悠久的历史文化优势,承东启西、南拓北展的区位优势,贯穿丝绸之路全境、连接欧亚的战略通道优势,丰富的能源资源优势和独特的产业优势,加快区域内基础设施投入与建设,加强与沿线国家、沿线城市的旅游、农业、商贸物流等领域的合作共赢共担,甘肃才能不断提升在国家经济发展和外贸格局中的权重及地位。

(2)黄河流域生态保护和高质量发展带来新机遇

2019年,习近平总书记视察甘肃时,首次提出黄河流域生态保护和高质量发展这一重大问题。作为国家黄河战略的"首倡之地"和上游地区的甘肃,使命特殊、责任重大、机遇更大。"黄河战略"

的实施将会促进创新驱动,推进科技进步,汇集高层次人才和创新资源;黄河流域的生态保护将强化水资源高效利用和流域生态修复治理;黄河流域的高质量发展将会带动沿岸中心城市和城市群的经济发展与人口承载力的提升,有利于资源的高效利用和集约化发展;黄河流域的高质量发展将缩小发展差距,增强流域人民的幸福感。

(3)新一轮西部大开发带给甘肃经济发展新机遇

中共中央、国务院印发的《关于新时代推进西部大开发形成新格局的指导意见》指出,"支持甘肃、陕西充分发掘历史文化优势,发挥丝绸之路经济带重要通道、节点作用"。这对甘肃用足用好新一轮西部大开发的政策带来利好。甘肃要审视新一轮西部大开发的机遇与挑战,按照高质量发展要求,贯彻落实习近平总书记对甘肃的重要讲话和指示精神,抢占"一带一路"发展制高点,实现绿色发展战略。走好生产发展、生活富裕、生态良好的绿色崛起之路,大力发展清洁生产、节能环保、清洁能源、先进制造、文化旅游、通道物流、循环农业、中医中药、数据信息等十大生态产业。

(4)"兰州-西宁城市群""关中平原城市群"建设为甘肃经济发展带来新机遇

兰州-西宁城市群是西部重要的跨省区城市群,是国家安全的战略要地,在维护国土安全和生态安全大局中具有不可替代的独特作用。培育发展兰州-西宁城市群,有利于保障国家生态安全,有利于维护国土安全和促进国土均衡开发,有利于促进"一带一路"建设和长江经济带发展互动,有利于带动西北地区实现"两个一百年"奋斗目标。兰州-西宁城市群的建设将给甘肃省兰州市,白银市白银区、平川区、靖远县、景泰县,定西市安定区、陇西县、渭源县、临洮县,临夏回族自治州临夏市、东乡族自治县、永靖县、积石山保安族东乡族撒拉族自治县4市(州)12县(区)带来发展机遇,未来区域内生态环境、人口集聚能力、经济发展活力、对内对外开放水平和区域协调发展等方面都会有很大的提高。关中平原城市群地处中国内陆中心,是亚欧大陆桥的重要支点,是西部地区面向东中部地区的重要门户,同时也是西部地区第二大城市群,综合经济实力仅次于成渝城市群,位居内陆地区第二。关中平原城市群的建设将给甘肃天水、平凉、庆阳,甚至陇南4市带来发展机遇,未来其综合承载能力、城市人口规模、综合服务功能都会大幅度提升。

(二)"十四五"新阶段新经济新产业新业态带给甘肃的发展机遇

1. "两新一重"建设带来的发展机遇

在"双循环"新发展格局背景下,以新基建、新型城镇化和重大工程为重点的"两新一重"建设,必将成为实施扩大内需战略的有力抓手。"十四五"期间,甘肃要抢抓机遇,在新型基础设施、新型城镇化,以及交通、水利等重大工程方面有所突破,调结构,扩内需,促消费,惠民生,增后劲。

(1)新基建发展机遇

甘肃在5G、特高压、大数据中心、人工智能、工业互联网、物联网、智慧城市等领域存在短板,在城际高速铁路、轨道交通、新能源汽车充电桩、智能制造、乡村基础设施等方面也存在短板。例如,甘肃土地面积占全国的4.7%,但2019年5G基站只有2898个(见图1),不到全国的1%,仅相当于第一名广东省的3.7%,而新基建的发展就会为甘肃传统制造业智能化升级、消费升级换代等带来新机遇。

(2)新型城镇化发展的机遇

2015~2019年甘肃城镇化率低于全国平均水平12个百分点左右。2019年为48.49%(见图2),位居全国倒数第2,仅高于西藏,但正处于城镇化率30%~70%的加速发展期,表明房地

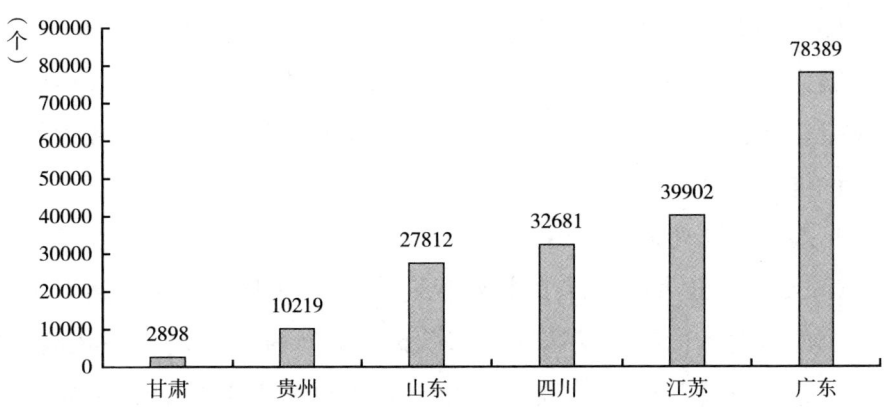

图1　2019年部分省份5G基站数

产、建材、工程施工、公用事业、公共交通等基础设施建设存在巨大的发展空间，城市扩容、改造和功能提升等方面存在巨大的投资空间，大量的农村剩余劳动力转移也将带来巨大的消费需求，未来智慧城镇化的发展更会带动信息化建设的加速发展，智能交通、电子政务、电子商务、医疗信息化以及安防等产业都将获得快速发展。

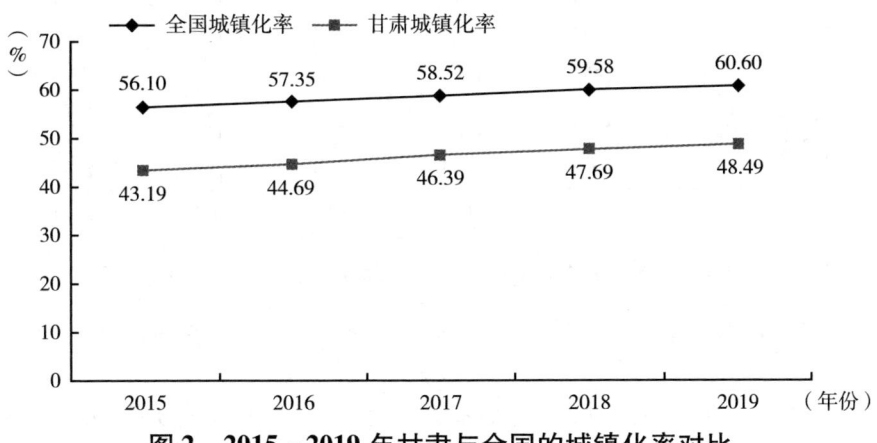

图2　2015~2019年甘肃与全国的城镇化率对比

资料来源：2015~2019年甘肃省统计年鉴，2019年全国及甘肃统计公报。

（3）以数字经济为代表的"三新经济"带来新的发展机遇

国家发改委、工信部等部门，对加快发展以数字经济为代表的新产业新业态新模式提出了19项新政策，这对于数字经济不发达的甘肃来说也是一个新机遇。

2. 基础设施建设的机遇

"十四五"时期国家有效投资稳定增长，将继续加大基础设施领域补短板力度。目前，发达地区基础设施趋于饱和，但甘肃在高铁、高速公路、机场等交通基础设施等方面还存在很多缺口和欠账。如2019年底，甘肃高速公路里程4452公里（见图3），占全国高速公路总里程的3.1%，仅相当于第一名广东省的46.9%，排全国第21名；密度为0.98公里/百平方公里，仅相当于第一名上海市的7.1%，排全国第26名。但这些巨大的差距也意味着巨大的投资需求和潜力。

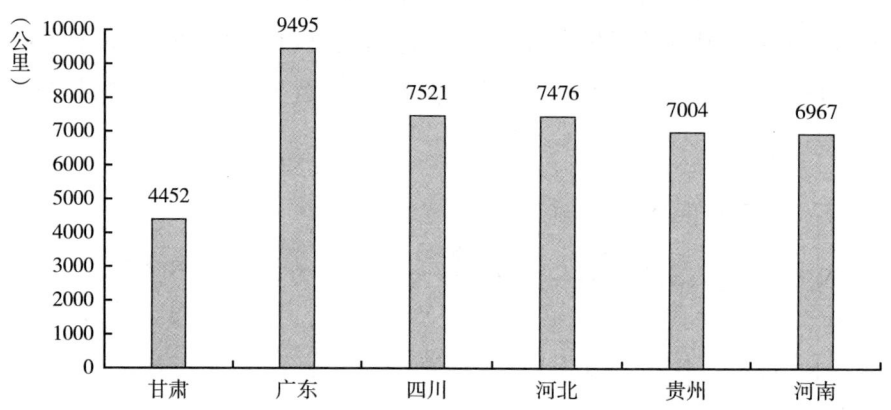

图3　2019年底高速公路里程前5名与甘肃的对比

资料来源：https：//baijiahao.baidu.com/s?id=1664498617301489710。

3. 国内大循环主导格局的形成及消费结构的变化与升级带来的新机遇

甘肃省生产的绝大多数商品均是为了满足内需，如图4所示，社会消费品零售额逐年上升，出口额逐年下降。那么以扩大内需为主的经济发展战略的实施，对于以内向型经济为主的甘肃来说，区位优势和产业优势将会进一步凸显。

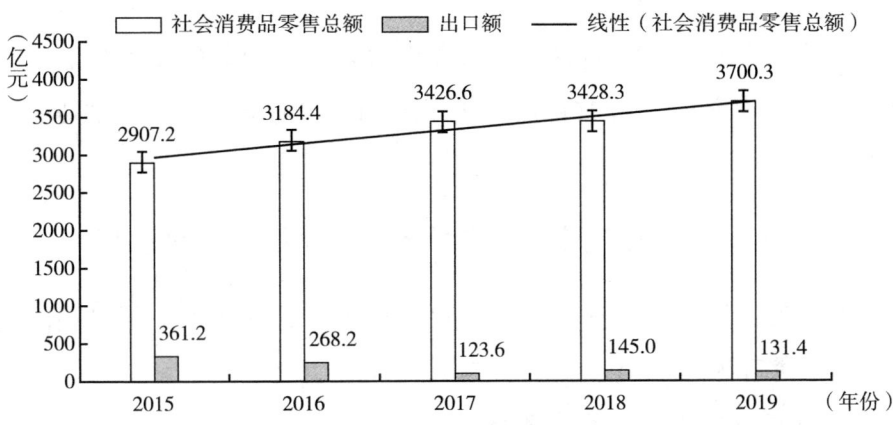

图 4　2015～2019 年甘肃社会消费品零售总额与出口额对比

资料来源：2016～2019 年《甘肃发展年鉴》；2019 年甘肃省国民经济和社会发展统计公报。

我国经济已由高速增长阶段转向高质量发展阶段。从国内消费结构的变化与升级来看，高速增长时期，居民在住房、家电、手机、轿车等方面的支出较大，高质量发展阶段，人们将越来越注重文化、旅游、康体、养生等精神层面的消费；没有全民健康，就没有全面小康，"十四五"时期国家会大力支持医药、康养等产业发展，而甘肃有优势提供这类消费和服务。

4. 氢能汽车的发展带来发展机遇

世界各国发展新能源汽车的主要技术路径有两个：一个是以纯电为主攻方向，另一个为氢燃料电池汽车。根据国际可再生能源署（IRENA）2050 年全球能源转型路线图（GET2050）报告，电力在全球最终能源中的比例可能会从现在的 20% 增加到 2050 年的近

45%。同时，可再生电源在全球发电总量将从今天的26%攀升至2050年的85%，其中高达60%的来自太阳能和风能等间歇性电源。而甘肃正是风能和太阳能大省，在可再生能源领域有先天优越条件。

总之，"十四五"期间，甘肃省将迎来一系列新的发展机遇，我们要善于抓住机遇，为甘肃高质量发展和构建双循环新格局创造有利条件。

（二）"十四五"时期甘肃经济发展将面临各种挑战

"十四五"时期，甘肃进入新发展阶段，有新特点、新机遇的同时，也面临新挑战。

1. 发展环境变化带来新挑战

从国际形势来看，国际环境日趋复杂，不稳定性、不确定性明显增加，对外经贸合作难度加大。

从国内形势来看，我国发展不平衡不充分问题仍然突出，重点领域关键环节的改革任务仍很艰巨，创新能力不适应高质量发展要求，农业基础还不稳固，城乡区域发展和收入分配差距较大，生态环保任重道远。甘肃存在同样的问题，甚至问题更严重。

从甘肃的发展来看，面临增长乏力和质量提升的双重挑战。甘肃经济也已由高速增长阶段转向高质量发展阶段，经济社会发展条件和发展趋势都发生深刻变化。推动经济高质量发展，既面临重大机遇，也面临诸多难题和挑战。在新时代经济发展中，"三大攻坚战"虽然取得了关键性进展，但在2020年全面建成小康社会的收官之年，却遭遇了新冠肺炎疫情的挑战，这也在一定程度上对甘肃经济发展带来了挑战。诸如外出务工受阻、扶贫产品销售和产业扶贫困难、扶贫项目停工等问题，都需要统筹推进疫情防控和脱贫攻坚，全面提升脱贫的稳定性和可持续性，这也是未来乡村振兴的关键。

2. 进入高质量发展阶段面临的新挑战

不同于数量扩张为主时期的"'投'字当头,'增量扩张'为本,投钱、投人、投地、投项目,就会有新增产出并带来增长",质量提升时期,"提"字当头,"存量提升"为本,投入的要点是提升质量,特别是提升存量生产能力的质量和生产要素的配置质量,还要优化结构、转变方式、提升全要素生产率等,情形会复杂许多。这对于经济总量小、经济规模不大、经济效益不高的甘肃来说,面临的挑战更大。

3. 进入科技"跟跑""并跑""领跑"并存,且"并跑""领跑"分量不断加大时期面临的新挑战

过去以"跟跑"为主,引进国外先进技术,提升我国科技特别是产业技术水平。"跟跑"时无须自己定方向,加速跟上缩短差距就行。现在,已进入"跟跑""并跑""领跑"并重时期,情况会发生很大改变。技术开发进入高度不确定状况,无人领航,无产业链条,市场需求不明,甚至不知是否有人跟随。就只能加大基础研究投入,持之以恒,做出原创性的成果。同时,以企业为主体配置科技资源,加强产学研合作,在创新的同时拓展市场,延长产业链。这是比以往更艰巨、更复杂的科技任务。这对于经济发展滞后、对科技投入不大的甘肃来说,同样具有挑战性。

4. 数字技术更加广泛深入应用面临的挑战

未来,将用数字技术治理经济、治理社会,在经济调节、市场监管、社会管理、公共服务和环境保护各方面都广泛应用数字技术。同时,要对数字技术进行治理,包括算法问题、个人隐私保护问题等。而数字技术往往具有两面性,同一种应用,既能赋能个人、企业和政府行为,也能赋能各种侵害权益和逃避监管的行为。这对于数字技术不是很先进、应用还不广泛的甘肃来说,

更是一个新挑战。

5. 全球各方面关系持续调整带来的新挑战

当今世界正经历百年未有之大变局,这必然带来全球各方面关系的持续调整。从经贸关系看,我国与一些发达国家的关系,从以互补为主转变为互补、合作与竞争并存。当下大国战略博弈远远超出经济领域,国际关系的不确定性和高风险多点呈现,对这种局面的治理任务错综复杂,压力加大。这对于外资、外贸、外经"三外"发展滞后的甘肃来说,挑战更大,压力更大。

二 甘肃经济发展的基础与优势

(一)甘肃自身的资源优势明显

1. 地理区位和交通区位优势明显

甘肃纵深1600公里,整体位于丝绸之路黄金段上,狭长的地形外连蒙古国,内接宁、陕、川、青、新、内蒙古六省区,"座中七联",东西南北,前后左右逢源,对内、对外合作优势突出。独特的战略区位、相对完善的交通网络为甘肃在中外文化交流、商贸合作、新能源开发等方面提供了重要的基础性条件。甘肃是西北地区的交通枢纽。铁路有陇海铁路、兰新铁路、包兰铁路和兰青铁路交会于兰州,且有干武铁路联络于兰新铁路和包兰铁路之间;公路方面,11条国道中有6条国道通过或由兰州引出,与陕、宁、青、新、川等地相连,"六纵六横"四通八达的公路网连通甘肃的城市和乡村;航空方面,中川、敦煌、嘉峪关等机场,已开通35条国际国内航线,覆盖了除西藏之外的全国所有省区市。

2. 自然资源丰富多样

（1）广袤的大地孕育了丰富的自然资源

甘肃地域辽阔，土地面积位居全国第7，地下资源富集，盛产矿产、石油、煤炭。矿产资源尤其富集，已发现173种矿产，占全国已发现矿种数的74%。有色金属、稀有金属等矿产资源丰富，素有"有色金属之乡"之美誉，镍、钴、铂等10种矿石储量位居全国第1，38种位居全国第5，65种位居全国前10。

甘肃地形复杂，地质地貌独特、多样，几乎浓缩了全国的自然景观和风貌——林海雪原、草原湿地、高山峡谷、大漠孤烟、黄土高坡、小桥流水，旅游资源丰富。

甘肃气候独特，物种多样。光热资源充足、昼夜温差大，具有发展特色农业和优质高效农业的有利条件，有利于发展特色农业。甘肃水、土、空气相对洁净，有丰富的动植物资源，发展天然、绿色、无公害的中药材、农畜产品具有得天独厚的优势。

甘肃风能、太阳能等绿色清洁能源在全国占据重要地位。风能资源丰富，理论储量1.32亿千瓦，可开发利用总量1950万千瓦，占全国风能资源的7.7%，居全国第5位。瓜州素有"世界风库"之称，是世界上最大的陆上风力发电厂。甘肃还有众多太阳能发电厂，太阳能跟风能一样都属于绿色清洁能源。电力工业是甘肃第二大工业产业，增加值占甘肃工业增加值的15.8%，而其中风能、太阳能发电装机容量占到甘肃四种发电总装机容量的42.13%（见图5），在全国占据重要地位。

3. 甘肃生产要素价格相对较低，生产经营成本竞争优势明显

甘肃省劳动力价格仅为发达省市的一半左右，且全社会劳动生产率呈现上升趋势（见图6），商业开发土地出让价格远低于发达地区，电力供给潜力巨大，生产经营成本竞争优势日益明显。这些对沿海发达省市的产业、企业都具有很大的吸引力，为承接产业转移和招商引资创造了低成本优势。

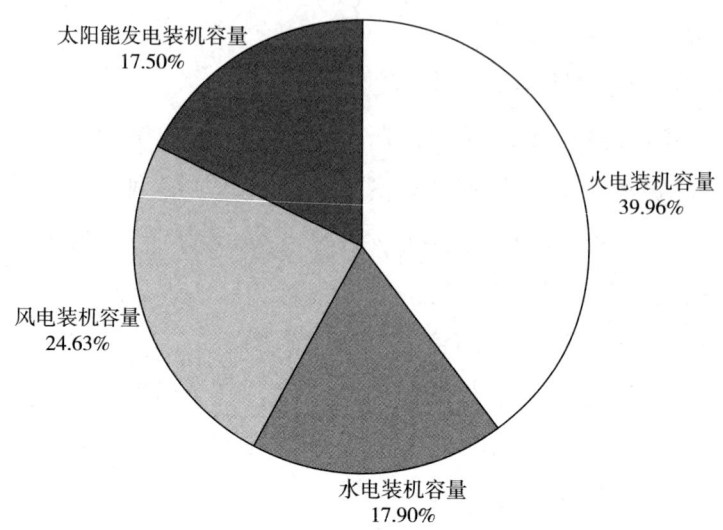

图 5　甘肃四种发电装机容量占比

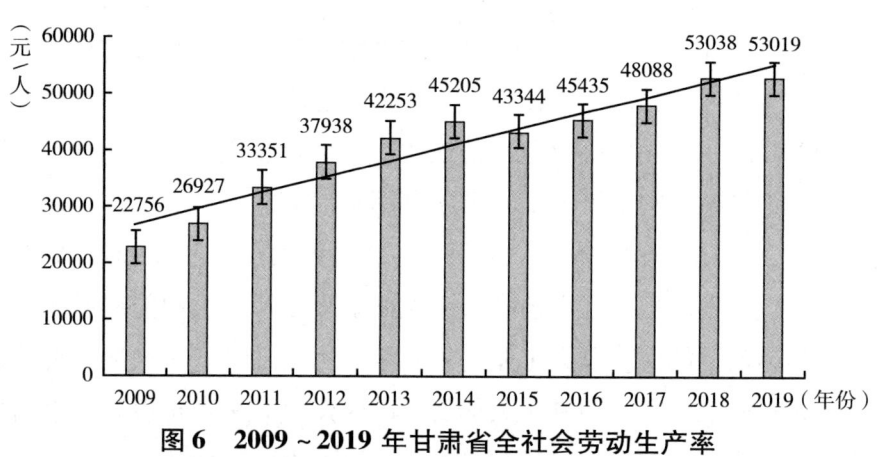

图 6　2009~2019 年甘肃省全社会劳动生产率

资料来源：2010~2019 年《甘肃发展年鉴》；2019 年甘肃省国民经济和社会发展统计公报。

（二）甘肃经济发展新动能增强，十大生态产业发展步伐加快

1. 经济发展速度加快，经济基础稳中向好

自 2020 年以来，受疫情影响，全国经济增速放缓，但甘肃经济

却逆势上扬，稳中向好，呈现一些亮点。2020年上半年，甘肃10项指标排全国前10名（见表1）。

表1 2020年上半年甘肃排全国前10名的10项指标

指标	GDP增速	第一产业增加值	第二产业增加值	规上工业增加值	第三产业增加值	税收收入	固定资产投资	城镇居民可支配收入	农村居民可支配收入	社会消费品零售总额
增长率(%)	1.50	5.80	1.80	4.60	0.90	-5.60	4.00	3.30	5.90	-7.90
在全国的排名	3	1	6	2	8	5	8	10	10	10

2. 产业优势明显

工业产业基础较好。甘肃从"一五"时期开发建设，已形成以石油化工、有色冶金、机械电子等为主的工业体系，建成了中国重要的能源、原材料工业基地。甘肃还是中国科技和制造业的基地，有中科院、石油化工、生物医药等一批科研机构和制造业基地。甘肃是全国重要的有色工业基地，是西部地区最大的石化基地，拥有西部最大的高新石化基地、西北最大的钢铁基地。其中，金川集团有限公司是国内最大的镍钴生产基地。甘肃石化产业有中国石化工业"摇篮"之称，近年来，随着西部大开发战略的实施，大乙烯等工程项目的建成投产，中石油兰州石化千万吨级炼油能力在全国名列前茅。

特色产业优势突出。甘肃中药材、马铃薯、作物制种等特色产业在国内市场占有一席之地，啤酒花、食用百合、油橄榄等10多个产业和产品产值居全国前列。甘肃是位居全国第二的道地药材之乡，可作中药材的动植物和矿产物就有上千种，人工种植面积位居全国第一。马铃薯种植面积位居全国第二，产量位居全国第一。甘肃是全国最大的玉米种子生产基地，杂交玉米制种量占全国用种量的一半以上。

甘肃文化旅游产业优势明显。以敦煌为主的旅游业覆盖全省，形成了十多条观光线路，以清真餐饮、敦煌菜系、陇菜为主的甘肃特色菜系和饮食文化也吸引了中外观光者，兰州蜜瓜、白凤桃、软儿梨、敦煌葡萄、静宁苹果、天水花牛果营造的甘肃瓜果长廊，留住了观光者的脚步。甘肃旅游业可开发资源丰富，潜力巨大，具有建立国际合作平台的优势。同时从地域方面又具有很广的辐射范围，对周边一国、六省区具有较大的影响，是建立国际合作平台、国内外双循环的关键枢纽。

3. 十大生态产业增长势头良好

经过三年的发展，2019年，十大生态产业增加值已占到甘肃GDP的23.7%（见表2），2020年1～9月，全省十大生态产业同比增长3.0%，高于GDP增速0.2个百分点。

表2 2018年至2020年1～9月甘肃省十大生态产业增加值及增速情况

单位：亿元，%

时间	十大生态产业增加值	比上年增长	占全省地区生产总值比重
2018年	1511.3	6.7	18.3
2019年	2061.9	7.8	23.7
2020年1～9月	1335.7	3.0	20.7

资料来源：2019年甘肃省统计年鉴、2019年甘肃省统计公报、中商情报网。

4. 甘肃城乡居民的获得强于全国平均

甘肃城乡居民可支配收入占人均GDP的比重均高于全国平均水平。如，2019年甘肃城镇居民可支配收入占人均GDP的比重达到97.96%，高于全国38.21个百分点；农村居民可支配收入占人均GDP的比重达到29.18%，高于全国6.58个百分点（见表3），表明甘肃的收入分配结构带给城乡居民的实惠更多。

表3 全国和甘肃城乡居民可支配收入占人均GDP的比重

单位：%

年份		2009	2010	2011	2012	2013	2014	2015	2016	2017	2018	2019
城镇居民可支配收入占比	全国	65.60	62.03	60.08	61.61	60.59	61.36	62.36	62.62	61.48	60.72	59.75
	甘肃	95.27	87.85	81.73	81.73	82.87	84.41	93.14	95.51	97.42	95.60	97.96
	高于全国	29.67	21.65	21.65	20.12	22.28	23.05	30.78	32.89	35.94	34.88	38.21
农村居民可支配收入占比	全国	19.68	19.21	19.22	19.86	21.59	22.31	22.83	23.03	22.69	22.61	22.60
	甘肃	24.76	23.82	22.26	22.93	23.31	24.30	27.18	27.72	28.34	28.10	29.18
	高于全国	5.08	4.61	3.04	3.07	1.72	1.99	4.35	4.69	5.65	5.49	6.58

资料来源：2010~2019年《中国统计年鉴》；2019年全国和甘肃省国民经济和社会发展统计公报。

5. R&D投入强度与科技进步水平相对较高

甘肃R&D投入强度在全国排中上水平（见表4），而且还呈上升趋势，科技进步水平处于全国中游偏下水平，好于甘肃其他指标在全国的排名。

表4 甘肃R&D投入强度及甘肃科技进步水平全国排名

年份	2010	2011	2012	2013	2014	2015	2016	2017	2018	2019	2022（预计）	2025（预计）
R&D经费投入强度（%）	1.02	0.97	1.07	1.07	1.12	1.22	1.22	1.19	1.18	1.26	1.37	1.50
排名	25	13	15	13	14	16	15	13	12	11	—	—
科技进步水平排名	25	17	21	20	19	18	21	18	18	23	—	—

资料来源：2011~2019年《中国区域科技创新评价报告》；2010~2019年《全国科技经费投入统计公报》。

6. 兰州新区逆势崛起

曾经遭受"鬼城"质疑的兰州新区，如今已成为环境优美、宜居宜业的现代化园林城市。

2012年8月，兰州新区承载着"西北地区重要的经济增长极、国家重要的产业基地、向西开放的重要战略平台和承接产业转移示范区"四大功能定位出发前行，成为国家发展大棋局中一枚重要的棋子。省委、省政府更是"举全省之力"建设兰州新区。2011~2019年，兰州新区地区生产总值从39亿元增长至201.6亿元，年均增幅达到22.8%，增速连续多年位居国家级新区第一，2019年被评为"中国（区域）最具投资营商价值新区"，成为西北经济最活跃的地区之一。截至目前，已累计引进产业项目760个，总投资3700亿元，从建设初期规划的七大产业发展到如今的绿色化工、新材料、商贸物流、先进装备制造、新能源、大数据、生物医药、现代农业、文化旅游、节能环保等十大产业，兰州新区聚集产业的能力在不断增强。

2020年发展步伐显著加快，第一、第二季度经济增长速度分别达到15.2%、20.02%，前8个月，固定资产投资额、规模以上工业增加值、一般公共预算收入、用电量、市场主体分别增长10.2%、31.7%、9.6%、16.4%和17.3%，大口径财政收入增幅更是达到77%，领跑全省和国家级新区。

三 甘肃经济发展最突出的制约因素

甘肃经济发展的短板与制约因素比较突出。

（一）生态环境脆弱

甘肃是我国自然生态类型最复杂和脆弱的地区之一。全省有37个县市区属于国家重点生态功能区范围，限制开发和禁止开发区域面积占全省面积的比重较大，占到90%。生态环境局部改善、总体恶化的趋势仍未得到根本扭转，黄河上游和长江上游水土流失相当严重，水土流失总面积39.14万平方公里，每年流入黄河的泥沙5.18亿吨，在长江流域年平均输入沙量 0.5 亿吨，水土流失后，土地生产率下降，据测定，每亩坡耕地随水土流失带走的氮、磷、钾 18~20 千克，以此计算，每年输入黄河的氮、磷、钾竟达 63.27 万~69.1 万吨，年流失量几乎相当于当年的化肥施用量。根据对坡耕地的测定，平均每亩每年流失水量为 6.5~9 立方米，每年流失土壤 1.1~1.2 吨，而流失总量相当于冲走了 450 万亩耕地的地表土层。长期水土流失使土壤越来越薄，产量越来越低。

（二）交通、水利、通信、电力等基础设施滞后的矛盾突出

甘肃的交通、水利、通信、电力等硬件设施落后，项目配套能力差，加之水资源区域分布不均衡，工程性资源性缺水并存，水土资源不匹配等其他问题的存在，导致投资硬环境不良，难以吸引外来投资，严重制约着甘肃经济社会发展。

（三）民营经济发展滞后

民营企业"少、小、弱"，发展缓慢，对外开放程度低，市场主体发育不足。2018 年，非公经济增加值仅占 GDP 的 48.3%，远低于全国。

（四）财政自给率低，入不敷出（见图7）

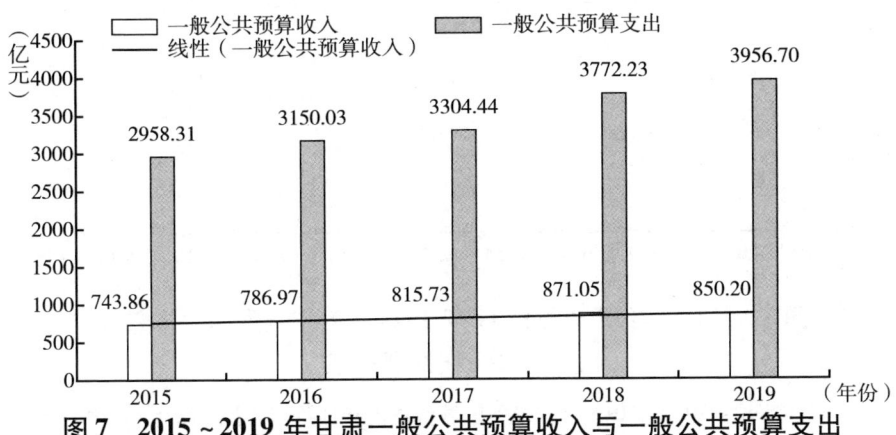

图7　2015~2019 年甘肃一般公共预算收入与一般公共预算支出

资料来源：2016~2019 年《甘肃发展年鉴》，2019 年甘肃省国民经济和社会发展统计公报。

（五）高素质人才缺乏

人才数量少，整体素质不高，结构不合理，高精尖和实用型人才缺乏，人才支撑能力弱；引进人才难，留住人才难，人才外流现象严重。

（六）甘肃科技对经济的支撑力不强，经济对科技的支持力不强

根据2009~2019年《中国区域科技创新评价报告》指标分析，甘肃科技进步水平呈现波动式上升趋势，在全国的排名介于17~25，R&D经费排名介于25~26，同期甘肃的GDP排名介于27~30，落后于甘肃科技进步水平排名（见图8），一方面，说明甘肃的科技相对强而经济相对弱，另一方面，说明甘肃科技与经济两张皮，科技成果转化率低，科技对经济的支撑力不强。反过来说，甘肃科技发展

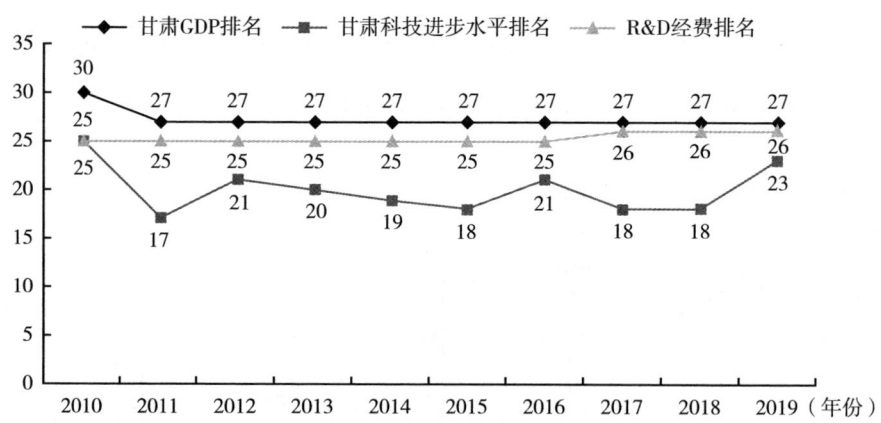

图8　2010~2019年甘肃GDP排名、科技进步水平排名和R&D经费排名

资料来源：2009~2019年《中国区域科技创新评价报告》；2009~2019年甘肃发展年鉴；2019年甘肃省国民经济和社会发展统计公报。

的经济支持力度非常有限，R&D 经费投入低又制约了甘肃科技发展。近 5 年来，甘肃省申请专利 12000 多件，但真正转化为产品的不超过 600 件，转化率 5%，大量的创新成果处于"休眠状态"。

（七）甘肃经济总量小，在全国的位次靠后，结构性矛盾突出

1. 地区生产总值小，排名靠后

2009～2019 年，甘肃的 GDP 占全国的比重为 0.88%～1.04%（见图 9）；2009～2019 年，GDP 在全国排名第 27 名或 30 名。而以前排在甘肃后面的贵州省，2019 年 GDP 达到 16769.34 亿元，排全国第 22 名，GDP 占全国的比重达到 1.7% 左右，是甘肃的 1.9 倍。

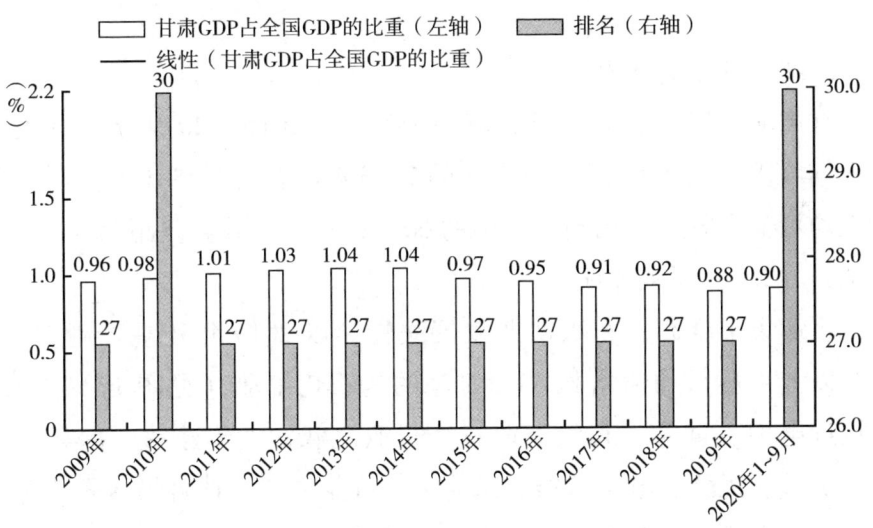

图 9　2009～2019 年甘肃 GDP 在全国的排名及其占全国 GDP 的比重

资料来源：2015～2019 年《中国统计年鉴》；2019 年全国和甘肃省国民经济和社会发展统计公报。

甘肃人均GDP较低，仅相当于全国的51%左右（见图10）。

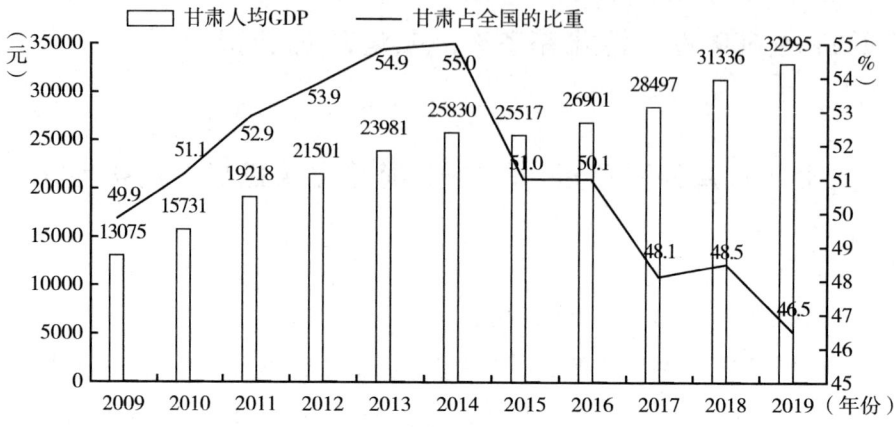

图10　2009~2019年甘肃人均GDP与全国的对比

资料来源：2015~2019年《中国统计年鉴》；2019年全国和甘肃省国民经济和社会发展统计公报。

2. 结构性矛盾突出

甘肃城乡居民收入较低，城乡差距大。2015~2019年，城镇居民人均可支配收入仅相当于全国的76.3%左右（见图11），农村居民人均可支配收入仅相当于全国的60.3%左右，城乡差距为3.4，大于全国（2.6）平均差距。

企业集中度高，新兴产业发展缓慢。以2019年工业产业为例，规模以上工业增加值增长32.3%靠的是石化工业（见图12），增加值接近电力、食品、有色工业三大行业之和，大于建材、冶金、煤炭、机械、医药、电子和纺织工业7个行业之和。甘肃仍然靠大企业保经济稳定增长，新兴产业弱小、产值低。

区域发展差距大。以2018年为例，兰州市GDP（2732.94亿元）占全省的32.67%（见表5），比排名第2~6的庆阳、天水、酒泉、白银、武威5市GDP之和少一点。

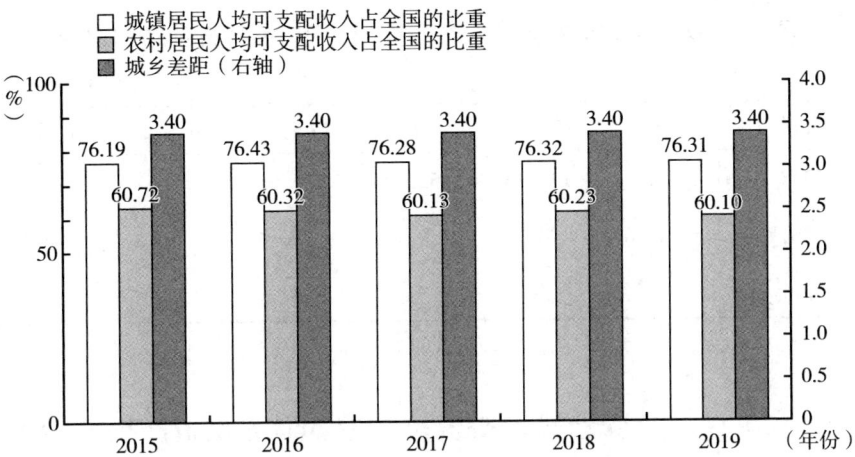

图11　2015~2019年甘肃城乡居民人均可支配收入占全国的比重及城乡差距

资料来源：2015~2019年《中国统计年鉴》；2019年全国和甘肃省国民经济和社会发展统计公报。

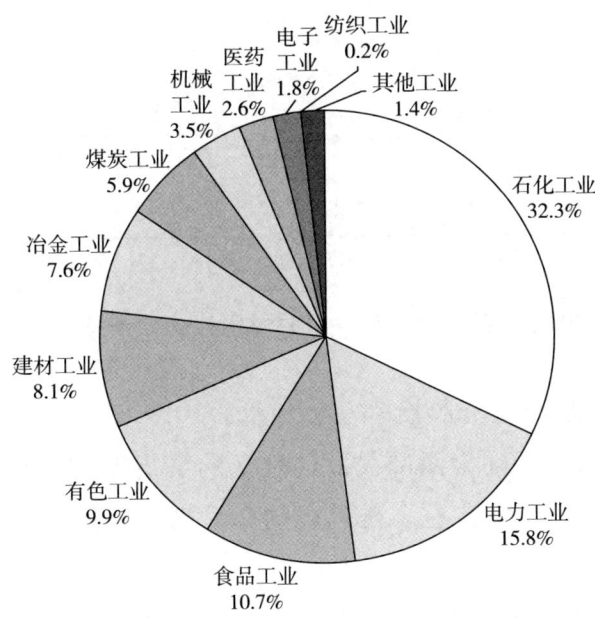

图12　2019年甘肃十大行业增加值的比重

表5 2018年甘肃全省前六名的市州GDP及其占全省的比重

单位：亿元，%

市州	兰州市	庆阳市	天水市	酒泉市	白银市	武威市
GDP	2732.94	708.15	652.05	596.9	511.6	469.27
占全省的比重	32.67	8.47	7.79	7.14	6.12	5.61
排名	1	2	3	4	5	6

（八）甘肃经济仍然为投资拉动型，但固定资产投资较低

甘肃经济仍然为投资拉动型（见图13）。

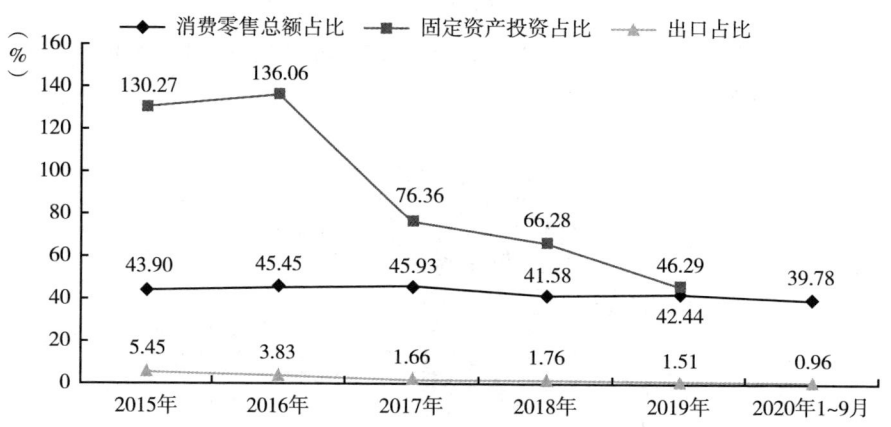

图13 2015年至2020年1~9月甘肃投资、消费、出口情况

但是，甘肃固定资产投资总额较低，2019年占全国的比重不到1%（见图14），而同为西部欠发达地区的贵州省，固定资产投资占全国的比重为1.78%左右，是甘肃的2.5倍左右。甘肃也应该积极争取国家的大力支持。

三次产业投资增长缓慢（见图15）。从2020年1~9月的情况看，农业和服务业投资增速较上年加快，但工业的投资增速下降。

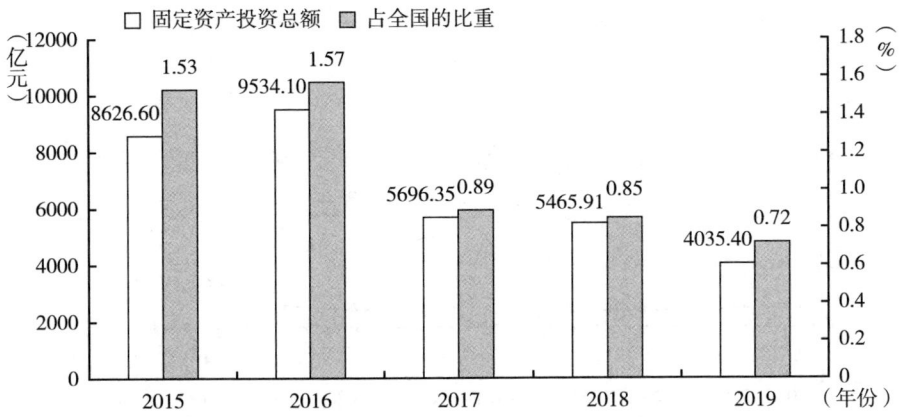

图 14　2015～2019 年甘肃固定资产投资总额及其占全国的比重

资料来源：2015～2019 年《中国统计年鉴》、《甘肃发展年鉴》，2019 年全国和甘肃省国民经济和社会发展统计公报。

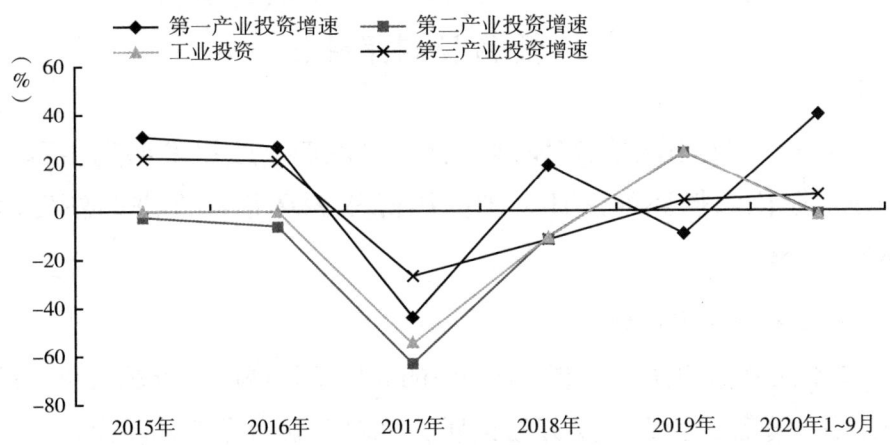

图 15　2015 年至 2020 年 1～9 月甘肃三次产业投资增速

资料来源：2015～2019 年《甘肃发展年鉴》；2019 年甘肃省国民经济和社会发展统计公报，甘肃统计网。

（九）工业对经济增长的贡献逐年弱化

第一产业和第三产业对 GDP 的贡献率波动式上升，但工业对 GDP 的贡献率呈下降趋势，2017 年以后有所回升（见图 16）。

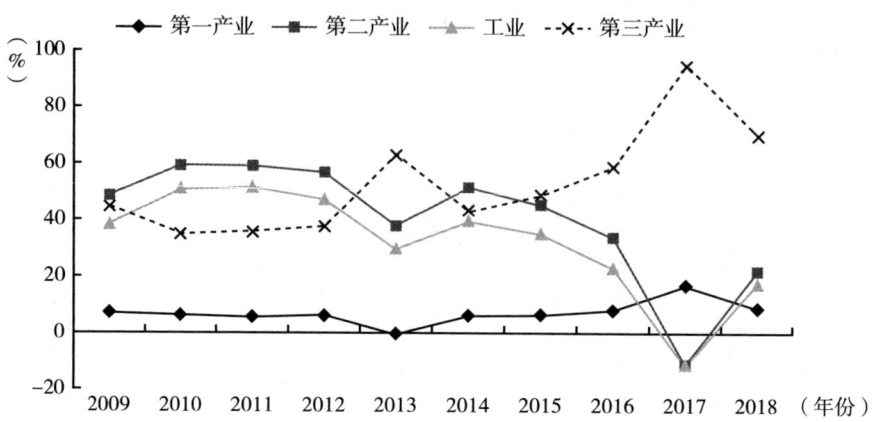

图16 2009～2018年甘肃三次产业对经济增长的贡献率

四 "十四五"甘肃经济发展的重点任务及对策建议

(一)顺应国家战略发展目标,以推动高质量发展为主题,构建以国内大循环为主体、国内国际双循环相互促进的新发展格局

1. 以高质量发展为主题

"十四五"期间,甘肃要以经济的高质量发展破解资源富集、经济落后、守着"金山"受穷的诅咒。以创新驱动为第一动力,以产业发展为核心与关键,以优势资源为物质基础,以开放合作为必由之路,以生态环境为永续发展的必要保障,以营商环境为生命线,全面推动甘肃经济高质量发展。

2. 实施"十大工程",推动甘肃经济高质量发展

一是农林牧业优化提升工程,二是制造业智能化数字化高端化绿色化提升工程,三是战略性新兴产业培育壮大工程,四是科技协同创新工程,五是文旅产业提升工程,六是利用外资和对外开放提升工

程,七是营商环境提升工程,八是人力资源素质提升工程,九是城市群和都市圈打造工程,十是后2020扶贫战略工程。

3. 构建以国内大循环为主体、国内国际双循环相互促进的新发展格局

一是坚持扩大内需,形成强大的国内市场,以国内大循环为主体、国内国际双循环相互促进,塑造国际经济合作和竞争新优势。二是坚持扩大内需,打通经济循环堵点,努力使生产、分配、流通、消费各环节更多依托国内市场实现良性循环,全面促进消费,拓展投资空间,形成吸引全球资源要素的国内大市场。三是把扩大内需同深化供给侧结构性改革有机结合起来,以创新驱动、高质量供给引领和创造新需求,激发经济内生增长动力持续释放。努力形成需求牵引供给、供给创造需求、供需匹配的高水平动态平衡。四是采取加快市场准入、促进国际国内标准接轨、加强知识产权保护、拓展线上销售渠道、搭建内销促进平台、发挥有效投资带动作用、提升转内销便利化水平、加大财政资金支持、强化税收服务、增强金融支持、提升保险保障能力、优化政府服务等措施,支持甘肃外贸企业充分利用国内大规模市场优势,促进适销对路的出口产品转内销,促进内外贸融合发展,推动形成国内国际双循环相互促进的发展新格局。

(二)找准甘肃的定位,扮演好服务国家大局的角色

甘肃在国家发展战略中扮演着多个重要角色。"十四五"时期,甘肃要找准自己的角色定位,服务好国家发展大局。

1. 加快西北乃至全国的生态安全屏障建设步伐

"十四五"期间,绿色发展比较优势将更加凸显,甘肃要实施"生态稳省惠民"战略。一是继续加大生态保护治理力度,建设国家生态安全屏障综合实验区,筑牢西北乃至全国的生态安全屏障。二是

以十大绿色生态产业为抓手，巩固西北和全国的生态安全屏障。三是推动实施一批黄河生态保护重大工程，积极争取国家的生态投资立项，推动黄河流域甘肃段的生态环境治理和高质量发展，以祁连山水源涵养区、甘南水源主要补给地、陇中陇东水土保持区和流域水体为重点，抓好黄河上游甘肃段的水源涵养、补给、水土流失和污染治理问题，保护好甘肃的山川大地，保护好母亲河。四是以良好的生态涵养，消除或减轻洪水、泥石流和极端天气给甘肃经济社会发展带来的灾难性打击；以良好的生态环境，提高居民的生活品质、幸福指数和满意度。

2. 向西开放合作示范区建设

甘肃是承东启西、连接南北、向西开放的桥梁、纽带和通道，兰州是陇海兰新线上从东向西的第四个大十字，是西北发展中心、交通枢纽、物流枢纽。"十四五"期间，甘肃要实施"交通活省"战略，依托区位和通道优势，发展通道经济。联合丝绸之路沿线城市，建立丝绸之路经济带甘肃段城市联盟（将平凉、庆阳拉入丝绸之路起点），全面畅通人流、物流、资金流和信息流，让沿线城市依靠产业发展拦下过路资源、拦下财富，不当"过路财神"。把兰州建设成"一带一路"上、黄河流域经济带上的国家级中心城市，辐射带动周边城市和地区的发展。依托甘肃北连蒙古国、内蒙古，东接宁夏和陕西，南连四川省，西接青海和新疆的区位优势，承东启西，北拓南展，国际国内全方位开放，建设对内对外开放合作示范区。以兰州新区为依托，向西开放，融入国家"一带一路"倡议；以兰州为中心，向西北、东北延伸，建立兰西银经济区；以兰州为中心，借助南向通道，融入成渝经济圈，建立西部铁三角；以兰州为中心，沿黄河流域上下延伸，与黄河上游5省区共建黄河上游经济带，与黄河流域9省区共建黄河经济带；以天水为中心，带动平凉、庆阳向西融入关中天水经济带。

3. 加大国家重要的基础产业基地建设力度

在国家战略中，甘肃因很多领域具有突出的战略地位而成为国家重要的产业基地。例如，风能、太阳能，镍的开发，矿产开发和加工，能源化工，装备制造，特色农业，丰富特殊的旅游资源等，均是甘肃的优势或特色，也将成为未来发展的关键支点。"十四五"期间，甘肃要继续实施"工业强省，产业富民"战略。工业产业，要抓大促小，做强做优石化、电力、食品工业，做大做强有色、建材、冶金、煤炭、机械、医药、电子和纺织工业。做强做精矿产资源的开发利用，发展循环经济，做到吃干榨净，建设绿色矿山；追风逐日，做强做大风能、太阳能等绿色清洁能源，发展氢能汽车；做强做优食品加工业和医药产业，延长产业链，提高附加值；发挥甘肃劳动力价格低、人力资源丰富的优势，大力发展劳动密集型产业。

实施"农业立省，特色富农"战略，优先发展农业农村，全力巩固农业基础地位，大力发展特色优势产业。发展特色农业和优质高效农业，发展天然、绿色、无公害中药材、农畜产品，巩固甘肃中药材、马铃薯、作物制种、啤酒花、食用百合、油橄榄等十多个特色产业或产品在国内市场上的优势地位。

大力发展服务业。"十四五"时期，在国内大循环主导格局下，依据后小康时代居民消费结构变化升级、"十四五"新产业新业态发展，以及"十四五"老龄化社会的到来，依托甘肃独特、多样的自然景观，丰富的文化资源，相对洁净的水与空气，宜居的气候与环境，突出的中医中药优势，做大做强文化旅游、休闲康养和养老产业，并建设一批国家级旅游度假区。顺应时代潮流和数字技术快速发展及广泛应用的新趋势，以大数据、人工智能、云计算等新一代信息技术为驱动，打造新经济新业态新产业族群，把传统零售转型为线上线下融合的智慧零售新商业模式，开启线上办公、在线教育、互联网医疗等"宅经济"发展新模式。

4. 加快华夏文明传承创新区建设

华夏文明传承创新区是中国第一个国家级文化发展战略平台，是国家根据甘肃发展的战略定位和建设文化大省的要求，为甘肃量身定制的一个战略平台。"十四五"期间，甘肃要继续实施"文化强省"战略，统筹全省文化资源和各类生产要素，以文化建设为主题，以经济结构战略性调整和经济发展方式根本性转变为主线，围绕"一带"，建设"三区"，打造"十三板块"，提高甘肃经济高质量发展的软实力。尤其要推动文化与旅游深度融合，真正实现"以文塑旅、以旅彰文"。

5. 打造多民族团结合作、融合发展、共同繁荣示范区

全国56个民族，甘肃就有54个，是一个典型的多民族聚居的省份。"十四五"期间，要建设多民族团结合作、融合发展、共同繁荣示范区，为甘肃经济高质量发展创造团结稳定的良好社会氛围。

（三）抓机遇，迎挑战，放大优势，补齐短板

1. 加快高质量发展步伐，千方百计扩大经济总量

抓住2020年以来甘肃经济发展速度加快、逆势上扬的势头，乘势而上，弯道超车，实现经济的扩量、增比、升位、提质。提高甘肃经济总量和各项主要指标总量，提高甘肃各项指标占全国的比重；通过5~15年的发展与努力，提高甘肃在全国、西部的位次，力争提升5~7个位次，人民群众的生活水平、生态文明水平和经济社会发展水平均达到全国中游、西部上游水平。为此，一是加大科技创新力度，提高科技创新的"乘数效应"。加大对科技的投入，促进科技成果转化成现实生产力，提高科技对经济的支撑力。二是扩大有效投资，积极争取国家投资的同时，鼓励社会资本参与。三是提高劳动生产率，加强财源建设，增加财政收入，提高发展实力。四是积极培育

市场主体,大力发展民营经济,增强甘肃经济的活力和后劲。五是增加城乡居民收入,缩小城乡差距,进一步提高城乡居民的获得感和满意度。

2. 持续强化基础设施建设,千方百计补齐发展基础短板

"十四五"时期,甘肃要抓住国家投资基础设施建设和发展新基建的机遇,筑牢甘肃经济社会发展的基石。强化基础设施建设,补齐交通、水利、通信、电力等短板,加快大中城市和小城镇建设,高起点规划新基建项目,增强对经济发展的支撑、保障和拉动能力。

(1) 传统基建方面

要加快构建覆盖城乡、功能完备、支撑有力的基础设施体系。用 5 年时间,力争实现所有市州通高铁、县区通高速、重点景区通高等级公路;建设一批满足更高质量生活、生产、生态用水需要的水利工程;争取建设若干个自主管理的省局域电网;加大城镇基础设施建设力度,重点实施中小型城镇扩容提质工程,增强城市承载能力和服务功能。

(2) 新基建方面

要加快人工智能、工业互联网、物联网、5G 网络、数据中心等新型基础设施建设,优先实施一批工业互联网平台项目,布局实施大数据中心和一批智慧城市项目。

3. 持续推进新型城镇化发展,千方百计推动甘肃城市群、城市带建设

城镇化是"十四五"发展的重要支柱。这一阶段城镇化的特点就是城市群的形成,通过城市群的发展推动整个城镇化进程和经济的发展。"十四五"末我国城镇化率预计将达到65%左右,而甘肃目前的城镇化完成了不到50%,还有巨大的潜力。而下一阶段城镇化的重要形式和重要方式就是城市群、城市带。要使甘肃城镇化进程更加健康、平稳、均衡,使得市场持续扩大,就要以新型城镇化带动投资

和消费需求，推动城市群、城市带、都市圈一体化发展体制机制创新。以兰州为中心，带动白银市、定西市和临夏州3个市州的11个县区整体融入兰州-西宁城市群建设；以兰州为中心，上下游延伸，建立沿黄城市经济带；以天水为中心，带动平凉、庆阳、陇南3市整体融入关中平原城市群建设；努力把河西城市群建设提升为国家战略。

4. 发挥清洁能源优势，千方百计把资源优势转化为经济优势

为推动新一轮能源革命，助力国家实现能源发展战略和对未来能源的美好构想，甘肃要发挥风能和太阳能大省的优势，追随新能源汽车革命的风口，做一篇"氢文章"。氢能燃烧的动能比汽油燃烧要高出三倍。加满一罐氢气比给电动车充电要省时得多，但续航里程却能达到电动汽车的三四倍。最重要的是氢气具有较高的能量密度，且具有可再生性和零碳含量，氢燃料是目前最清洁的燃料，因为氢燃料电池车以零排放著称。事实上，与废电池排放的铅、汞等重金属物质不同，氢燃料电池排放的是二氧化碳与水，并不存在环境污染问题。所以氢能汽车才是真正的环保汽车。而用清洁能源来生产氢能真正做到无污染，如风能、太阳能等，而这正是甘肃的自然资源优势所在。氢能汽车在中国刚刚起步，甘肃应该可以以创新驱动为指引，顺时就势有选择地做一篇"氢文章"，实现后发赶超，转型跨越。

5. 实施人才战略，千方百计提高城乡居民收入

人力资本是比物质资本更重要的资本，是经济增长的主要源泉。甘肃之所以落后，一个重要原因就是缺乏人才，尤其是缺乏能创新、会经营、懂管理的复合型人才和高新技术人才。因此，"十四五"期间，甘肃要实施人才战略，需要做好两方面的工作。一是重视开发高质量的人力资本。人力资源是第一资源，而人力资源只有转化为人力资本才能发挥现实生产力的作用。全省上下要通过多种途径加快人力资源向人力资本的转化。加大教育和培训的投入，尽快培养"本土"

人才,使甘肃丰富的劳动力资源尽快转化为高质量的人力资本。鉴于高学历人才培养的院校少于发达地区,依靠本省培养高精尖科技人才和创新型企业家有困难,也可以"借地育才",与省外、国外高等院校等联合办学和委托办学,培养急需的高层次人才。二是实施"借脑工程",广纳四方英才。树立"不为所有、但为所用"的人才观和用人观,采取特殊优惠和灵活多样的政策措施,引进和借用省外、国外高精尖科技人才和创新型企业家,实施"借脑工程"。建立人才柔性流动机制,在不改变国籍、户籍、身份和人事关系的前提下,以智力服务为核心,以优厚待遇为条件,鼓励、吸引高层次人才通过各种柔性方式来甘肃工作,实行和完善特聘专家制度,筑巢引凤,广纳英才。

6. 千方百计加大经济投入力度,增强经济发展后劲

甘肃人口占全国的1.89%,面积占全国的4.7%,甘肃GDP占全国的0.88%~0.92%,但投资仅占全国的0.72%,投资严重不足,甘肃又为投资拉动型经济;多年来,甘肃在服务国家发展中扮演着"西北乃至全国的生态安全屏障,黄河上游水源的涵养区、补给区、水土保持区,向西开放合作示范区,国家重要的基础产业基地,华夏文明传承创新区,多民族团结合作、融合发展、共同繁荣示范区"等多个重要角色,为国家的生态安全、黄河安澜、对外开放、文化建设、民族团结都做出了巨大贡献。甘肃是我国自然生态类型最复杂和脆弱的地区之一,全省86个县市区中有37个县市区(占43%)就属于国家重点生态功能区范围,限制开发和禁止开发区域面积占全省面积的90%,工农业生产和居民生活严重受限。因此,建议国家加大对甘肃的生态补偿和经济支持。

甘肃省要千方百计多方筹资,加大对经济的投入力度,尤其是要加大对工业的投入,利用甘肃较好的工业基础,把丰富的工业资源优势转化为经济优势;还要加大基础设施的投入力度,通过基础设施的改善,优化投资环境和旅游环境。

参考文献

杨清、查祥德：《甘肃经济发展的优劣势分析》，《发展》2009年第9期。

严厚雁：《从国家竞争优势理论的角度论甘肃省经济发展》，甘肃农业大学硕士学位论文，2008。

许鹏奎、王晓明、蔡中宏、温晓光、王永斌：《培养拔尖创新人才：甘肃实施人才强省战略的重点》，《兰州交通大学学报》2005年第5期。

汪永峰：《"一带一路"倡议与甘肃经济发展关系研究》，《环渤海经济瞭望》2020年第2期。

张建勋：《"丝绸之路经济带"视域下甘肃经济发展的路径探析》，《宁夏农林科技》2020年第1期。

杨风琴：《兰州新区开发在甘肃经济发展中的作用及地位分析》，《中国市场》2018年第18期。

欧阳坚：《大变局下甘肃"十四五"发展重点浅析》，《甘肃政协》2020年第2期。

陈昌盛、许伟、兰宗敏、江宇：《"十四五"经济社会发展的三大时代背景》，《中华工商时报》2020年9月4日第3版。

张晓晶：《"十四五"时期我国经济社会发展的战略重点》，《经济学动态》2020年第5期。

本报评论员：《坚持扩大内需 形成强大国内市场》，《经济日报》2020年11月4日第1版。

甘肃省人民政府办公厅：《关于支持出口产品转内销的若干措施》，2020年10月31日。

厉新建：《顺应趋势 科学谋划 推动文化旅游业高质量发展》，《光明日报》2020年10月12日第16版。

陆娅楠：《访清华大学公共管理学院院长江小涓》，《人民日报》2020年9月23日第4版。

盛朝迅、荣晨：《新发展格局中消费如何发挥基础性作用》，《光明日报》2020年9月28日第16版。

《重磅信息，习近平主持中央政治局会议定了这些大事》，《实践》（党的教育版）2020年第8期。

金辉：《"十四五"将呈现的十大趋势》，《经济参考报》2020年9月1日第7版。

潘圳：《在"变局"中发展要以平衡为重点》，《社会科学报》2020年6月11日第1版。

王紫源：《贵州省后发优势实现条件研究》，贵州大学硕士学位论文，2008。

《深入推进西部大开发　助力"双循环"新发展格局》，《经济日报》2020年10月6日第1版。

《敢"拼"敢试　以"新"破局——探寻兰州新区逆势崛起之路系列报道之一》，《新甘肃·甘肃日报》2020年9月21日第1版。

甘肃省计划委员会：《甘肃国土资源》，甘肃科技出版社，1992。

孔晴：《甘肃省人力资源开发的现状分析》，《科技咨询导报》2007年第14期。

梁琦：《依托自然资源条件实施新能源创新驱动发展战略》，http://www.zg.org.cn/dfxw/gd/201912/t20191231_60233.htm。

《2020~2025年"一带一路"背景下甘肃省区域经济发展分析及投资前景报告》，中研普华产业研究院，2020。

本报评论员：《以畅通国民经济循环为主构建新发展格局》，《人民日报》2020年8月27日第2版。

《以国内大循环为主体绝不是关起门来封闭运行》，《光明日报》2020年9月23日。

李丽娟、张勃、李山勇：《甘肃省生态城市建设研究》，《生态经济》2010年第6期。

薛鹏：《深度关注｜擘画壮美蓝图》，《中国纪检监察报》2020年10月30日。

邱炜煌：《开启全面建设社会主义现代化国家新征程》，《天津日报》2020年11月2日第9版。

《中共中央关于制定国民经济和社会发展第十四个五年规划和二〇三五年远景目标的建议》，《人民日报》2020年11月4日第1版。

B.3
甘肃打造"五个制高点"
——技术制高点研究

关 兵*

摘　要： 当前甘肃省打造技术制高点的发展条件表现为：顶层战略设计趋于完备、区域科技创新实力不断增长为打造科技制高点奠定良好支撑条件、兰白示范区为打造科技制高点提供良好发展平台，各方面发展条件对打造技术制高点构成支持合力。对当前甘肃省区域科技创新能力发展水平、趋势、特征和优劣势的评估分析表明：甘肃省应立足"强化强点、弥补短板"的战略方向打造技术制高点，而当前甘肃省区域科技创新能力方面的最明显"短板"是企业创新水平低。对近年甘肃省区域科技创新能力驱动因素的实证分析表明：研发投入对近年甘肃省区域创新能力提升的驱动作用最明显，甘肃省打造技术制高点的战略实现途径应从进一步加大全省科技创新研发投入力度及重点加大技术制高点相关领域的研发投入力度出发。

关键词： 技术制高点　创新能力　甘肃

---

* 关兵，甘肃省社会科学院区域经济研究所助理研究员，主要研究方向为产业经济、计量经济。

"一带一路"建设是甘肃省发展的最大机遇,实施创新驱动、推动甘肃省经济高质量发展是甘肃省经济发展的根本性战略要求,二者结合,打造新时代甘肃融入"一带一路"之技术制高点,是实现甘肃转型跨越发展的必然之路。自2019年以来,甘肃省陆续出台《新时代甘肃融入"一带一路"抢占"五个制高点"规划》等纲领性文件和《新时代甘肃融入"一带一路"建设打造技术制高点实施方案》等专项文件,确立打造"技术制高点"作为新时代甘肃融入"一带一路"建设、实施创新驱动战略的中心任务之一。由此,本文根据当前甘肃省新时代融入"一带一路"背景下实施创新驱动战略的形势要求,围绕打造"技术制高点"这一中心任务,从全面分析甘肃省当前打造"技术制高点"的发展条件出发,科学研判甘肃省区域科技创新能力的发展水平、趋势、特征和优劣势,实证分析当前甘肃省区域科技创新能力发展提升的主要驱动因素,在此基础上提出新时代"一带一路"背景下甘肃省科技创新能力融合发展、提升的思路对策,为助力甘肃省新时代融入"一带一路"建设、打造技术制高点服务。

一　甘肃省打造"技术制高点"的发展条件

(一)国家、省级顶层战略设计已趋完备

1. 国家层面的顶层设计

知识经济时代,科技创新事关国运兴衰,党的十八大以来,党中央充分认识到科技创新的重大战略意义,将科技创新确立为我国目前新发展阶段的国家重大发展优先战略。党的十九大报告指出:"要贯彻新发展理念,建设现代化经济体系;加快建设创新型国家;创新是引领发展的第一动力……"十九大报告关于创新发展战略的一系列

纲领性论述,为当前及今后全国各地全面深入实施创新发展战略指明了方向。"十三五"以来,党中央、国务院先后制定发布了《国家创新驱动发展战略纲要》等多项国家级顶层战略设计文件,对全国上下全面深入实施创新发展战略的战略目标、任务、愿景和实现途径作出全局性战略部署。

一直以来,习近平总书记把创新摆在国家发展全局的核心位置,围绕加快推进科技创新、深入实施创新驱动发展战略,多次发表相关重要讲话、指示,对于全国上下充分认识创新在提高社会生产力和综合国力的重要战略支撑作用,致力推进以科技创新为核心的全面创新,加快形成创新引领的高质量发展模式,推动创新驱动发展战略的全面深入落实具有十分重要的指导意义。特别是习近平总书记2013年视察甘肃、2019年3月7日在第十三届全国人大二次会议参加甘肃代表团审议和2019年8月视察甘肃时先后发表的重要讲话与指示精神,指明了甘肃省"着力推进科技进步和创新"的发展方向,指出了甘肃发展的最大机遇在于"一带一路",为甘肃省推出融入"一带一路"建设、打造技术制高点的顶层设计方略提供了直接指导思想。

2. 甘肃省层面的顶层设计

2015年,随着国家正式确立"一带一路"倡议,甘肃省委按照国家总体部署下丝绸之路经济带甘肃黄金段的定位,及时强化相关顶层设计,适时出台《甘肃省参与丝绸之路经济带和21世纪海上丝绸之路建设的实施方案》,制定了全省丝绸之路经济带建设"13685"的总体规划和战略实施路径。2015~2018年,甘肃省在该纲领性文件指引下致力推进"丝绸之路经济带"甘肃黄金段建设取得良好成效;同期甘肃省在科技创新领域也不断取得进步,但二者尚未在省级顶层设计层面下实现融合发展。至2019年,甘肃省委、省政府秉承习近平总书记强调的甘肃发展的最大机遇在于"一带一路"的指示精神,根据甘肃省经济发展走高质量发展之路的新时代要求,科学审视甘肃"一带一路"建设大机遇下的新发展思路,适时推出了新时代甘肃省积极融入"一带一路"建设,抢占文化、枢纽、技术、信息、生态"五个制高点",重塑经济发展新优势的战略规划。其中,打造技术制高点的相关规划,首次在省级层面上以顶层设计方式提出了甘肃"一带一路"建设与区域科技创新推进融合发展的战略思路。随之,甘肃省进一步出台《新时代甘肃融入"一带一路"建设打造技术制高点实施方案》等专项文件,指明了今后甘肃省打造技术制高点的发展目标、要求、重点内容、工作路径等,使甘肃省融入"一带一路"建设打造技术制高点的顶层战略设计趋于完备。

(二)区域科技创新实力不断增长,为打造科技制高点奠定良好支撑条件

"十三五"以来,甘肃省全力贯彻落实国家在科技创新方面的系列战略决策部署,深入实施创新驱动战略,致力于发挥科技创新在全面创新中的引领作用,全省科技创新实力不断壮大,粗略估计,2019年甘肃省总体科技创新实力已较2016年增长35%左右(见表1)。

表1 2016~2019年甘肃省科技创新实力相关指标变动情况

指标	2016年	2019年	2019年比2016年增长(%)
科技进步贡献率(%)	51.3	52.8	1.5个百分点
R&D投入占GDP的比例(%)	1.22	1.18	-3.28
规模以上企业年R&D投入总额(万元)	509228	505544	-0.72
规模以上企业年新产品销售收入(万元)	3031098	5527138	8.23
年省级以上科技成果(件)	1276	1479	15.9

续表

指标	2016年	2019年	2019年比2016年增长(%)
年专利授权数(件)	7975	14894	86.8
技术市场合同成交额(亿元)	150.81	196.42	30.24
高新技术企业数(家)	437	1052	140.73
第三产业产值的比重(%)	51.55	55.12	6.93
公共教育支出(亿元)	548.95	636.05	15.87
科技创新实力综合指数(分)	100	134.63	34.63

注：科技创新实力综合指数由各指标加权平均而成。
资料来源：国家统计局编《中国统计年鉴》（2016～2020）；甘肃省统计局编《甘肃发展年鉴》（2016～2020）。

可以看出，目前，甘肃省总体科技创新实力已达到一定水平，足以为当前甘肃省融合"一带一路"发展机遇、适时打造科技制高点提供良好支撑条件。

（三）兰州、白银高新区逐年稳步发展成长，兰白示范区为打造科技制高点提供良好发展平台

兰州、白银高新区作为甘肃省自主创新的两个战略高地，近年来逐年稳步发展成长，日益发挥出国家级高新区的示范、辐射和带动作用，正逐步成长为甘肃省的产业转型升级引领区、高新技术产业聚集区和区域经济发展的重要增长极。

自兰州、白银高新技术产业开发区于2018年经国家批复同意成为国家第十九个国家自主创新示范区以来，立足两区的区位优势和产业基础优势，致力于整合兰州、白银的创新资源，着力培育良好的创新创业生态，适时推进创新政策先行先试，对提升甘肃省区域创新整体效能发挥着重要作用，也为当前甘肃省审时度势、把握"一带一

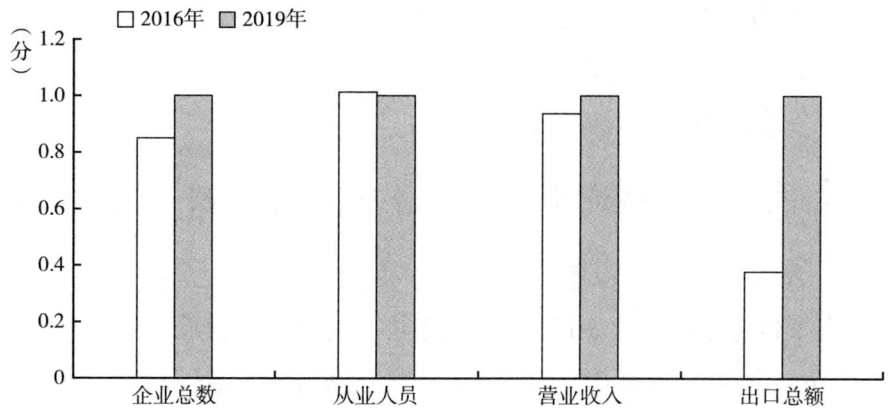

图 1　2016 年和 2019 年甘肃省兰州、白银高新区绩效指标（合计）发展对比

资料来源：国家统计局编《中国统计年鉴》（2016～2020）。

路"建设最大机遇、适时打造科技制高点提供了良好发展平台。

综上所述，随着甘肃省申报建设兰州综合性国家科学中心、十大生态产业体系的建立建设、丝绸之路国际信息港建设的逐步推进，甘肃省科技创新各方面的相关因素已对打造技术制高点构成支持合力。

二　打造技术制高点——甘肃省区域创新能力评价分析

打造技术制高点，意味着要对甘肃省科技优势、区位优势、资源优势、产业优势、技术创新条件进行全面整合，以弥补短板，发挥优势，为此首先需要科学研判甘肃省当前区域科技创新能力的发展水平、趋势、特征和优劣势条件，以筹谋打造制高点的相应思路对策。本文依托中国科技发展战略研究小组、中国科学院大学中国创新创业管理研究中心所著《中国区域创新能力评价报告（2019）》相关数据，以甘肃为研究对象，聚焦与甘肃省科技创新发展条件相近的西部

12个省区市间的评估比较,对甘肃省区域创新能力水平的现状、趋势、特征、优劣势进行研判分析,对其中甘肃省打造技术制高点需要借鉴、关注的问题进行提炼总结。

(一)甘肃省区域创新能力总体水平评估分析

1. 2019年甘肃省区域创新能力总体水平评估结果与结论

由报告评估显示:2019年,甘肃省区域创新能力综合指数分值为20.10分,位居全国第25、西部12省区市第9,区域创新能力水平处于西部省区市落后中等偏下位置,综合排名与上年相比未实现上升。

表2 2019年主要省区市区域创新能力总体水平评估及全国排名

省区市	区域创新能力综合指数(分)	全国排名	排名变化
广 东	59.49	1	0
北 京	53.22	2	0
江 苏	49.58	3	0
重 庆	30.87	7	1
四 川	28.03	11	0
陕 西	27.34	12	1
贵 州	23.60	16	2
广 西	21.17	21	-1
云 南	21.11	22	0
宁 夏	20.94	23	4
青 海	20.11	24	-1
甘 肃	20.10	25	0
新 疆	18.19	29	-3
内蒙古	18.14	30	0
西 藏	17.58	31	0

注:本表只列出指数分值居全国前三的省区市及科技创新发展条件与甘肃省类似的西部12个省区市,以利于甘肃省与全国先进省市及西部省区市比较,其他对照意义不大的省份未列出,表3同。

资料来源:中国科技发展战略研究小组、中国科学院大学中国创新创业管理研究中心《中国区域创新能力评价报告(2019)》,科学技术文献出版社,2019。

2. 甘肃省区域创新能力综合水平评估关注点

（1）报告分析表明，创新能力较强地区与相对落后地区相比普遍具有创新要素方面的"强点"，如经济和科技基础较好；教育资源丰富且高等教育发达；区域研发投入水平较高，企业创新动力足、能力强；区域市场经济相对成熟；对外开放程度较高、引进外资和先进技术能力强等，这些"强点"要素要能够与其他创新要素在适应当地发展特点的基础上实现良性对接、结合，形成相互促进和加强的创新发展良性机制，才能协力打造出较强的区域创新能力。广东强在全面，但大部分先进地区强在有"制高点"，同时其他创新要素无明显短板，才能与"强点"或"制高点"形成有效的相互促进和加强的创新强效体系。这一点应引起甘肃省在打造技术制高点进程中的关注与重视。

（2）报告分析表明，区域创新能力综合能力水平高的地区，均十分重视创新研发投入，其创新研发投入水平一般也位居同类地区前列；区域创新综合水平提升较快的省区市，一般也伴随着同期研发投入水平的较快增长，如宁夏、贵州在当期创新能力综合水平位次实现大幅提升的同时，研发投入水平增长均超过70%。这一点应引起甘肃省在打造技术制高点进程中的关注与重视。

（二）甘肃省区域创新能力分类要素水平评估分析

1. 甘肃省区域创新能力分类要素发展水平评估结果与结论

报告评估显示：2019年，甘肃省区域创新能力中的知识创造水平指数为17.22分，列全国第24位、西部12省区市第8位，知识创造水平处于西部省区市中等偏下位置；甘肃省区域创新能力中的知识获取水平指数为17.58分，列全国第13位、西部12省区市第3位，知识获取水平处于西部省区市上游领先位置；甘肃省区域创新能力中的企业创新水平指数为14.97分，列全国第28位、西部12省区市第

表3 2019年甘肃省区域创新能力分类要素发展水平评估及全国排名

知识创造			知识获取			企业创新			创新环境			创新绩效		
全国排名	省区市	分值（分）	全国排名	省区市	分值（分）	全国排名	省区市	分值（分）	全国排名	省区市	分值（分）	全国排名	省区市	分值（分）
1	北京	74.40	1	上海	58.46	1	广东	75.98	1	广东	52.20	1	广东	66.45
2	江苏	48.49	2	北京	49.36	2	江苏	56.78	2	北京	52.01	2	江苏	58.52
3	广东	47.16	3	广东	47.22	3	浙江	47.64	3	江苏	43.59	3	北京	52.61
6	陕西	35.65	9	重庆	20.79	8	重庆	34.08	9	四川	26.17	5	重庆	45.57
7	四川	30.65	11	宁夏	18.83	13	四川	26.73	10	重庆	25.10	9	陕西	41.55
8	广西	29.14	13	甘肃	17.58	17	宁夏	23.76	12	陕西	23.55	12	四川	38.92
11	重庆	25.60	14	四川	16.20	18	云南	22.85	13	青海	23.51	15	贵州	38.01
18	贵州	21.67	18	陕西	14.92	20	陕西	22.22	18	贵州	21.60	17	广西	34.15
21	宁夏	18.39	21	贵州	13.09	21	贵州	21.90	20	甘肃	21.37	20	云南	30.86
23	云南	17.68	23	西藏	12.82	22	青海	20.64	22	内蒙古	20.17	23	内蒙古	28.99
24	甘肃	17.22	25	云南	12.13	23	广西	19.02	24	新疆	19.12	24	甘肃	28.96
26	青海	16.27	26	新疆	11.82	24	内蒙古	18.16	25	云南	19.02	26	新疆	28.34
28	新疆	15.55	28	内蒙古	9.12	28	甘肃	14.97	26	西藏	18.79	27	西藏	27.97
29	西藏	13.58	30	广西	8.60	29	新疆	14.40	27	宁夏	18.04	28	青海	26.97
31	内蒙古	9.28	31	青海	8.27	31	西藏	13.30	31	广西	15.70	31	宁夏	24.55

资料来源：中国科技发展战略研究小组、中国科学院大学中国创新创业管理研究中心，《中国区域创新能力评价报告（2019）》，科学技术文献出版社，2019。

10位，企业创新水平处于西部省区市落后位置；甘肃省区域创新能力中的创新环境水平指数为21.37分，列全国第20位、西部12省区市第6位，创新环境水平处于西部省区市中等偏上位置；甘肃省区域创新能力中的创新绩效水平指数为28.96分，列全国第24位、西部12省区市第8位，创新绩效水平处于西部省区市中等偏下位置。

2. 甘肃省区域创新能力分类要素发展水平评估关注点

一是甘肃省区域创新能力中的知识获取水平位居西部前列，说明甘肃省在这一领域具备比较优势，可能成为甘肃省打造技术制高点的突破口之一。结合甘肃省区域科技创新的现实条件来看，甘肃知识获取方面的优势主要表现为：甘肃省拥有西北首个国家级自主创新示范区——兰、白示范区，具有一定的科技创新平台、政策优势；甘肃省会兰州市大专院校、科研院所众多，具有一定科技资源、人才方面的聚集优势；甘肃省丝绸之路信息港建设由于重视足、投入大、下手早，目前在基础设施建设、信息共享基础平台、大数据应用服务等方面已形成一定比较优势；等等。

二是甘肃省企业创新水平目前处于西部省区市落后位置，说明甘肃省目前科技创新仍主要靠政府和科研机构推动，企业层面的自主创新能力不足。这一领域是当前甘肃省科技创新最明显短板，应在甘肃省打造技术制高点进程中引起充分关注与重视。

三 打造技术制高点——甘肃省区域创新能力驱动因素实证分析

打造技术制高点，意味着要对甘肃省科技优势、区位优势、资源优势、产业优势、技术创新条件进行全面整合，在优势领域形成战略制高点，基于甘肃省经济、社会和区域创新各方面发展条件，这一进程不应平均用力，而应找准当前最能推动甘肃省区域科技创新能力有效提升的关键环节重点推进。为此，本文从甘肃省打造技术制高点的目标要求和研究视角出发，首先将甘肃区域创新能力水平合理合成一个能全面反映区域创新能力综合绩效的量化指标，以此为被解释变量，由理论分析和当前实际相结合选择创新资源、创新研发投入、创新环境等对甘肃区域创新能力具有显著影响的相关因素的量化指标作为解释变量，建立甘肃省区域创新能力驱动因素计量模型。实证分析近年来甘肃省区域创新能力的主要驱动因素，为甘肃省打造技术制高点的战略实现路径探寻思路。

（一）甘肃省区域创新能力驱动因素实证分析模型指标构建

1. 区域创新能力综合绩效水平量化指标构建

为了全面系统地反映区域创新能力综合绩效水平，本文除将科技成果作为对区域创新能力综合绩效水平的直接考量因素外，还考虑到创新对区域经济效益的最终提升效果和创新对区域经济运行质量（区域竞争力）的促进作用，将这两方面的因素也纳入考量，运用主成分分析法对相关基础指标合成得到一个全面反映区域创新能力绩效水平的综合性指标，如下所示。

科技成果指标：万人专利拥有量
经济效益指标：高新技术产业产值 —— 主成分分析 —→ 区域创新能力综合绩效指标
区域竞争力指标：商品出口总额

2. 区域创新能力驱动因素计量模型解释变量指标简释

（1）创新资源，相关研究表明人力资本（劳动者素质）是区域创新资源中对区域创新能力产生最大支持的关键因素，模型由此采用万人大专以上学历人口占比作为表征创新资源支持水平的主要指标。

（2）创新投入，相关研究和上文评估分析表明，创新投入对区域创新能力水平提升具有明显驱动作用，模型由此采用区域R&D经费投入占GDP的比重来衡量区域创新的资金投入；用万人R&D人员数来表征区域创新的人力投入。

（3）产业结构，甘肃省目前正处在工业化发展的中、后阶段，相关研究表明该阶段产业结构向合理化和高度化的推进进程对区域创新能力水平提升有较明显的驱动作用，模型由此采用第一、三产业产值比作为衡量产业结构变动状况对区域创新能力驱动作用的指标。

（4）基础设施支持，区域创新相关基础设施条件不仅对科技创新具有基本保障作用，还通过加快区域内外部人、财、物的自由流动和促进信息的交互交流持续对区域创新能力水平提升产生驱动作用。模型由此采用全社会货运量作为基础设施条件中衡量交通物流对区域创新能力驱动作用的指标；采用邮电业务总量作为基础设施条件中衡量信息交流对区域创新能力驱动作用的指标。

（5）对外开放程度，一个地区对外开放程度越高，就越有利于吸引各创新要素向区内积聚，形成创新合力。模型由此采用外商直接投资（FDI）实际利用额作为衡量区域开放程度对区域创新能力驱动作用的指标。

（6）政府行为支持，区域科技经费支出占财政支出的比重作为反映政府对科技创新重视和支持程度的易得性指标，能够表征性地综合反映政府支持行为对区域创新活动的影响，模型由此采用其作为衡量政府行为对区域创新能力驱动作用的指标。

（7）创新环境，创新环境作为一个定性因素难以直接度量，本文选取区域年度新增市场经济主体数这一重要显性绩效指数作为衡量区域创新环境的表征指标。

（二）甘肃省区域创新能力驱动因素实证模型运行分析

依上文所述，首先依主成分分析法对甘肃省区域创新能力三个维度的基本指标进行合成运算，得到甘肃省区域创新能力综合绩效水平的量化合成指标作为模型的被解释变量（Y）。再由上文引入甘肃省区域创新能力主要驱动因素的9项表征性指标，即创新资源之万人大专以上学历人口占比（CR）、创新投入之R&D经费投入占比（RE）、创新投入之万人R&D人员数（RP）、产业结构（ATS）、基础设施支持之交通物流载体（TL）、基础设施支持之信息交流载体（IK）、对外开放程度之外商直接投资（FDI）、政府行为支持之区域科技经费支出占比（GP）、创新环境之区域年度新增市场经济主体数（DC）作为解释变量，建立当前甘肃省区域创新能力影响因素计量模型如下。

$$Y_t = C + \beta_1 CR_{t-1} + \beta_2 RE_{t-1} + \beta_3 RP_{t-1} + \beta_4 ATS_{t-1} + \beta_5 TL_{t-1} + \beta_6 IK_{t-1} + \beta_7 FDI_{t-1} + \beta_8 GP_{t-1} + \beta_9 DC_{t-1} + \mu$$

将2015~2019年所有变量数据输入Eviews计量软件，进行时间序列回归分析，在回归分析进程中剔除产业结构因子和对外开放程度因子这两个不显著的变量，最终得到模型如下：

$$Y_t = C + \beta_1 CR_{t-1} + \beta_2 RE_{t-1} + \beta_3 RP_{t-1} + \beta_5 TL_{t-1} + \beta_6 IK_{t-1} + \beta_8 GP_{t-1} + \beta_9 DC_{t-1} + \mu$$

应用Eviews计量软件对模型的统计检验表明：模型的拟合优度为0.897584，说明模型的设定合理，能够较好地解释变量间的关系；模型通过了F检验和D-W检验，说明模型中解释变量与被解释变量在总体上的线性关系显著成立，模型误差项基本不存在自相关关系（见表4）。

表4 甘肃省区域创新能力驱动因素模型运行结果

Variable	Coefficient	Std. Error	T_Statistic	Prob.
CR	0.134571	0.104576	2.384723	0.0046
RE	0.176522	0.364674	2.208934	0.0049

续表

Variable	Coefficient	Std. Error	T_Statistic	Prob.
RP	0.142762	0.395180	2.693379	0.0027
TL	0.125765	0.324630	2.932728	0.0057
IK	0.127833	0.237142	2.115685	0.0032
GP	0.090876	0.154737	1.967833	0.0037
DC	0.0854562	0.150378	1.946673	0.0036

R-squared：0.897584　Adjusted R-squared：0.903227　Durbin-Watson stat：2.165735

资料来源：国家统计局编《中国统计年鉴》（2016~2020）；甘肃省统计局编《甘肃发展年鉴》（2016~2020）。

（三）基本结论和对甘肃省打造技术制高点的启示

本文采用2016~2019年的时间序列数据对甘肃省区域创新能力的主要驱动因素进行了实证分析，样本数据的回归结果表明：创新资源、研发投入、基础设施条件、政府行为、创新环境优化水平等因素对甘肃省区域创新绩效水平提高都有一定的正向促进作用。主要结论和对甘肃省打造技术制高点的启示如下。

当前，创新资源水平对驱动甘肃省区域创新能力提高具有明显的正向作用，劳动者素质每提高1%，可使区域创新能力水平提高0.135%，其驱动作用在诸因素中位居前列。这表明当前甘肃省部分地区应有可能利用创新资源在地域上的局部集聚优势，充分发挥丰富创新资源对驱动区域创新能力提升的较大作用，加快、加速提升其地区创新能力水平。从打造技术制高点的角度出发，甘肃省整体创新资源缺乏优势，但兰州市大专院校、科研院所汇集，人力资本相对全省其他地区乃至整个西部省区市也具备一定相对优势，是甘肃省打造技术制高点的一个良好突破口。

当前，创新投入对驱动甘肃省区域创新能力提高具有最明显的作用，其两项指标对区域创新能力提升的驱动效果系数居诸因素中前两位

(0.177%、0.143%)。这一结果说明,当前甘肃省提升区域创新能力实现最大效果的较好途径仍需从加大创新投入入手,打造某方面技术制高点的首要途径也应是进一步加大该领域的研发投入特别是资金投入。

当前,区域创新基础设施对驱动甘肃省区域创新能力提高具有重要作用,其两项指标对区域创新能力提升的驱动效果系数分别达到0.126%和0.128%,且信息交流载体对区域创新能力提升的促进效果略大于交通物流载体,反映出当前信息相关基础设施建设对区域创新能力提升的促进作用正日益凸显。所以,甘肃省打造技术制高点的进程中,全面推进甘肃省区域创新能力相关基础设施建设,对提高全省科技创新水平将产生良好推动作用;重点推进信息技术相关基础设施建设,应是加快该领域技术制高点建设的重要实现途径。

政府行为和创新环境对区域创新能力目前驱动力相对较弱,说明甘肃省政府近年来对科技创新的各方面支持行为可能尚未取得最佳效果,创新环境尚待进一步优化。但二者仍对创新能力水平的提升具有一定正面影响,甘肃省打造技术制高点的进程中,也应时刻关注加大政府在相关领域的支持力度、进一步优化相关领域乃至全社会创新环境,强化二者对甘肃省打造技术制高点的助力作用。

四 甘肃省打造技术制高点的思路对策

(一)立足"强化强点、弥补短板"的战略方向打造技术制高点

由本报告对当前甘肃省区域科技创新能力相对全国、西部省区市的评估分析表明,创新能力较强地区与相对落后地区相比普遍具有创新要素方面的"强点",如经济和科技基础较好;教育资源丰富且高等教育发达;区域研发投入水平较高,企业创新动力足、能力强;区域市场经济相对成熟;对外开放程度较高、引进外资和先进技术能力

强等。北京市的优势在于丰富的科技资源与人力资源所带来的强大的知识创造能力，抢占这方"制高点"同时维护提升其他创新要素水平保证无短板，形成了一个要素间能有效相互促进和加强的创新机制，使其近年来区域创新能力保持高水平，稳居全国第二位置。甘肃省目前在一些科技创新领域尚存在明显不足，甘肃省在融合"一带一路"发展机遇、整合优势资源、重点推进相关领域"强点"建设、打造相应技术制高点的同时，还应时刻关注着力于弥补科技创新相关领域的短板与不足，尽力形成各创新要素能有效相互促进、加强的创新发展良性机制。

（二）立足"加大研发投入"的战略途径打造技术制高点

由本文对当前甘肃省区域科技创新能力相对全国、西部省区市的评估分析表明，区域创新能力综合能力水平高的地区，均十分重视创新投入，其创新投入水平一般也位居同类地区前列；区域创新综合水平提升较快的省区，一般也伴随着同期研发投入水平的较快增长，如宁夏、贵州在当期创新能力综合水平位次实现大幅提升的同时，研发投入水平增长均超过70%。进一步对近年来甘肃省区域创新能力绩效水平驱动因素的实证分析表明：研发投入对近年来甘肃省区域创新能力水平驱动提升作用最为明显，是影响甘肃省区域创新能力水平的最关键因素。因此，甘肃省打造技术制高点的首要途径可从进一步加大全省科技创新研发投入力度及重点加大对打造技术制高点相关领域的研发投入力度出发。

（三）进一步加快发展甘肃省科技创新领域"强点"

由本报告对当前甘肃省区域科技创新能力相对全国、西部省区市的评估分析及甘肃省区域创新能力发展的现实状况表明，甘肃省在相关领域具备比较优势，可能成为甘肃省打造技术制高点的突破口的区域科技创新发展条件主要表现为：甘肃省拥有西北首个国家级自主创新示范区——兰、白示范区，具有一定的科技创新平台、政策优势；甘肃特别是兰州市大专院校、科研院所众多，具有一定科技资源、人才方面的聚集优势；甘肃省丝绸之路信息港建设由于重视足、投入大、下手早，目前在基础设施建设、信息共享基础平台、大数据应用服务等方面已形成一定比较优势等，由此，甘肃省打造技术制高点，需要进一步加快发展甘肃省科技创新领域的这些"强点"：一是要进一步加快推动建设兰州综合性国家科学中心，着力发挥兰州在资源聚集特别是人力资本聚集方面的优势；二是要进一步加快兰州白银国家自主创新示范区建设，着力发挥兰白示范区在打造技术制高点方面的平台引领作用；三是要加快丝绸之路国际知识产权港建设，进一步加大相关数据信息产业的研发投入力度，提高信息基础设施建设水平。

（四）着力弥补甘肃省科技创新领域短板

当前，甘肃省在某些科技创新领域方面尚存在明显不足，这类短板制约、妨碍着甘肃省创新要素间形成相互促进、加强的创新良性发展机制，甘肃省在打造技术制高点进程中，必须同时着力弥补甘肃省科技创新领域的这类短板。由本文对当前甘肃省区域科技创新能力相关因素的评估分析表明，企业创新水平低是当前甘肃省区域科技创新能力方面的最明显短板。为此需要在甘肃省在打造技术制高点进程中，多方努力，尽快提升企业自主创新能力。

参考文献

中国科技发展战略研究小组、中国科学院大学中国创新创业管理研究中心:《中国区域创新能力评价报告(2019)》,科学技术文献出版社,2019。

《甘肃省人民政府办公厅关于印发新时代甘肃融入"一带一路"建设打造文化枢纽技术信息生态"五个制高点"实施方案的通知》,(甘政办发〔2019〕106号)。

关兵、邓生菊、王丹宇:《甘肃省区域创新能力评价研究》,《开发研究》2014年第5期。

B.4
甘肃打造"五个制高点"
——生态制高点研究

张淳晟*

摘　要： 近年来，甘肃立足服务国家生态保护大局，全力融入共建"一带一路"，打造"生态制高点"，安全屏障进一步筑牢，生态环境质量持续改善，十大生态产业稳步推进，黄河流域保护效果进一步巩固。目前，甘肃生态环境脆弱情况尚未发生根本好转；产业发展水平不高，投资结构相对单一；生态产品价值评估体系还不成熟；产业潜力需要进一步挖掘；产业发展人才支撑和科技创新能力不足。建议通过主动对接国家重大发展战略，争取将打造"生态制高点"纳入国家中长期发展规划；加快推动重大项目、重点领域改革突破；加强协作，统筹推进"五个制高点"建设；以重大引水工程为契机，增强生态承载力；继续强化生态保护监督管理；促进产业生态化、生态产业化同步发展；加快形成生态价值评估体系；加强生态产业人才体系建设等措施来进一步推动"生态制高点"建设高质量发展。

关键词： 生态制高点　生态产业　甘肃

---

* 张淳晟，甘肃省社会科学院数据中心助理研究员，主要研究方向为管理科学与工程、大数据。

近年来，甘肃立足服务国家生态保护大局，坚定不移贯彻创新、协调、绿色、开放、共享的新发展理念，牢牢抓住共建"一带一路"这个最大机遇，提出打造"五个制高点"——生态制高点战略目标，全力谱写美丽中国甘肃新篇章。打造"生态制高点"是甘肃落实"五位一体"总体布局，结合甘肃省情，实现绿色崛起的重要举措。

"一带一路"作为我国对外开放战略的重要组成部分，对打通欧亚大通道、形成欧亚合作新秩序、推动丝绸之路经济带建设具有深远意义。① 丝绸之路全长近7000公里，其中1600公里位于甘肃境内，向西开放战略让甘肃由内陆腹地一跃成为我国对外开放的前沿，区位优势凸显，为甘肃全面提升开放合作水平、高质量发展带来重大机遇。

甘肃地处长江、黄河上游，是全国水土流失治理和防沙治沙的重点区域，其生态建设是确保西部大开发战略实施、涵养补给黄河水源、根治长江水患、实现下游地区经济社会可持续发展的有效保障；是阻止沙尘暴等恶劣气候环境、促进北方地区经济社会发展的前沿阵地；也是"两屏三带"全国生态安全战略格局的重要组成部分，生态安全在西北乃至全国具有非常重要的地位。②

甘肃省大部分地区寒旱缺水，历史上长期过度开发和气候变化影响造成45%的国土荒漠化、28%的国土沙化，生态环境脆弱。③ 同时，GDP用水量和能耗均高于全国平均水平，资源利用率有很大提

---

① 赵永平、高云虹：《甘肃省向西开放的区位优势分析》，《兰州财经大学学报》2018年第6期。
② 《甘肃省人民政府办公厅关于印发甘肃省生态保护与建设规划（2014~2020年）的通知》（甘政办发〔2015〕36号），2015年4月7日。
③ 《甘肃省人民政府办公厅关于印发甘肃省建设国家生态安全屏障综合试验区"十三五"实施意见的通知》（甘政办发〔2016〕131号），2016年8月22日。

升空间。

总的来说，甘肃生态保护与经济发展之间的矛盾突出，抢占"生态制高点"，就是要服务筑牢国家生态安全屏障这个大局，抓好重大机遇，处理好突出矛盾，打造绿色发展崛起示范区，推进绿色转型和绿色增长，建立健全生态保护与建设长效机制，探索走出一条内陆欠发达地区生态文明建设与经济转型升级相结合的新路子。甘肃打造"生态制高点"有能力、有信心、有特点、有条件、有潜力。

一 甘肃"生态制高点"建设成效

（一）生态环境质量进一步改善

2019年甘肃空气质量、水环境质量和总量减排共8项国家下达的约束性指标任务全部完成。2019年甘肃省生态环境状况公报显示，68个地表水省控断面中，无Ⅴ类、劣Ⅴ类水质；全省14个地级城市空气质量全部达到年二级标准，可吸入颗粒物浓度观测均值为58微克/m^3，同比下降24.7%（见表1）；城市区域声环境平均等效声级范围为50.1~55.0分贝，声环境质量处在"较好"水平；城市道路交通噪声平均等效声级范围为63.2~69.0分贝，声环境质量处于"好"和"较好"等级。

考虑到生态环境质量的评估量化，选取水质调查达标率、可吸入颗粒物均值、等效声级范围中值、自然保护区面积、降水量、森林覆盖率6项可测量指标并进行归一化处理，按照多属性决策模型赋予同等权重，综合计算得到生态环境评估指数，如图1所示。

从图1可以看出，2019年生态环境评估指数为0.97，相较2015年的0.86，提升了0.11，生态环境质量持续稳步改善。

表1　2015~2019年主要生态环境指标变化情况

年度	水质调查达标率（%）	可吸入颗粒物均值（微克/m³）	区域声环境平均等效声级范围中值（分贝）	自然保护区面积（万公顷）	降水量（mm）	森林覆盖率（%）
2015	87.76	95	52.35	976	364.0	11.18
2016	98.53	90	51.7	914	379.7	11.18
2017	97.06	75.5	52.2	914	450.3	11.18
2018	95.59	77	54.5	883	514.9	11.18
2019	100.00	58	52.55	874	491.1	11.33

资料来源：按照甘肃省发展年鉴2018，《2015年甘肃省环境状况公报》，《2016年甘肃省环境状况公报》，《2017年甘肃省环境状况公报》，《2018年度甘肃省生态环境状况公报》，《2019年度甘肃省生态环境状况公报》，由课题组整理。

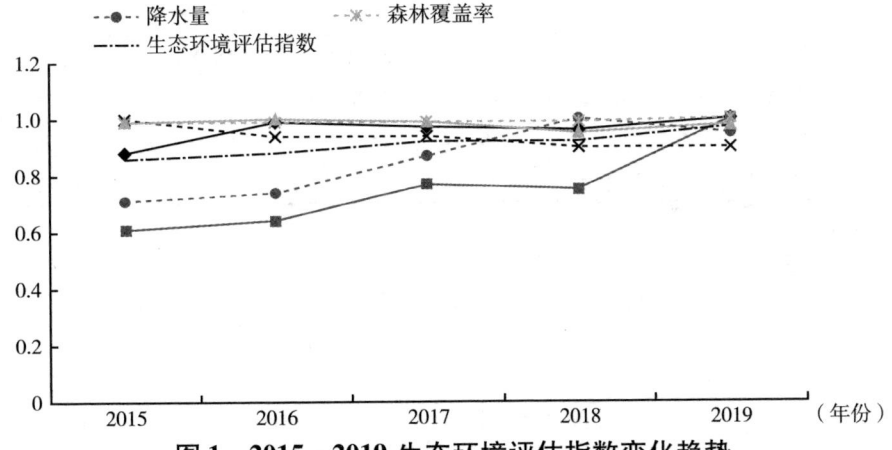

图1　2015~2019生态环境评估指数变化趋势

资料来源：课题组整理。

同时，我们也发现自然保护区面积从2015年的976万公顷下降到2019年的874万公顷，减少了102万公顷，生态环境保护形势仍然严峻；2019年甘肃省森林覆盖率为11.33%，相较2015年的11.18%上升了0.15个百分点，但是与国家森林覆盖率22.96%均值比较仍有较大差距；降水量受气候环境影响，在浮动中有所增加，五年来年均降水量为440毫米，最高值仅仅达到514.9毫米，甘肃寒旱缺水的本质情况并未得到改善。

另外，如表2、图2所示，2015~2018年一般工业固体废物产生量、一般工业固体废物综合利用量、一般工业固体废物处置量连续四年持续下降，说明甘肃省在工业固体废物排放方面加强源头治理取得一定成效，但一般工业固体废物综合利用率也同步下降，在加大生态环境保护源头治理力度的同时，如何提高科学技术水平、提高利用效率是需要关注的问题。

表2　2015~2018年工业固体废物产生、处置、利用情况统计

单位：万吨，%

项目	2015年	2016年	2017年	2018年
一般工业固体废物产生量	5823.87	5091.28	5059.56	4992.7
一般工业固体废物综合利用量	3078.71	2628.29	2451.67	2214.95
一般工业固体废物处置量	2259.61	1553.75	1002.31	791.86
一般工业固体废物综合利用率	91.66	82.14	68.27	60.22

资料来源：甘肃省发展年鉴2019。

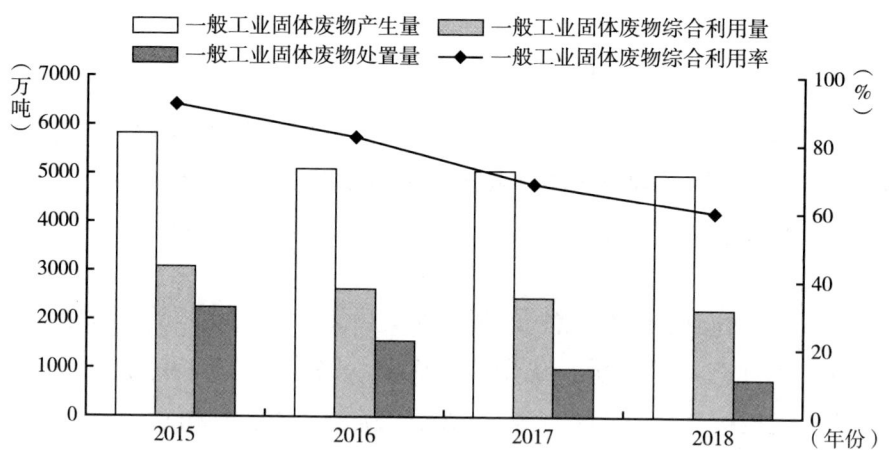

图2　2015~2018年工业固体废物产生、处置、利用情况统计

资料来源：甘肃省发展年鉴2019。

近年来,甘肃多措并举,重拳出击,严格落实水资源开发利用控制、用水效率和水功能区限制纳污"三条红线"目标,不断加强水资源监控体系项目建设。"十三五"期间,实施甘肃省水功能区监测能力建设项目一、二期,实现了对国家重要水功能区水质监测全覆盖;完成了20个饮用水源地、157个水功能区水质自动监测、198个国家重要水功能区入河排污口水质监测,国家重要水功能区水质达标率达到88.4%。年用水总量由最高的123亿立方米下降至当前的112亿立方米,万元工业增加值用水量较2015年下降33%,规模以上工业用水重复利用率达到90%以上,农业灌溉用水有效利用系数由2011年的0.5183提高到2019年的0.565。同时,全面推进节水型城市建设。已建成节水型社会建设达标县39个、节水型灌区22处、节水型企业67个、节水型机关173个、节水型学校15个、节水型居民小区273个。①

(二)安全屏障进一步筑牢

甘肃省全面贯彻党的十九大精神,深刻吸取祁连山国家级自然保护区生态环境破坏问题教训,扎实做好祁连山国家公园体制试点工作,成立试点工作领导小组,由甘肃省委书记、省长任"双组长",组建祁连山国家公园甘肃省管理局,张掖、酒泉两个管理分局及其两个综合执法局。会同国家林草局、青海省建立三方会商机制,成立协调工作领导小组,定期召开会议,研究解决重大问题,坚决筑牢西部重要生态安全屏障。

完成自然资源统一确权登记基础工作,对祁连山、盐池湾国家级自然保护区2426.68万亩森林、草原重叠区域重新确权,着力划清祁

---

① 杨唯伟:《书写"节水优先"的甘肃答卷——甘肃省节约用水工作综述》,每日甘肃网-甘肃日报,2020年10月10日。

连山国家公园的自然资源产权界限。

截至目前，国家公园内115宗矿业权，已分类退出93宗，占需退出总数的80.87%，剩余22宗均已关闭，大部分已完成植被恢复治理工作。张掖市祁连山国家级自然保护区149户484名农牧民、武威市核心区59户217名农牧民已全部实现搬迁。天然草原植被覆盖度由2017年的29.79%提高至2018年的30.04%，提升了0.25个百分点。①

（三）十大生态产业稳步推进

2018年2月14日，甘肃省人民政府印发《甘肃省推进绿色生态产业发展规划》，提出重点实施国家大力倡导、突出甘肃特色、紧跟发展趋势的十大绿色生态产业工程。在发展布局上，将按照不同区域特点，建设中部绿色生态产业示范区、河西走廊干旱区绿色生态产业经济带和陇东南开放型绿色生态产业区域合作经济带。

据甘肃省统计局发布的数据，2018年，全省十大生态产业增加值1511.3亿元，比上年增长6.7%，占全省地区生产总值的18.3%。②初步核算，2019年全省十大生态产业增加值2061.9亿元，比上年增长7.8%，占全省地区生产总值的23.7%，③比上年提高5.4个百分点，产业发展态势良好，如图3所示。

在甘肃省十大生态产业中，文化旅游、数据信息、通道物流和清洁能源产业增速较快。④文化旅游产业成为亮点，2016～2019年甘肃分别接待游客1.9亿、2.39亿、3.02亿、3.7亿人次，实现旅游综合收入1220亿元、1580亿元、2060亿元、2676亿元，复合年均增

---

① 王洪波：《全力推进祁连山国家公园体制试点》，《绿色中国》2020年9月28日。
② 甘肃省统计局：《2018年甘肃省国民经济和社会发展统计公报》，2019年3月。
③ 甘肃省统计局：《2019年甘肃省国民经济和社会发展统计公报》，2020年3月。
④ 《甘肃聚焦绿色发展 十大生态产业增速加快》，新华网，2019年1月。

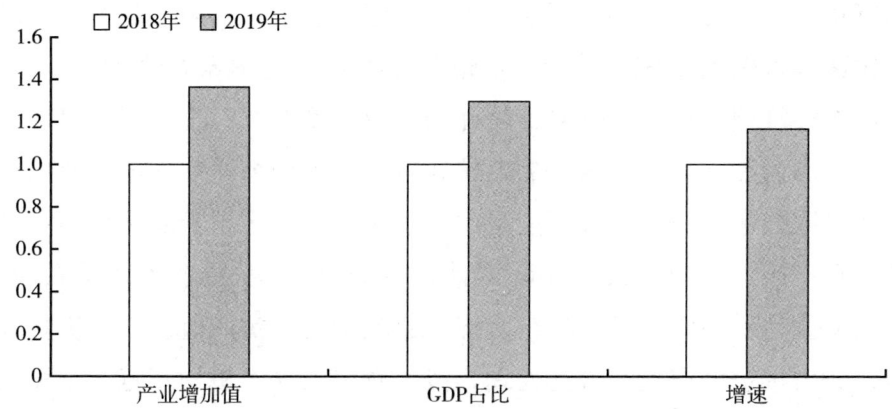

图 3　2018~2019 年甘肃省十大生态产业发展趋势（数据经归一化处理）

资料来源：2018 年、2019 年甘肃省国民经济和社会发展统计公报。

长率 29.84%，成绩喜人。

2020 年上半年，全力克服疫情带来的不利影响，十大生态产业实现较快回升，整体呈现快速发展、多点开花的良好势头。围绕抢占文化、通道、技术、信息、生态五个制高点建设，十大绿色生态产业项目库逐步充实新增 1205 项，计划投资规模 9400 多亿元。同时，依托总规模 2000 亿元的绿色生态产业发展基金，放眼长远，紧盯发展趋势，统筹谋划了一批高新技术绿色生态产业新基建项目。

初步核算，2020 年上半年，全省十大生态产业增加值 792.1 亿元，同比增长 1.7%，增速比第一季度回升 4.9 个百分点；占全省地区生产总值的比重为 19.3%。[1] 上半年，全省规模以上工业风电、太阳能等新能源发电量占规模以上工业发电量的 23.3%，比重比上年同期提高 0.2 个百分点。

通道物流建设进度不断加快，陇桂铁海联运开行班列同比增长 80%，三大国际陆港、空港口岸基础设施和查验设施建设基本完成；

---

[1] 甘肃省人民政府：《2020 年上半年全省经济运行情况》，2020 年 7 月 21 日。

酒钢集团绿色短流程铸轧铝深加工项目建成投产；甘肃兰州经济技术开发区红古园区"城市矿产"示范基地项目通过国家发改委环资司、财政部经济建设司初步验收，超计划完成进度的89.3%，投资12.75亿元；国内首个百兆瓦级光热电站，首航节能敦煌光热发电示范项目建成并网投运；海升现代智能温室工业化栽培生态示范园项目多点开花，在庆阳、平凉、张掖地区累计投资20亿元发展现代寒旱农业，单位产值达到100万元，相较传统农业数千元的亩产值，产出优势明显；大力推进城市垃圾分类处理，按照政府引导、机构示范、全民共建的方式，大力倡导绿色低碳生活新风尚。

总的来说，十大生态产业起步良好，在项目带动、政策支持、科技创新、社会共建等多方面共同努力下，不仅实现了经济快速发展，更是成为绿色文明建设的风向标，对于推动甘肃省经济结构调整、发展动能转化、实现绿色高质量发展具有重大意义，初步显示出强大的支撑引领示范带动作用。

（四）黄河流域保护效果进一步巩固

甘肃统筹推进黄河流域山水林田湖草综合治理、系统治理、源头治理，坚决贯彻落实生态环境问题整改目标要求，巩固第一轮整改成效，深入开展第二轮中央生态环保督察反馈问题整改工作，组织开展省级生态环保督察工作。

甘肃勇于担当，抢抓重大机遇，系统研究谋划解决流域污染防治、水环境长效治理与资源利用、黄河流域陇东黄土高原生态保护与绿色发展、流域生态保护城市服务基础设施等问题。以水源涵养和水土流失保护治理为两大抓手，推进实施一批重大生态保护修复和建设工程。[1] 紧盯饮用水水源地保护，工业、城镇污水处理，土壤污染防

---

[1] 甘肃省人民政府：政府工作报告，2020年1月16日。

治，农业面源和尾矿库等源头治理问题，稳步推进重点治理项目，提升治理成效，统筹加强黄河流域防洪治理和城市防汛工作。

坚决落实中央重大决策部署，明确工作思路，不断创新完善工作方式方法，扎实推进开展现状调查评估、水域综合治理、城市饮用水水源建设、工业污水源头治理等多项工作。启动黄河流域甘肃段污染防治调查评估、马莲河流域查测溯源调查评估；在黄河干流、渭河流域、泾河、马莲河等重点流域谋划实施21项治理工程；基本完成全省18条黑臭水体整治；全部完成156个县级及以上地表水型饮用水水源地环境问题整治；全面建成投用兰州市第二水源地项目。目前，城市污水处理率、县城污水处理率、地级城市污泥无害化处置率提前完成"十三五"目标任务。

二 "生态制高点"建设中存在的突出问题

（一）生态环境脆弱情况尚未发生根本好转

甘肃省打造"生态制高点"建设已取得阶段性成果，但天蓝水绿的目标还没有完全实现，寒旱地区缺水问题还未得到根本解决。祁连山国家公园生态恢复有待进一步强化细化，流域综合长效治理、生态保护城市服务基础设施建设也需要进一步加速。单位GDP能源消耗、万元GDP用水量、一般固体废物综合利用率、地级及以上城市空气质量优良天数比例、城市生活垃圾无害化处理率、森林覆盖率等指标与全国先进水平甚至是平均水平相比还有较大提升空间。生态环境脆弱情况还未得到根本改善，环境问题和水资源问题仍然是制约生态产业可持续发展的关键因素。

（二）产业发展水平不高，投资结构相对单一

2019年，甘肃省地区生产总值排名全国第27，是全国5个未超

过1万亿元的省份之一。虽然持续加大生态产业投资力度，但受经济总量的影响，投入相对不足。同时，部分产业资金投入主要依靠政府财政，即使是由个人经营，也离不开政府的补贴。甘肃生态环境资源丰富地区多数位于经济不发达的贫困山区，除上级转移支付外，本级政府自有财力有限，难以提供全面充足的资金支持，制约了生态产业高质量发展。

（三）生态产品价值评估体系还不成熟

生态产品的概念、范围和价值认识还没有统一的规范标准，价值实现的通道还未打开，供需结构失衡导致人民群众旺盛的生态产品市场需求难以得到满足。生态产品价值转化不充分，评估中代际补偿价值和外部补偿价值转化是难点，生态产品价值评估体系亟须完善。规范可量化的产业统计体系尚未建立，无法准确及时展示生态产品的全方位价值，也影响了生态产品价值评估体系的发展。

（四）产业潜力需要进一步挖掘

产业尚未形成完整的供应链，供需不匹配问题在供应链各环节都不同程度地存在，需要加强政府统筹引导作用，发挥市场调节作用。同时，生态产业的快速发展，也突显产业制度改革相对滞后，行政审批流程环节复杂，降低了市场参与积极性。

重大项目突破引领作用已初步显现，但由于区域资源特征差异，宣传渠道单一，尚未形成可标准化、规模化可复制的盈利模式。生态产业总规模迅速扩大，但生态产业单位产出价值还有较大提升空间，社会参与度还不高，个别行业需要有政府特殊政策支持。

（五）产业发展人才支撑和科技创新能力不足

随着生态文明建设的持续推进，"绿水青山就是金山银山"的理念得到深入贯彻，相关专业人才需求不断增加，人才供给，特别是一线技能型人才缺口规模非常大，生态产业人才培养教育供给与人才需求矛盾比较突出。目前，生态环境治理方面的专业高素质人才较少，专业技术及管理人员占比与发达地区存在显著差距，培训资金投入不足，也影响了整体专业技术水平的提升，间接造成对社会参与人员的宣传培训力度不足。技术研发创新和推广能力亟待提高，引进技术消化创新能力较弱，适宜本地发展的原创性技术需求旺盛。同时，创新技术宣传推广能力不足，造成不同地区为解决同类型问题重复尝试而浪费资源。

三 加快"生态制高点"建设的对策建议

（一）主动对接国家重大发展战略，争取将打造"生态制高点"纳入国家中长期发展规划

抢占"生态制高点"，要立足于服务"筑牢国家生态安全屏障"和"一带一路"建设，破解生态保护和经济发展矛盾这个核心基本点，从中寻求新的发展空间，以坚如磐石的战略定力，持之以恒地推进建立健全绿色、循环、低碳发展经济体系。

要立足省情，积极对接国家"一带一路"中长期发展规划，争取特殊政策与资金等多方面支持。建议通过国家发行50年以上长期生态债券，依托优质文旅资产大力推动资产支持证券化等方式促进生态环境保护和绿色转型发展；争取国家相关部委支持，组建专业化、区域性的"绿色银行"，重点支持绿色能源、绿色消费和绿色投资；争取国家支持实行文化旅游、能源矿产、特色农产品项下自由贸易。

（二）聚焦重大项目，推动突破引领

推动抢占"一带一路""五个制高点"重大项目、重点领域改革

突破，有利于凝聚共识，赢得各方面的支持，形成示范引领效应。建议加大财政资金、税收政策对重大项目的培育期支持力度，同时要兼顾公平公正，发挥重大项目的反哺作用，带动整个生态产业可持续发展；加强规划布局和建设用地制度保障，加大对重大项目的土地扶持力度，精简程序，提高审批效率；建议尽快升级交通旅游网，提高交通网络通达性，建设绿色低碳现代物流体系，改善甘肃商品和要素流通环境，促进产业链加快完善；加快河西走廊新能源通道基础设施建设，提高河西风能源、光能源生产利用效率，为甘肃绿色崛起奠定重要基础；因地制宜，统筹推广现代寒旱农业示范园区项目，促进生态产业转型升级，带动农业种植、仓储、物流、销售、精深加工、观光旅游多点开花，高质量发展。

（三）加强协作，统筹推进"五个制高点"建设

打造"生态制高点"，发展十大生态产业需要多部门、多条线共同推进，厘清牵头部门、宏观管理部门、行业管理部门和具体执行部门之间的关系，建立更加高效的协调工作机制、问题处理机制至关重要。强化部门协作，建立各司其职、相互配合、相互协作的管理机制，管理部门严格履行职责，切实有效从行业规划、产业政策、法规标准、行政许可等方面加强指导，督促行业内企业高质量发展，具体执行部门严格落实工作部署，合法合规开拓创新，确保产生实效。

打造"生态制高点"要五篇文章一起做，充分利用甘肃作为文化旅游大省资源富集度排名全国前列的特色，发展生态旅游，促进消费升级；依托"一带一路"西北陆海联动的战略枢纽优势，加快现代绿色物流建设，提高流通效率，降低物流成本，促进绿色优势产业有效融入国际产业链。促进构建以国内大循环为主体、国内国际双循环相互促进的绿色贸易平台；抓住新一轮科技革命与产业变

革的历史机遇，解决创新动能不足的问题；围绕新一代信息技术，寻找发展新动能。把"五个制高点"作为有机整体，握紧拳头，加强统筹推进。

（四）以重大引水工程为契机，增强生态承载力

建议加快推动实施"红旗河"西部调水方案及"生态西进"工程，甘肃省除小部分地区位于长江流域外，大部分地区处于半干旱、干旱和极端干旱性气候区域，年降水量400毫米，水资源严重短缺，国土利用率较低。

要改变现有脆弱的生态环境，一方面，要大力推动"红旗河"西部调水方案实施，利用青藏高原东南部丰沛的水资源，解决甘肃水资源严重短缺、时空分布不均的问题。另一方面，要依托先进智能物联网技术，因地制宜，利用寒旱地区光热资源丰富、水土污染较少的独特条件，发展现代寒旱节水生态产业，推动落后产能转型升级。基于生态产业可持续发展，二次升级推动文化、交通物流、技术、信息、生态、人口、经济等综合要素向西进军，释放西部大片未利用国土资源，促进区域协调发展。

（五）继续强化生态保护监督管理

严格落实企业主要负责人第一责任，全面推行"双随机、一公开"，依托科技手段精准发现违法问题，建设完善污染源实时自动监控体系。继续保持严打高压态势，坚持零容忍、零懈怠、零缺位，全面强化行刑衔接工作机制，依法严厉打击污染环境犯罪，惩治任性违法，集中力量查处大案要案。为了人民，依靠人民，对群众反映强烈、严重破坏生态环境、社会影响恶劣的重点违法案件，严肃查处，采取挂牌督办、公开约谈等多种方式，坚决一查到底，绝不姑息。

（六）产业生态化、生态产业化同步发展

深入贯彻学习习近平总书记"两山"理论，践行"两山"理念，厘清"绿水青山"和"金山银山"之间的关系，悟透"绿水青山"的生命价值、经济价值、民生价值、政治价值、社会价值、文化价值。探索"两山"结合的有效路径。

以供给侧结构性改革为主线，加快构建节约资源和保护环境的生态产业结构，既要产业生态化，也要生态产业化，让"绿水青山"真正变成"金山银山"。立足本地资源禀赋、经济基础，坚持"一地一策"释放生态红利，促进区域间协同发展，避免同质化竞争，发展精深加工，延长产业链，提升价值链，促进生态产业提质增效；以生态特色产品为抓手，促进高能耗、高污染行业向资源节约型行业转型升级；加强绿色现代物流体系建设，深化优化产业链、供应链，实现上下游产业闭环有机衔接，经济、生态协调统一高质量发展。坚持生态修复与经济效益相统一，科学规划、合理实施，打造资源可再生和生态溢出效应相辅相成的良性循环，建设可持续发展的坚实基础。

（七）加快生态价值评估体系形成

加快生态价值评估体系形成，以人民群众需求为基础，建立政府主导、社会充分参与、市场化运作、可持续的生态产品价值实现路径。服务经济社会发展大局，发挥生态产品价值实现的引导作用；加强制度保障，确保生态产品价值实现公平公正，灵活可信；强化科技支撑，促进生态产品价值统计、核算和评估规范有效；创新生态产品价值评估方式，探索产业融合发展模式，延伸产业链价值链；重视落地实践，全面优化生态产品供给结构，促进消费升级。以创建国家生态文明建设示范区为抓手，在推进重点区域生态保护补偿的过程中，

不断探索完善价值转化通道；以科学技术手段为支撑，推动生态产品价值标准化、信息化，实现生态产品要素流通高效运转。

（八）加强生态产业人才体系建设

创新的本质是提质增效，提质增效的核心是人才。持续推进《甘肃省十大生态产业技术引进指南（2019年版）》和《甘肃省十大生态产业省内技术信息服务指南（2019年版）》不断定期更新，紧跟新技术、新发展，完善专家人才库。

立足甘肃省情，扶持、培养一批扎根在甘肃、吃苦在甘肃、贡献在甘肃的专业管理、技术人才，引进一批具备成熟经验、经验模式可复制的高端人才，突出奖励一批已做出重大贡献的领军人才，形成示范引领效应。

参考文献

甘肃省人民政府：《甘肃省推进绿色生态产业发展规划》，2018年2月。

甘肃省人民政府：《新时代甘肃融入"一带一路"建设打造文化制高点实施方案》，2019年11月。

甘肃省人民政府：《构建生态产业体系　实现绿色发展崛起　图解甘肃省十大类生态产业发展》，2018年8月。

中国（海南）改革发展研究院：《"五个制高点"——"一带一路"下甘肃的最大机遇与重大任务》，2018年12月。

《构建生态产业体系　实现绿色发展崛起——甘肃培育发展十大生态产业综述》，《甘肃日报》2019年4月。

《戈壁旱源崛起"农业工厂"——海升集团助推甘肃省现代农业高质量发展纪实》，学习强国甘肃学习平台，2020年10月。

甘肃省统计局：《甘肃发展年鉴2017》，2018年9月。

甘肃省统计局：《甘肃发展年鉴2018》，2019年9月。

甘肃省统计局：《甘肃发展年鉴2019》，2020年9月。

甘肃省环境保护厅：《2015年甘肃省环境状况公报》，2016年6月。

甘肃省环境保护厅：《2016年甘肃省环境状况公报》，2016年6月。

甘肃省环境保护厅：《2017年甘肃省环境质量状况公报》，2018年6月。

甘肃省生态环境厅：《2018甘肃省生态环境状况公报》，2019年6月。

甘肃省生态环境厅：《2019甘肃省生态环境状况公报》，2020年6月。

甘肃省科学技术厅牵头8部门：《甘肃省十大生态产业技术引进指南（2019年版）》，2019年6月。

甘肃省科学技术厅牵头8部门：《甘肃省十大生态产业省内技术信息服务指南（2019年版）》，2019年6月。

产业篇
Industry Reports

B.5
2020~2021年甘肃农业与农村经济发展形势分析与预测

燕星宇*

摘　要： 2020年尽管受新冠肺炎疫情的影响，甘肃省农业经济运行依然保持平稳且持续呈现稳中有进、稳中向好的发展态势，农业农村经济发挥了"压舱石"的重要作用。全省农业产业结构持续优化，农村面貌进一步改善，脱贫攻坚成效显著，农业农村工作取得丰硕成果。然而，面对农业农村发展内外部环境的深刻变化，"十四五"时期，甘肃省要着力解决农业缺水问题，提高粮食综合生产能力，主动把握"三农"工作的新目标新要求，乘势而上，巩固脱贫成果，促进乡村振兴。

---

* 燕星宇，甘肃省社会科学院助理研究员，主要研究方向为产业经济和农村经济。

关键词： 农村经济　农业产业　县域经济　数字乡村　甘肃

甘肃省紧紧围绕中央农业农村工作总要求，牢牢把握稳中求进工作总基调，扎实做好"六稳"工作、全面落实"六保"任务，在持续抓好产业扶贫的同时，狠抓粮食生产和生猪保供，统筹推进疫情防控和农业农村经济社会发展，各项工作进展顺利，全省农业农村经济保持了持续稳定发展的良好势头。2020年甘肃气象条件总体有利，数字乡村在抵御新冠肺炎疫情的不利影响方面发挥了重要作用，农业各项数据保持在合理区间，农业农村经济持续呈现稳中有进、稳中向好的发展态势。种植业方面，保障粮食生产与发展特色产业之间的用地矛盾依然突出，受进出口贸易的直接影响，粮食安全问题值得高度关注；河西地区水资源短缺依然是农业结构深度调整的最大制约因素。养殖业方面，肉牛肉羊全产业链价值尚需深度开发提升，且良种繁育体系需要优化；畜牧生产周期长、投资大、见效慢的瓶颈尚未破解。农村发展方面，最大的制约因素来自人才的短缺和长期积累的制度性矛盾。"十四五"时期，甘肃要巩固脱贫成果，通过产业振兴促进乡村振兴，让农村真正成为人人向往的城市后花园。

一　2020年农业与农村经济基本运行状况

自2020年以来，全省各级农业部门认真贯彻落实中央和省委一号文件精神，统筹推进疫情防控和农业农村经济社会发展，全省农业农村经济保持了持续稳定发展的良好势头。

（一）农业经济运行基本情况

2020年，甘肃农业经济发展有四大亮点，前三季度第一产业增加值增速显著;农业生产形势良好,有望获得粮食丰收;畜牧业持续稳定向好,生猪保供成绩突出;主要农产品产销两旺,线上销售快速增长。

1. 第一产业增加值增速显著

2020年前三季度全省第一产业增加值889.3亿元,同比增长5.1%,比全国平均水平2.3%高2.8个百分点,增速明显加快。

2. 农业生产形势良好,有望获得粮食丰收

2020年前三季度,全省农林牧渔及农林牧渔服务业增加值同比增长4.8%,增速比上半年回落0.1个百分点,高出全国同期水平。全省蔬菜、水果产量同比分别增长5.5%和5.9%,预计中药材产量增长7.6%。

2020年上半年,全省种植业生产进展顺利,夏粮播种面积1315.4万亩,同比下降0.5%;预计夏粮总产量323.4万吨,下降1.3%。初步统计,1~8月已完成粮食作物播种4006万亩,其中小麦1106万亩、玉米1500万亩、马铃薯1030万亩。夏播复种已经完成,玉米、马铃薯等秋粮长势良好,全年粮食生产丰收在望。

3. 畜牧业持续稳定向好,生猪保供成绩突出

2020年前三季度,全省猪存栏同比增长19.2%,出栏增长1.9%,其中能繁殖母猪存栏增长15.1%;牛存栏增长2.1%,出栏增长6.2%;羊存栏增长8.2%,出栏增长11.3%;家禽存栏增长22.8%,出栏增长45.0%。与同期全国畜牧业发展形势相比,各项指标位居前列,特别是生猪保供成绩显著,接近全国同期增长水平。

4. 主要农产品产销两旺,线上销售快速增长

统计显示,2020年1~8月全省主要大宗农产品产销两旺,以电商平台、直播带货为主的线上销售快速增长,产销形势比预期好。肉类价格以升为主,蔬菜价格普遍上升,21种主要农产品价格同比呈现"16升5降"(见表1)。进入第三季度,随着蔬菜等农产品陆续大量上市,农产品价格略有回落。

表1 2020年1~8月甘肃重要农产品价格

序号	品种	规格	单位	本期价格	上期价格	上年同期	环比（％）	同比（％）
1	小麦收购价	混合小麦,中等	元/500克	1.19	1.18	1.12	0.85	6.25
2	玉米收购价	黄马齿型,中等	元/500克	1.09	0.99	0.95	10.10	14.74
3	面粉	特一粉	元/500克	2.05	2.00	2.04	2.50	0.49
4	粳米	标一	元/500克	3.41	3.39	3.51	0.59	-2.85
5	大白菜	新鲜一级	元/500克	1.55	1.58	1.16	-1.90	33.62
6	胡萝卜	新鲜一级	元/500克	2.37	2.26	2.08	4.87	13.94
7	白萝卜	新鲜一级	元/500克	1.65	1.47	1.58	12.24	4.43
8	土豆	新鲜一级	元/500克	1.52	1.99	1.54	-23.62	-1.30
9	芹菜	新鲜一级	元/500克	2.73	2.58	2.60	5.81	5.00
10	豆腐	新鲜一级	元/500克	2.87	2.80	2.58	2.50	11.24
11	尖椒	新鲜一级	元/500克	2.91	3.74	2.52	-22.19	15.48
12	青笋	新鲜一级	元/500克	2.61	2.12	2.18	23.11	19.72
13	油菜	新鲜一级	元/500克	3.33	2..78	3.01	19..78	10.63
14	西红柿	新鲜一级	元/500克	2.56	3.20	1.75	-20.00	46.29
15	洋葱	新鲜一级	元/500克	1.37	1.60	1.49	-14.38	-8.05
16	菜籽油	桶装一级浸出5L	元/桶	61.29	60.81	62.14	0.79	-1.37
17	鲜猪肉	新鲜剔骨后腿肉	元/500克	27.91	25.16	17.89	10.93	56.01
18	鲜牛肉	新鲜剔骨	元/500克	37.07	36.40	31.92	1.84	16.13
19	鲜羊肉	新鲜带骨	元/500克	36.30	36.04	33.01	0.72	9.97
20	鸡肉	白条鸡,开膛上等	元/500克	12.89	13.12	12.76	-1.75	1.02
21	鸡蛋	新鲜完整	元/500克	4.49	4.00	5.64	12.25	-20.39

资料来源：甘肃省农业农村厅。

（二）农村居民收入增速快于城镇居民，就业形势总体稳定

2020年前三季度，全省城镇居民人均可支配收入25064元，同比增长4.2%，增速比上半年提高0.9个百分点；农村居民人均可支配收入6877元，增长6.7%，增速比上半年提高0.8个百分点，人均可支配收入增速农村居民比城镇居民高2.5个百分点。共输转城乡富余劳动力525.4万人，同比增长1.4%，完成年计划的105.1%。

（三）农业投资形势喜人

2020年全省农业、农村持续向好的发展势头，带动了各类资本投入农村的信心与意愿。上半年，用于民生的支出达1632.4亿元，其中，公共卫生、自然生态保护、农业农村、最低生活保障、扶贫、就业补助等支出分别增长43.4%、32.6%、26.1%、13.4%、11.9%、8.2%。

1. 财政农业项目资金拨付进度快

截至2020年7月底，已落实中央和省级农业财政项目资金共99.03亿元，其中农业生产发展资金51.09亿元、农业资源及生态保护补助资金14.96亿元、高标准农田建设资金23.77亿元，较2019年不仅金额大而且拨付早，接近2019年全年农业财政项目资金总额，且大部分资金已下达到市县并实施，为稳定农业投资提供了有力支撑。同时，省上积极谋划申报农业农村领域基本建设投资项目、政府专项债券和抗疫特别国债资金项目。截至6月底，全省前三批已经发行成功的政府专项债券资金中，用于农业农村领域的地方政府专项债券资金7.9亿元，用于农业农村领域的抗疫特别国债资金0.5亿元。

2. 畜牧业投资呈现高速增长势头

2020年上半年畜牧业投资增长1.9倍，据行业统计，上半年全省生猪大型养殖企业和规模化养殖场建设完成投资37亿元，是2019年同期的2.1倍。

3. 重点农业建设项目拉动作用显著

2020年，甘肃省重点遴选了戈壁生态农业、绿色农产品生产基地等8类78个重大项目，启动实施重大项目厅领导包抓督导责任制度，有力地促进了项目早落地、早投产、早见效。截至6月底，已开工项目66个，完成投资86.62亿元。

综合分析预测，2020年在新冠肺炎疫情的持续影响下，农业各部门生产数据较往年同期基本持平，农业发展呈现稳步向好的态势。特别是夏粮喜获丰收，全省畜禽存栏较往年同期有所增加，农业的投资吸引力进一步增强，这些都说明农业已具备良好的发展基础，农业经济已具备抵御风险的韧性。由于外部环境的不确定性较大，经济向好发展仍面临压力，下一步要继续以粮食生产和生猪养殖为重点，进一步抓好农业生产，加强市场监测预警，做好产销对接服务，切实保证农产品供应。

二　甘肃农业与农村经济发展重点及问题

2020年是打赢脱贫攻坚战、全面建成小康社会和第十三个五年规划的收官之年，对标全面建成小康社会总目标，统筹推进"三农"各项重点工作，甘肃省农业农村发展取得历史性成就、发生历史性变革。

（一）农业产业结构进一步优化，水资源短缺成为最大制约因素

甘肃省坚持农业高质量发展方向，以调整优化产业结构布局和提升产业发展水平为主线，以持续增加农民收入为目标，坚持改革创新、科技兴农、质量兴农、品牌兴农。坚持草畜配套、种养结合、绿色循环发展，加快甘肃省农业结构的深度调整，促进优势特色产业向最佳适宜区集中。

1. 逐步优化种植结构

一是优化作物布局。在确保主要粮食作物稳定的前提下，推进种植业由增产转向提质。扩大马铃薯种植面积，继续稳定川塬区、梯田等高产稳产小麦和玉米面积，适当扩大蔬菜等特色优势作物面积。扩大粮改饲面积，合理调整粮改饲结构，积极发展青贮玉米等优质饲草

料生产，辐射带动畜牧和饲草行业发展。在农牧交错地带，通过粮改饲等扩大优质饲草面积，建立粮食作物、经济作物、饲草作物占比更加合理的三元结构。二是优化区域布局。提升主产区产量，重点提升中东部粮食主产区、河西及沿黄设施蔬菜生产区和陇东黄土高原优质苹果生产区产量。巩固功能区，以河西走廊和陇东塬区为重点，进一步巩固资源匹配较好、相对集中连片的粮食生产功能区。建立保护区，以天水陇南为重点，加快建立资源优势突出、区域特色明显的优质特色农产品保护区。三是优化品种布局。重点发展优质专用小麦、"双低"油菜、优质专用马铃薯等农产品，因地制宜发展具有区域特色的农产品。

2. 促进种养结合循环发展

一是积极发展生态循环农业。着力构建"种植玉米—养殖牛羊—有机肥还田"的循环农业模式，为生态脆弱区封山禁牧创造条件，推动实现生态恢复和发展养殖的双赢；加大畜禽粪便、农作物秸秆等废弃物基料化、肥料化利用，走种养结合、以牧促农、农牧互补的良性循环发展之路。二是加大畜禽粪污资源化利用力度。坚持"源头减量、过程控制、末端利用"基本思路，大力推广畜禽粪便自然发酵、好氧发酵、有机肥生产、沼气生产、渣液还田等资源化利用技术，因地制宜推广畜禽粪污资源化利用循环农业模式。利用国家健康养殖和粪污资源化整县推进项目，重点支持生猪、奶肉牛规模养殖场干湿分离等粪污处理设施，努力提高粪污处理配套设施比例，鼓励和支持奶肉牛场配套建设有机肥加工和沼气工程等设施，提高资源化利用水平和循环发展能力。三是加强饲草料生产加工体系建设。以循环农业为方向，以旱作农业区和河西灌区为重点，大力推进全株青贮玉米为主的粮改饲，充分利用国家粮改饲项目，推广播种、收割、揉丝、打捆、粉碎、打包全程机械化作业技术，全面提升饲草生产全程机械化水平，大力推广袋贮、窖贮等青贮技术和"饲草收贮银行"

等经营模式,健全完善饲草"种、管、收、贮、运"社会化服务体系,每年完成粮改饲面积300万亩。创新秸秆利用模式,积极推广应用秸秆汽喷破壁发酵饲草生产技术,不断提升秸秆饲料化水平。加强人工饲草种植加工利用,实施振兴奶业苜蓿发展行动,大力开展高产优质苜蓿示范基地建设,健全完善优质饲草料生产体系,推动形成粮草兼顾、种养结合、草畜配套的循环农业发展格局。

然而,随着农业产业结构的不断调整、深化,水资源的严重短缺已成为产业发展的最大制约因素。2019年甘肃省水资源公报显示:全省因无法配水没有耕种的面积达132.98万亩,在全省耗水量中,农业耗水量占85.3%。河西地区受用水指标限制,农作物种植面积必须根据配水指标确定。例如,金昌市每年用于农业生产的配水指标是5.3亿立方米(其中河灌用水量2.9亿立方米,井灌用水量2.4亿立方米),按照全市耕地面积147万亩计算,除去农村饮水和生活用水,每亩耕地用水实际不到300立方米。面对非常有限的配水总量,统筹粮食生产和特色产业发展难度依然不小。

以河西及沿黄灌区为例,该区域小麦亩均需水量550~650立方米,整个生育期浇水4次左右,平均单产430千克,1立方米水生产0.75千克小麦,小麦平均价格2.4元/千克,单立方米水效益1.8元。水资源的严重短缺,还拉低了产量,推高了农产品生产成本和市场价格,不利于农产品的市场化。

此外,地下水开采已濒临上线。全省地下水超采区分布在河西内陆河流域的平原区及黄河流域的河谷川地。在行政区划上除甘南州、临夏州及陇南市外,其余市州均有分布。全省14个市州地下水开发利用程度较高且超采严重的区域分布在河西内陆河流域的酒泉、张掖、武威等三市,超采区面积1.33万平方公里,占全省超采区面积的81%。根据2018年和2019年的对比数据,全省地下水保有量有下降趋势(见图1),如果继续开发使用,将不利于水生态环境的可持续发展。

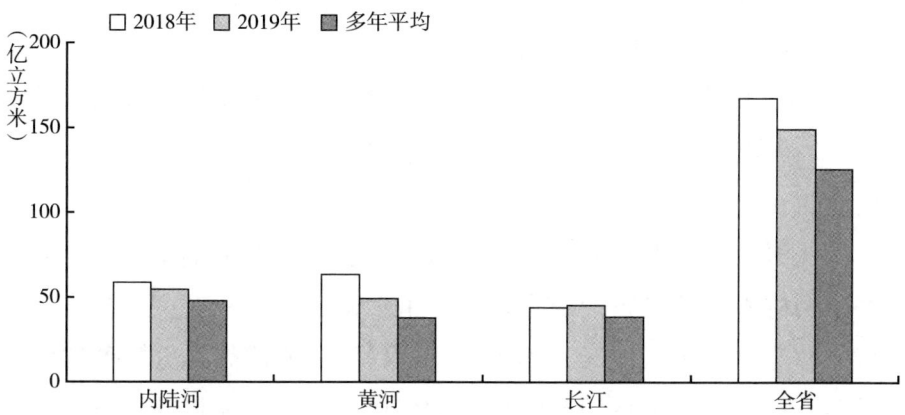

图 1　2018 年与 2019 年及多年平均各流域分区地下水资源量比较

（二）农村面貌发生深刻变化，城乡二元结构矛盾进一步加剧

2020 年，甘肃省将农村工作的重点放在补齐农村基础设施和公共服务的短板上，各项工作取得新进展。受新冠肺炎疫情的影响，农村电商、直播带货成为甘肃越来越多乡村带动农产品销售、助力脱贫攻坚的选择，数字乡村在乡村治理、产业振兴、城乡融合等方面持续发力，融入乡村生活的众多场景，改变着人们生活的点点滴滴。

1. 以建设美丽乡村为抓手，提升农村基础设施水平

一是加快农村公路交通网络建设。"十三五"以来，全省新改建农村公路 4.46 万公里，平均每年建成 1 万公里以上。截至 2019 年 7 月，甘肃省农村公路总里程达 11.05 万公里，其中县道 7956 公里，乡道 10300 公里，村道 92243 公里，提前实现乡镇和具备条件的建制村通了沥青（水泥）路，初步形成了以县城为中心、以乡镇为节点、以建制村为网点，遍布农村、连接城乡的农村公路交通网络。通过大规模建设农村公路，推进城乡客运基本公共服务均等化，让农民群众切切实实享受到了交通发展成果，尤其是地处甘南、陇南高寒阴湿地区的一些偏僻乡村，过去由于交通条件差，许多农民一辈子都没有走出大山，过着与外界隔绝的生活，路通了，车来了，人流、信息流畅通了，打破了封闭环境，使当地群众有更多机会去感知新事物，接受新观念，谋求新发展，精神面貌、思想观念和生产生活方式发生了翻天覆地的变化。

二是深入实施农村人居环境整治。全省认真贯彻落实习近平总书记关于农村人居环境整治的重要批示指示精神，加快补齐农村人居环境基础设施建设短板。2020年申请国家发展改革委下达甘肃省农村人居环境整治专项中央预算内投资11520万元，在项目的安排上重点加大对"两州一县"等深度贫困地区的倾斜支持力度。

三是加快推进水利基础设施建设。先后建成了引洮供水一期、景泰川电力提灌、引大入秦等一批重大水利工程。引洮供水二期、甘肃中部生态移民扶贫开发供水等重大水利工程加快建设，白龙江引水、引哈济党、引大济石等工程前期工作积极推进。城乡供水体系逐步完善，解决了1633万农村居民饮水安全问题。建成万亩以上灌区241处，有效灌溉面积达到2000万亩，节水灌溉率达到64%，居全国第5位。

四是大力开展高标准农田建设。为加快改善农业生产基础条件，结合全省高标准农田建设总体规划，目前已申请下达2020年高标准农田建设中央预算内投资49049万元，建设48万亩高产稳产田。

2. 以县域经济发展为引擎，推进城乡基本公共服务均等化

"十三五"以来，全省累计争取中央预算内资金73.97亿元，安排省预算内资金6.24亿元，统筹实施教育现代化推进、全民健康保障、文化旅游提升、社会服务兜底、公共体育普及等社会领域五大工程，新建、扩建了700多个学校、医院、养老院、公共体育场等。同时，安排的项目资金进一步向贫困地区倾斜，在义务教育学校、教育基础薄弱县普通高中、县级医院、养老服务体系等专项中，贫困地区

项目数占到总数的 70% 以上。

3. **数字乡村建设成效凸显**

一是数字乡村助推乡村治理。新冠肺炎疫情给传统的办公方式带来不便，2020 年通过通信、网络召开视频会议、腾讯会议成为实现政令上传下达的主要方式，数字乡村的建设让"云治理"的触角直接延伸到乡村一级。近年来，全省积极落实"宽带中国"战略，加快推动"全光网省"建设，持续加大农村信息基础设施建设力度，实施宽带乡村、电信普遍服务试点等一批重点项目，全省农村宽带网络接入能力持续提升，为实现乡村数字化治理打下坚实基础。截至目前，全省 4G 网络覆盖率达到 99.5%，电信宽带网络已覆盖全部乡镇，行政村光纤宽带覆盖率达到 99% 以上，全面实现光纤到户，均具备百兆宽带接入能力。

二是数字乡村助力消费扶贫。近年来，全省围绕习近平总书记关于"要在扶持贫困地区农产品产销对接上拿出管用措施"和"电商助推农产品销售大有可为"的指导精神，创造性地用电子商务新杠杆撬动精准扶贫的硬骨头，坚持把电商扶贫作为助力脱贫攻坚的创新举措和有力抓手，扎实推进。截至 2020 年 10 月，全省 75 个贫困县已实现电商服务中心和乡服务站全覆盖，93% 的深度贫困村实现电商功能覆盖。随着县、乡、村三级服务体系功能配套日趋完善，一网多用、手机充值、票务代购、代缴费用等便民服务有效开展，打通了农产品销售和生产生活用品购买的新渠道，已成为贫困地区网货供应、网上销售、创业服务、人才培训的"聚集地"和增收致富的"主阵地"。农村面貌的根本性变革还需要在新型城镇化和乡村振兴的不断融合中去实现。

（三）脱贫攻坚成效显著，剩余脱贫任务依然艰巨

2020 年，全省从攻坚、巩固、提升、兜底、整改五个方面持续

发力推进脱贫攻坚，各项工作有力有序开展。

一是突出以督促战，集中力量解决剩余贫困问题。统筹安排督战力量，8名省级领导督战剩余8个贫困县，书记、省长带头督战贫困程度最深、脱贫难度最大的东乡县和宕昌县，省级分管领导牵头督战重点领域，市州督战贫困发生率超过10%的104个贫困村，县市区督战到户、包抓剩余贫困人口；紧盯"三类人"分类施策，对17.5万未脱贫人口落实产业就业、兜底保障措施；建立防止返贫监测和帮扶机制，对38.6万脱贫不稳定和边缘易致贫人口有针对性地落实帮扶政策，已消除潜在返贫致贫风险10.6万人；瞄准突出问题按月调度，列出产业培育、村级集体经济等10个方面28个突出问题和薄弱环节，建立作战清单和工作台账，明确各级各相关部门督战责任，制订月度督战计划，一对一、点穴式限期销号清零。

二是突出"过筛子"，高标准推进"3+1"冲刺清零后续行动。在基本解决普遍性突出问题的基础上，开展"3+1"冲刺清零后续行动，反复"过筛子"，消除隐患和盲区；义务教育重点聚焦甘南、临夏等民族地区和深度贫困地区，持续夯实"控辍保学"基础，贫困家庭学生无失学辍学；基本医疗消除了乡村医疗机构和医务人员"空白点"，持续改善基层医疗卫生条件，提升医疗服务水平，贫困人口全部纳入基本医疗保险、大病保险和医疗救助等制度保障范围；住房安全在完成现有存量危房改造基础上，持续开展动态监测和改造，查找解决"不漏户""不准确""不到位""不保险"问题，140户动态新增危房已竣工136户，6月底前全部完工；饮水安全方面进一步巩固，提升供水保障水平，6月底前完成集中供水工程、改造冻管、安装净水设备，历史性总体解决贫困地区饮水安全问题。

三是突出稳岗拓岗，全力克服疫情影响。第一时间出台应对疫情影响统筹加强脱贫攻坚的若干意见，制定援企稳岗、劳务奖补、运费补贴、税收减免等奖励政策，组织103个驻外劳务机构到重点地区对接用工，能向外输转的协调专车专列专机"点对点""一站式"有序输转，不具备条件的通过援企稳岗政策支持当地企业、扶贫车间吸纳就地就近就业。截至2020年5月底，外出务工贫困人口175.3万人，达到上年的100.3%；扶贫车间开工2082家，开工率99.2%，吸纳贫困劳动力3.5万人；扶贫龙头企业复产1806家，复产率99.2%，带动贫困劳动力3.58万人。稳定原4.9万个乡村公益性岗位，又新增5.35万个。光伏电站80%以上的收益用于设置扶贫专岗6.27万个，吸纳贫困劳动力5.69万人，实现了有需求的贫困劳动力稳定就业。依托电商平台销售扶贫产品27.1亿元，支持冷链设施建设，有效解决了农产品卖难问题。

四是突出巩固拓展，扎实实施"5+1"专项提升行动。对标对表目标任务，组织开展产业扶贫、就业扶贫、易地扶贫搬迁、东西部扶贫协作和中央单位定点扶贫、村组道路建设和兜底保障"5+1"专项提升行动。摸清核实发展产业"四类人群"扶贫小额信贷需求，6月底前做到应贷尽贷。把易地扶贫搬迁工作重心转到后续扶持上，为11.3万户贫困群众落实产业扶持措施，帮助10.06万户贫困家庭实现每户贫困家庭至少1人就业。在具备条件建制村100%通硬化路的基础上，实施自然村组道路硬化工程，提升群众获得感和满意度。

五是突出见底见效，以过硬整改成效促进高质量脱贫。一体推进中央专项巡视"回头看"、中央纪委调研督导、国家成效考核、主题教育反馈检视问题整改工作。部署开展脱贫攻坚问题检视清零行动，进一步查漏洞、补短板、强弱项，提升脱贫质量。截至2020年6月，梳理出的15个方面54项73个问题，已整改完成66个，取得阶段性成效7个。持续强化作风治理，省委对67个摘帽县和8个未摘帽县开展脱贫攻坚全覆盖专项巡视，督促市县靠实责任、整改落实。

然而，甘肃省作为全国脱贫攻坚任务最重的省份，脱贫任务依然艰巨。特别是2020年以来部分贫困地区遭受雪灾风雹、低温冷冻等灾害，对贫困群众生产生活造成一定影响。要巩固脱贫成果，高质量完成剩余脱贫任务，实现深度贫困地区农民持续稳定增收，加强东西协作，在政策保障、产业帮扶上出实招、收实效。

三　走势预测

2020年，甘肃省农业农村经济经受住了新冠肺炎疫情的持续冲击，运行平稳且逐步向好。面对内外部发展环境的深刻变化，影响农业发展的不确定因素更多地来自国内区域经济间的传导、产业内部摩擦和农产品进出口贸易等方面。未来甘肃农业农村经济的发展将更多受制于新型城镇化的发展、要素市场的流动、生态环境的刚性约束等方面。

根据2020年前三季度农业形势初步预测，2020年农业农村经济将呈现稳步向好的发展态势。在不发生大的自然灾害的前提下，2020年粮食面积将稳定在4000万亩以上，肉蛋奶产量将达到180万吨以上。预计2021年甘肃省农业农村经济将继续保持稳定增长，第一产业（农林牧渔业）产值可实现同比增长5.8%，增长至940亿元；全省农村居民可支配收入可达7500元，同比增长10%；农产品线上销售交易额将持续增长。

四　对策建议

2021年是"十四五"全面建设社会主义现代化国家开局起步的关键之年，在加快形成以国内大循环为主体、国内国际双循环相互促进的新发展格局下，甘肃省要乘势而上，巩固脱贫成果，主动把握"三农"工作的新目标新要求，促进乡村振兴。

（一）提高粮食综合生产能力，切实保障粮食安全

自2020年以来，习近平总书记多次对粮食安全问题作出重要批示，将粮食安全作为"六保"任务之一进行部署。这次疫情大考，再次证明了保障国家粮食安全、端牢饭碗的特殊重要性。

一是进一步稳定粮食生产。要切实加强耕地保护，坚持最严格的耕地保护制度，坚决制止耕地"非农化"，防止耕地"非粮化"；始终把粮食安全作为头等大事，坚持稳字当头，落实藏粮于地、藏粮于技战略和粮食安全省长责任制，牢牢守住4000万亩粮食播种面积，坚守省上划定的2050万亩粮食功能区种植小麦、玉米等粮食作物的原则，确保粮食种植面积只增不减，粮食总产量稳定在1100万吨以上；要优化生产结构和区域布局，在谷物基本自给、口粮绝对安全的基础上，针对粮食供求形势、库存情况变化，继续相机推进农业结构调整。

二是保障重要农产品有效供给。以粮食生产功能区和重要农产品保护区为重点，加快推进高标准农田建设，持续改善农业生产条件；加强大中型灌区续建配套与现代化改造，大力开展小型农田水利工程建设，提高农田防汛抗旱能力；探索开展土地经营入股发展农业产业化经营试点，引导小农户自愿通过土地经营权流转等方式，集中连片建设和发展高效农业；落实责任分担机制，完成恢复生猪生产三年目标任务，做到稳价保供；统筹抓好牛羊肉、禽肉、乳制品、水产品等生产，强化畜产品生产和供给，更好地满足群众对优质多样化肉类产品的需求。

（二）重点解决农业缺水问题，推动农村一二三产业融合发展

甘肃是农业大省，农业发展对水资源的需求十分迫切，缺水干旱是制约经济社会可持续发展和人民生活改善的重要因素。

一是加快推进南水北调西线调水方案落地实施。黄河流域最大的问题是水资源短缺带来的生态问题，要实现生态保护和高质量发展，

必须从外流域调水,南水北调西线工程是解决黄河流域水资源短缺的根本保证,不仅有力推动甘肃省经济社会高质量发展,还为加快建成兰州-西宁城市群提供水资源安全保障。

二是加快白龙江引水和引哈济党工程前期工作。白龙江引水工程是从长江流域取水,自流输水至甘肃陇东南地区和陕西省延安市,解决两省4市24个县(区)的城乡生活和部分生产用水的水源问题,供水人口916万(甘肃786万,陕西130万),总投资599亿元。引哈济党工程是从苏干湖水系向党河流域敦煌市、阿克塞县调水0.9亿立方米,恢复改善敦煌盆地及周边生态环境,促进敦煌地区经济社会发展,保障城乡供水,总投资31.98亿元。两项工程都已被列为国家172项重大水利项目名录和近三年启动实施重大项目清单,对巩固甘肃省严重缺水地区及平庆革命老区脱贫攻坚成效,助力乡村振兴意义重大。

三是以科技为支撑发展节水农业。要走以区位特征为主的循环农业发展之路,把流域治理与发展特色优势产业结合,延长产业链,提高水资源使用效率;突出培育河西戈壁生态农业循环发展新业态,着力推广陇东粮畜果一体化区域循环模式、中部小流域治理与产业开发循环模式、陇南及天水南部山地农林立体复合生态循环模式、甘南及祁连山高寒牧区草地生态畜牧业循环模式、沿黄灌区绿色高效现代都市农业循环模式;要加大旱作农业节水实用技术研发,充分发挥农业科研院所、高校、科技创新联盟、各行业专业协会等机构的科研和人才优势,针对产业链各环节关键技术,定期开展问诊把脉和教学培训,研究解决产业发展的技术瓶颈。

(三)发展社会化"互联网+"生态农业,促进乡村振兴

进入"十四五"时期,在新的历史条件下,甘肃省需要重新思考"三农"问题,解决当前发展中的各种矛盾,寻求一条可持续的农业发展道路,促进乡村振兴。

借鉴国际经验,当前全球有三种发展较为成熟的农业发展模式,分别是以殖民地为基础、以美国和澳大利亚为代表的"盎格鲁撒克逊模式",也称为大农场农业;以财政高额补贴和高壁垒保护政策为基础、以欧盟为代表的"莱茵模式",也称为中小农场农业;以综合农协为基础、以日本和韩国为代表的"东亚模式",也称为农户经济。这三种农业发展模式对甘肃而言,最具参考价值的是农户经济,一种小农村社型的农业。

今天甘肃的农业,正处在由小农经济向现代农业转型的发展阶段,它既有传统农业的特征,又具备现代农业的雏形。受要素再定价规律、资本深化规律、双重负外部性规律、比较制度优势规律的支配,这种农业往往伴随着农业安全和低端农产品生产过剩、高端农产品供给不足的问题,对社会服务体系和生态资源禀赋的依赖性强。社会化"互联网+"生态农业是建立在农户经济基础上的,以生态化的天人合一为理念,以构建综合社会文化与政治经济的包容性发展和资源环境的立体循环为目标,对于当前受资源、生态约束的甘肃省农业发展而言,极具参考借鉴价值。

1. 社会化"互联网+"生态农业的特征

社会化"互联网+"生态农业通过农业"回嵌"社会,带来一二三产业的有效融合;是传统农业技术、自然农业技术、永续农业技术等三低技术的结合,寓教于农;具有低资本、低能耗、低成本的特征,注重解决实际问题,有利于发展社会农业。

2. 网络化条件下的生态农业与城乡和谐发展模型

社会化"互联网+"生态农业,是以互联网为基础,全社会参与型的生态农业。它有效解决了农业消费对象变化的问题,以适应不断庞大的中产阶级多样化、分散化、小规模为特点的消费习惯,通过电子商务系统、快递物流系统、客户服务系统形成低成本的"信用"体系与合理价格。

3. 生态化农业的"互联网+"

生态化农业如何与互联网有效链接？以北京市顺义区的"农夫市集"为例，通过小规模生态化种植农产品，在主流社交软件发布消息，利用顺义区已有超市、便利店、小卖部为站点投放，实现新浪博客累计访问超36万次，新浪活动微博自发转发近200条，评论近100条，豆瓣小站粉丝412人，以无广告的方式建立起信用体系。

4. 参与式保障体系

社会化"互联网+"生态农业通过社会化参与，形成替代有机农业认证管理的保障体系，该体系是建立在包括生产者、消费者在内的所有相关方互相信任、支持、参与的基础上的自我规范、自我管理、自我监督、自我认证、统一销售的城乡形式。

5. 与乡村旅游的链接

借鉴浙江省安吉县成功模式，它是以社会化"互联网+"生态农业为基础发展起来的乡村旅游，是以乡土文化为底色，以游览自然景观和生态建筑、参与体验生态农业为内容的旅游新业态，最大限度地避免了对当地资源的破坏，保留了原始山区农村的风貌，发展起来的休闲度假农业以上海的中产阶级为主要消费群体，让旅游不再是传统意义上的"大波轰"，而是一次说走就走的下乡，体现的是一种个性化定制的服务。同时，它可以最大限度地吸纳当地居民参与经营，实现了有人气的乡村建设。

参考文献

甘肃省统计局：《甘肃省统计年鉴2019》，中国统计出版社，2019。

国家统计局农村社会经济调查司：《中国农村统计年鉴（2019年）》，中国统计出版社，2019。

邱泽奇：《连通性：5G 时代的社会变迁》，《探索与争鸣》2019 年第 9 期。

温铁军：《国内大循环战略新动能在乡村》，《风流一代》2020 年第 27 期。

韩长赋：《坚决扛稳国家粮食安全重任》，《新农业》2020 年第 17 期。

B.6 2020~2021年甘肃工业经济运行分析与预测

蒋 钦*

摘 要: 2020年,在新冠肺炎疫情冲击下甘肃工业经济运行整体上呈现"先降后升"发展态势。第一季度工业经济主要指标大幅下滑,进入第二季度后,随着疫情防控形势持续好转和全省"六稳""六保"工作及各项政策措施的推进落实,主要指标逐月回升。从国内外宏观经济环境和先行指标走势看,疫情加大了甘肃工业下行压力,但整体上向好向上发展态势未变,主要指标增速有望进一步提升,2021年稳定发展前景可期。为了促进甘肃工业经济持续稳定发展,应坚持疫情防控不放松,坚持供给侧结构性改革不动摇,优化环境,落实落细政策,保护好市场主体,紧抓黄河流域生态保护和高质量发展战略机遇,加快工业转型升级。

关键词: 工业经济 工业投资 甘肃

2020年是全面建成小康社会决胜之年和"十三五"规划收官之

---

* 蒋钦,甘肃省社会科学院区域经济研究所助理研究员,主要研究方向为产业经济。

年，改革发展任务繁重，但突如其来的新冠肺炎疫情打乱了经济社会发展节奏，甘肃工业经济在疫情冲击下整体上呈现"先降后升"发展态势。第一季度规模以上工业增加值、工业投资和企业利润等主要指标大幅下滑，第二季度以来，随着疫情防控形势持续好转和"六保""六稳"各项政策措施落地见效，工业经济主要指标逐月稳步回升，1~8月规模以上工业增加值增速达到6.2%，居全国首位。但疫情影响仍然存在，产业链未完全通畅，重点项目投资进度滞后，部分工业产品价格低迷，企业利润持续稳定增长压力较大，工业领域短板弱项在疫情中凸显。总体上看，疫情对甘肃工业经济稳定运行的不利影响可控，甘肃工业向好恢复态势持续，年底有望实现全年增长目标。

一 2020年1~8月甘肃工业经济运行基本态势

（一）工业生产快速恢复，工业增加值增速居全国首位

受新冠肺炎疫情影响，2020年第一季度甘肃工业经济增加值增速大幅下滑，3月当月增速同比下降6.7%，累计增速同比下降4.4%。第二季度，在省委省政府保市场主体、保产业链供应链和各项政策的有效落实下，工业企业原材料供应不足、产品销售运输不畅和防护物资短缺等突出问题得到有效缓解，工业生产加快恢复，当月增速和累计增速在季内由负转正。第三季度7~8月，累计增速持续稳步提升，8月累计增速达到6.2%（见图1），比上年同期高出3.5个百分点，比全国均值高出5.8个百分点。分行业看，1~8月甘肃工业支柱性行业除煤炭业累计增速同比下降2.1%外，其他行业均实现正增长，对全省工业生产快速恢复的带动作用突出。

与全国、西部地区和西北五省区相比较，2020年甘肃工业受疫情影响较小且恢复增长速度最快（见图2），这是2020年甘肃工业经

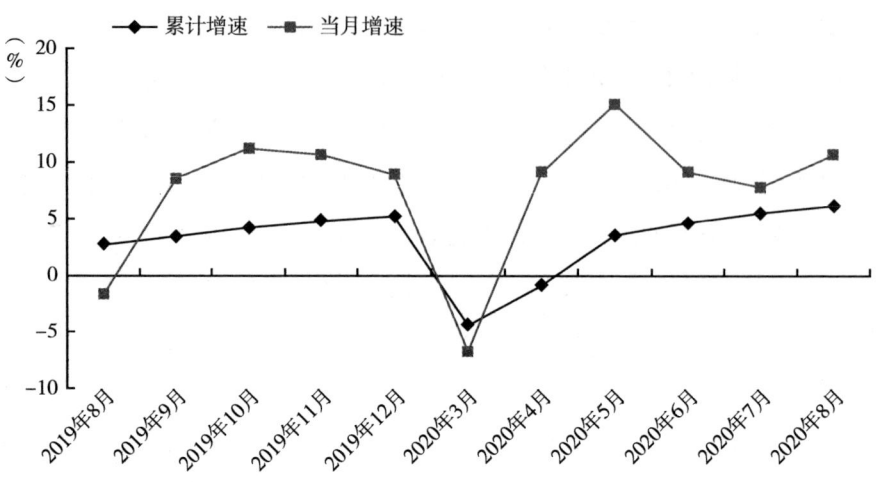

图1　2019~2020年甘肃省规模以上工业增加值增速变化

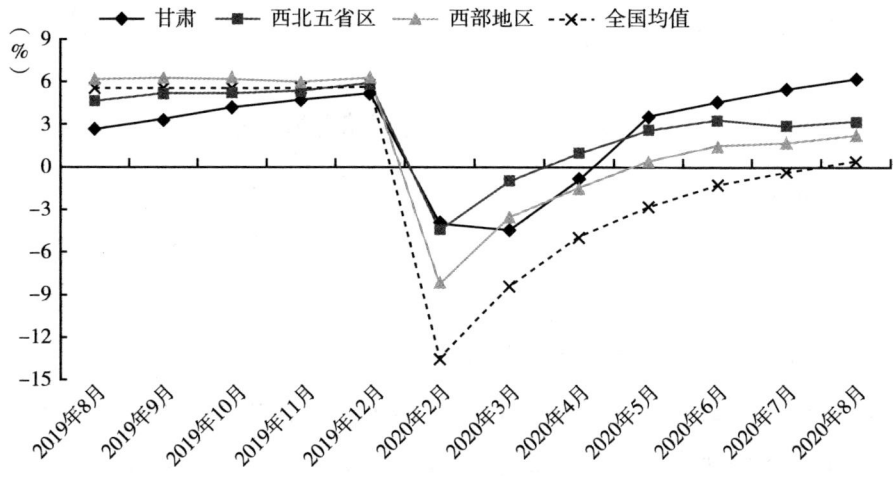

图2　2019~2020年甘肃省、全国、西部地区及西北五省区规模以上工业增加值累计增速变化趋势对比

济运行的最亮点。3月,甘肃工业累计增速高于全国均值4.0个百分点,但分别低于西北五省区和西部地区均值3.4个、0.9个百分点,进入第二季度后,甘肃工业增加值增速持续快速提升,4月累计增速

为-0.9%，较上月回升3.5个百分点，超越西部地区均值0.6个百分点，与西北五省区增速均值差距缩小，5月增速达到3.6%，实现了由负转正，同时超过西北五省区均值1个百分点，此后6~8月，甘肃工业增加值增速保持领先状态，高于同期全国均值5.8~5.9个百分点，8月增加值累计增速居全国首位，比西部地区和西北五省区平均增速分别高出4.0个、3.0个百分点。

（二）工业发展新动能持续增强，新能源保持快速增长态势

2020年，甘肃省持续培育壮大工业经济发展新动能，战略性新兴产业、高技术产业、装备制造业和新能源产业呈现较快发展态势。1~8月，全省规模以上工业战略性新兴产业、高技术产业、装备制造业增加值分别增长9.1%、18.8%、19.3%，比第一季度提高13.7个、9.7个、20.2个百分点，比规模以上工业增加值增速高出2.9个、12.6个、13.1个百分点。新能源产业发展条件改善，供应持续增长，消纳水平大幅提升。4月国家能源局发布《2020年度风电投资监测预警结果》和《2019年度光伏发电市场环境监测评价结果》，甘肃风电投资预警由红转橙，河东地区纳入绿色区域管理，甘肃光伏发电为Ⅰ类资源区，新能源产业发展条件得到改善。上半年新能源装机规模居全国第7位，截至8月底全省发电装机容量5298.0万千瓦，其中，光伏发电装机927.4万千瓦，风电装机1312.2万千瓦，风电、光电装机容量占到全省发电装机总容量的42.3%，持续超越同期水电和火电装机容量；新能源发电量较快增长，1~8月，全省发电量1170.1亿千瓦时，同比增长8.5%，其中风电173.4亿千瓦时，同比增长9.2%，光电92.4亿千瓦时，同比增长13.9%，增速均快于全省发电量增速，光伏发电量增速高于火电2.6个百分点；新能源消纳水平持续提升，5月新能源上网电量首次突破40亿千瓦时大关，消纳空间不断得到拓展，通过与省内自备电厂企业发电权置换和多电源

类型打捆外送，同时引导新能源企业以"保量竞价"方式参与市场化交易，有效降低了弃风弃光率，上半年新能源利用率达到94.4%。

（三）传统工业"三化"改造有序推进，工业高质量发展有望再上台阶

传统产业是甘肃工业的主体，产值占比在70%以上，为实现甘肃经济新旧动能转换和工业高质量发展，2019年底甘肃省出台《甘肃省绿色化信息化智能化改造推进传统产业转型升级实施方案》，2020年初出台《甘肃省绿色制造体系建设评价管理实施细则》，从政策层面推进了传统工业"三化"改造步伐。2020年，西北永新涂料有限公司等38家企业，酒钢集团生产的无铬耐指纹、无铬钝化镀锌铝镁钢板等8个产品和兰州经济开发区等3个工业园被认定为甘肃省第一批绿色工厂、绿色产品和绿色园区。2020年省列重大项目金川集团镍冶炼火法系统集成改造项目已完成年投资的30%，项目的完成将有效降低能耗、提高绿色化生产水平。兰石集团石油装备关键零部件数字化铸造及智能化制造新模式项目于上年底通过验收，新模式的运用进一步提高了兰石集团智能制造水平；8月兰石集团与中国移动、华为、阿里签署合作协议并上线发布"兰石铸锻大脑"，实现了数字化与智能化转型升级。酒钢集团"三化"改造实施方案（2019~2022）在2020年开始执行。为了提升工业生产力水平，改善工业供给体系质量，甘肃除积极实施绿色化、智能化改造外，努力推动信息化与工业化融合，加强工业创新成果转化，推进工业不断向高质量发展方向迈进。2020年，酒钢集团计划投资4000万元开展9个"5G+工业互联网"改造项目，金川集团与电信运营商联合编制5G网络布局规划，打造"5G+工业互联网"联合实验室，5G的应用将进一步深化甘肃信息化与工业化的融合；同时，2020年甘肃重点优势产业科技创新成果转化取得新成效，甘肃镍钴新材料创新中心研发的含重

金属废水深度达标处理技术受到有色冶金行业的青睐,现已进入工程化推广应用阶段,此外,计划2020年完成的其他5个重点项目的工程转化已进入生产验证、投产或行业内推广阶段,制造业创新中心作用发挥和科技成果不断转化强化了对甘肃工业转型升级创新体系的支撑,甘肃工业高质量发展将迈上新台阶。

(四)工业投资降幅持续收窄,民间投资和高技术制造业投资增长显著

2020年,疫情对甘肃工业投资造成严重冲击。1~2月全省固定资产投资增速下滑11.5%,较上年同期下降12.2个百分点,其中工业投资降幅更大,1~2月增速为-18.3%,比上年同期下降26.6个百分点。3~8月,全省固定资产和工业投资降幅不断收窄,5月全省固定资产投资增速由负转正,8月增速为6.1%,较上年同期高出2.5个百分点;工业投资8月累计增速同比下降1.4%,降幅持续收窄,但仍处于恢复性增长阶段,与上年同期(24.5%)相比存在较大差距(见图3)。2020年,甘肃民间投资内生动力较强,增速在短期内转正并保持在较高水平,反映出企业家信心的增强。2~3月民间投资累计增速为负,分别为-7.1%和-6.2%,4月实现转正并逐月提升,8月达到10.1%,高于上年同期14.8个百分点,高出全省固定资产投资和工业投资增速4.0个、11.5个百分点。高技术制造业投资7月累计增速为21.1%,超出同期全省固定资产投资、工业投资和制造业投资15.7个、23.2个、8.9个百分点。

(五)支持实体经济政策举措到位,工业企业效益不断改善

2020年,受疫情影响,甘肃工业企业效益第一季度直线式下降,之后逐月大幅快速回升。疫情暴发期企业生产未恢复正常,但用工、利息支出和折旧等各项刚性支出不减,同时防疫成本增加和企业投资

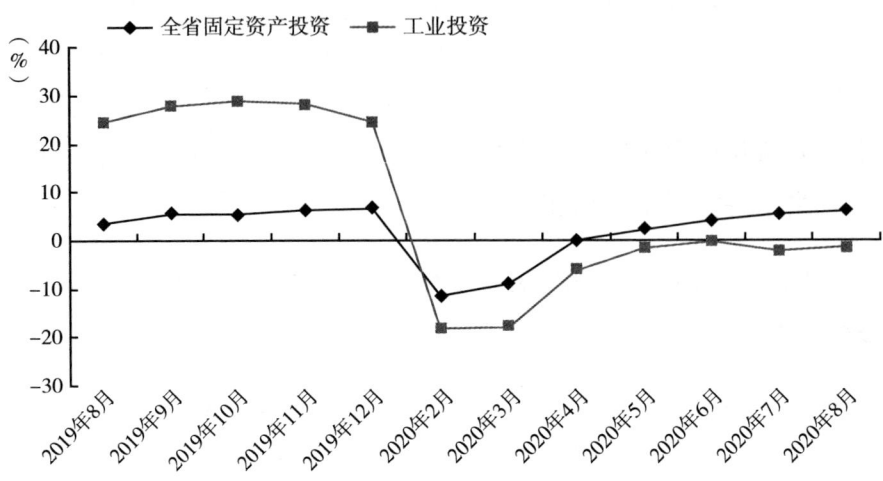

图3　2019~2020年甘肃省固定资产投资和工业投资同比增长趋势

收益大幅下降（-47.4%），导致全省规模以上工业企业利润同比下降69.6%，比上年全年降幅扩大58.8个百分点。为了帮助企业渡过疫情，甘肃出台《关于坚决打赢新冠肺炎疫情防控阻击战　促进经济持续健康发展的若干意见》和保产业链供应链、保市场主体等多项文件，同时从降成本、提供金融信贷等方面保证政策的精准送达。1~8月，全省累计新增减税降费127.7亿元，其中2020年新出台税费优惠政策增加减税降费76.5亿元，累计降低企业用电成本7.4亿元。甘肃协调机制（2020年3月成立）加强金融政策与产业、财税、社保等政策的配合，引导金融机构创新推出"复工贷"等30余种信贷产品，指导金融机构通过展期续贷、调整计息结息等方式向企业提供资金支持，全力支援企业渡过难关。在一系列政策助推和各项援企惠企措施落地后，企业经营压力缓解，成本费用有效降低，效益呈现快速恢复增长态势。1~8月，全省规模以上工业企业累计实现营业收入4420.6亿元，同比增长12.2%（见表1），实现利润总额155.8亿元，同比增长19.8%。

表1 2020年工业企业经济效益主要指标增速

单位：%

项目	1~2月	1~3月	1~4月	1~5月	1~6月	1~7月	1~8月
营业收入	2.7	2.1	2.5	7.0	10.2	10.7	12.2
投资收益	-50.0	-47.4	-63.6	-121.2	-27.9	40.0	128.6
财务费用	7.4	3.1	0.2	-1.6	-2.5	-3.3	-6.2
管理费用	-4.9	-5.6	-8.8	-9.9	-9.0	-8.2	-7.5
销售费用	-11.4	-12.3	-9.4	-7.7	-6.0	-4.3	-2.6

二 2020年甘肃工业经济运行存在的主要问题分析

（一）上下游产业链尚未完全通畅

目前疫情对甘肃工业经济造成的短期影响依然存在，主要表现在三个方面。一是企业产品销售不畅。2020年2~8月，工业产品销售率在-1.7%~-0.8%，虽逐月略有好转，但仍未实现由负转正。二是企业流动资金周转慢、应收账款回收难度加大，8月企业应收账款同比增长18.9%，比第一季度和上半年扩大5.4个、4.6个百分点（见图4）。三是部分中小企业因年初原材料不足或订单减少导致生产线不同程度地关停，企业尚未恢复满负荷运行。

（二）重点项目投资进度滞后

2020年甘肃重点投资项目建设由于年初物流受限、原材料供应短缺等推迟。1~7月甘肃省工业投资导向计划重点项目1203个，1~7月未开展前期工作和开（复）工项目247个，其中625个续建项目中有69个项目尚未形成投资，578个新建项目中有178个项目尚未形成投资，未投资项目占总计划项目的20.5%，1~7月实际完

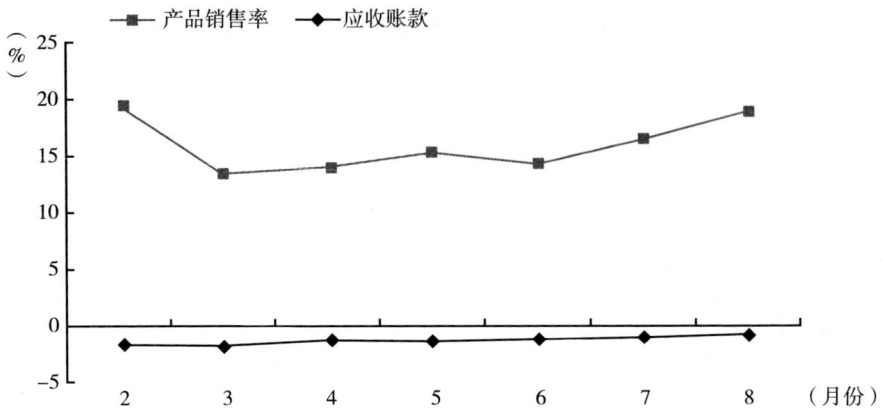

图4　2020年2~8月甘肃省规模以上工业产品销售率、应收账款变化趋势

成投资额275.0亿元，仅完成年度投资计划的34.7%，其中5000万元以上的项目完成年度投资计划的33.7%，投资进度比上年迟缓7.0%。先进制造、清洁生产和数据信息三大生态产业2020年计划完成379.3亿元，截至7月底只完成年度计划投资的三成。从各市州看，7月，庆阳、天水等9个市州工业固定资产投资与上年同期相比回落（见图5）。

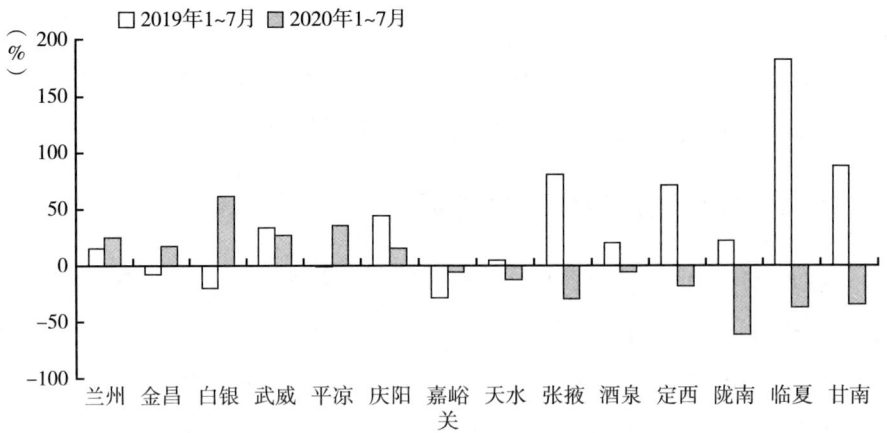

图5　2019~2020年甘肃省各市州工业固定资产投资增速对比

（三）部分主要工业产品价格下降

2020年疫情导致全国金属、石油、煤炭相关行业需求整体偏弱。8月甘肃省黑色金属价格环比下降，圆钢、螺纹钢、线材、硅铁出厂价格与上年同期相比分别下降1.7%、1.7%、2.8%、7.6%；五种有色金属中镍、铅出厂价格分别比上年同期下降8.8%、4.8%。年内国际原油价格受主要产油国价格战叠加疫情影响剧烈波动，波及甘肃省石油及天然气开采业价格震荡，8月甘肃主要石油天然气生产基地庆阳市工业品出厂价格指数为94.3%，其中石油开采业工业品出厂价格指数为68.0%，精炼石油产品制造业出厂价格指数为82.0%。受疫情、环保政策及煤矿生产恢复快于市场需求的影响，煤炭消耗量较低、动力煤价格低迷，8月动力煤价格比上年同期下降14.7%。工业产品下降对全省工业产值造成一定的影响。

（四）企业盈利稳定增长压力较大

2020年1~8月，甘肃规模以上工业企业营业收入利润率为3.5%，低于全国均值2.3个百分点（见图6），每百元营业收入中的成本为84.4元，高于全国均值0.4元，营业成本增速高于营业收入增速1.9个百分点，成本上升快于收入增长进一步压缩了企业盈利空间，生产者信心受挫。同时，2020年第一季度疫情导致工业亏损企业数增加较多，截至8月底全省累计亏损工业企业701家，比上年同期增加84家，亏损企业累计亏损额达78.0亿元。

（五）工业经济短板和弱项在疫情中突显

长期以来，甘肃工业以"重""公"为特征。轻、重工业结

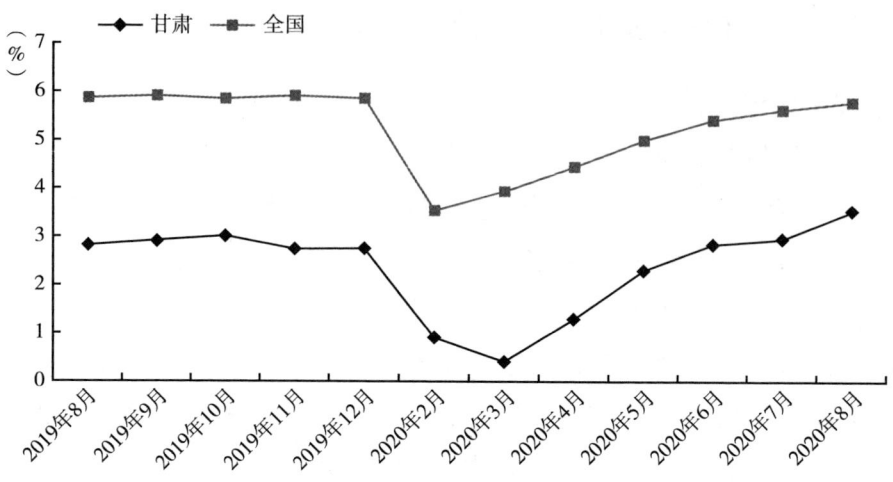

图 6　2019～2020 年甘肃、全国规模以上工业企业营业收入利润率变化趋势对比

构失衡，要素投入高和易出现产能过剩的采掘工业、原材料初加工等重化工业占工业经济的主体；同时产业组织结构失衡，国有及国有控股企业工业产值占全省工业产值的75%左右，仅金川、酒钢和白银3家企业占省属企业工业产值的82%左右，而规模以上中小企业工业增加值不到全省的三成，非公企业规模小、经营分散，在市场竞争中缺乏优势。支柱产业多处于产业链中附加值低的中间环节，企业科技水平总体偏低。2020年疫情的暴发使甘肃部分主要工业产品价格下降，工业发展基础受到影响，暴露出甘肃工业结构偏重、产品结构单一、产业链短、企业竞争力不强等弱势，也显现出工业数字化、智能化水平低的短板；此外，近年来甘肃大力发展生态产业，以期调结构、换动能，与上年同期相比，十大生态产业上半年增速（1.7%）下降3.3个百分点，占比（19.3%）缩小0.8个百分点，生态产业引领甘肃经济还需时日。

三 甘肃工业经济运行的影响因素分析和发展趋势

（一）市场环境分析

国际国内经济发展环境复杂严峻，但国内积极因素不断累积，宏观经济呈现持续恢复增长势头，长期向好态势未改变。

不利因素：2020年全球经济前景黯淡。目前，国外疫情仍在蔓延，主要经济体经济明显下滑，6月国际货币基金组织预测2020年全球经济将出现4.9%的萎缩，预期比4月下调1.9个百分点。疫情导致国际贸易严重萎缩，全球供应链关键节点断裂，全球投资者预期受到影响，对国内对进出口依赖比较高的行业造成冲击，甘肃省出口形势也将趋紧。国内，输入型疫情风险将继续冲击国民经济，对国内经济增长带来较大的不确定性，全球供应链断裂对制造业的影响将持续存在，市场需求恢复需要一个过程，同时国内结构性、体制性和周期性矛盾交织，经济循环尚未完全畅通，不稳定性因素较多。

有利因素："六稳""六保"任务落实成效显现，积极因素不断增多。首先，国内本土疫情基本得到控制，与国外相比，中国经济经受住了疫情考验，显现出强大的韧性和发展潜力。其次，针对疫情冲击国家加大宏观调控政策力度，扩大财政赤字和地方政府专项债规模、加大减税降费力度、强化金融支持，对企业纾困和经济恢复起到重要作用。2020年财政赤字规模增加1万亿元，抗疫特别国债发行1万亿元，金融系统向社会各类企业让利1.5万亿元，新增减税降费达到2.5万亿元。随着统筹防疫和经济社会发展各项政策措施落地见效，国内经济呈现稳定复苏和持续向好发展态势，主要指标持续回暖。从工业指标看，一是工业复工复产继续上升，工业生产保持平稳增长，根据国家统计局对规模以上工业企业的抽样调查，截至7月底，69.3%的企业达到正常生产水平八成以上，1~8月全国规模以上工业增加值同比增长0.4%，累计增速实现了由负转正；二是国内工业结构优化升级态势没变，工业新动能保持较快增长，8月装备制造业同比增长10.8%，明显快于整个规模以上工业增速，有力地支撑了工业增长；三是工业企业利润呈现持续恢复性增长态势，1~8月全国规模以上工业企业累计利润同比下降4.4%，降幅持续收窄，同时，亏损企业数量持续减少，亏损面呈逐月缩小趋势，8月亏损企业亏损额同比大幅下降37.0%，反映出全国工业利润改善节奏加快。

（二）先行指标走势分析

中国制造业采购经理指数（PMI）：2020年8月PMI保持在50%以上，已连续5个月高于临界点，表明制造业总体保持平稳运行态势，市场预期整体改善。

工业生产者出厂价格指数（PPI）：2020年8月PPI同比下降2.0%，降幅比7月收窄0.4个百分点，工业生产向好恢复，市场需求继续回暖，原油、铁矿石和有色金属等国际大宗商品价格延续上涨势头，带动国内工业品价格继续回升。

重要工业生产资料市场价格变动走势：根据国家统计局中国经济景气监测中心对全国黑色金属、有色金属、化工产品、石油天然气、煤炭和非金属建材等36种重要生产资料市场价格的监测，2020年8月下旬与第一季度、上半年相比，价格上涨的工业产品数量持续增加，价格下降的工业产品数量不断减少。3月下旬、6月下旬和8月下旬情况分别为2升31降3平、17升11降8平、20升10降6平。

从宏观经济运行和先行指数可以看出,国内工业经济运行环境向好恢复,工业生产不断复苏,市场需求逐渐回暖,全国工业经济运行呈现稳定恢复态势,为甘肃省工业稳定发展提供了较好环境。

(三)甘肃工业发展趋势预测

综合甘肃省2020年1~8月工业经济运行状况和当前国内国际宏观经济发展环境变化、先行指标变化态势,可以看出,疫情带来的国内国际环境的不确定性不稳定性使甘肃工业整体上面临较大下行压力,但积极因素较多,甘肃工业增长前景仍较好。从反映经济运行趋势的工业用电量和铁路货运量两个先行指标看,甘肃工业经济恢复增长态势明显(见图7)。再从工业产业看,八大支柱产业总体向好恢复增长,产业升级态势未改变,十大生态产业、新能源产业、高科技产业等重点发展产业运行良好。2020年第四季度如疫情不反弹,预计年底甘肃工业有望实现全年增长目标,2021年,随着疫情影响的进一步消除,甘肃工业可以实现更加稳定的增长。

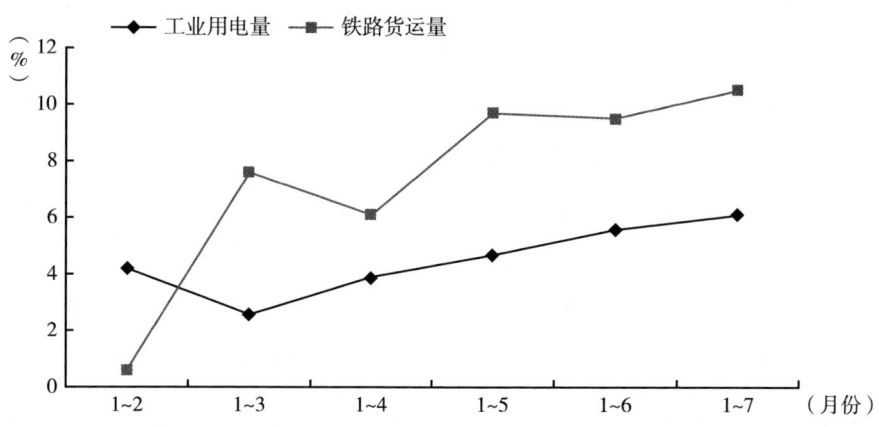

图7 2020年1~7月甘肃工业用电量和铁路货运量同比增长趋势

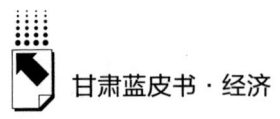

四 促进甘肃工业稳健发展的对策建议

（一）坚持疫情防控不松懈，持续消减疫情影响

2020年甘肃疫情防控取得了重大成效，但国外疫情输入、国内局部疫情暴发的风险仍然存在，尤其秋冬季是传染病易发高发期，甘肃省应慎终如始、毫不放松地抓好秋冬季疫情防控，继续强化"外防输入、内防反弹"、"人物并防"和"多病共防"，加强防护物资储备，持续巩固疫情防控成果。同时，坚持统筹疫情防控与经济社会发展，扎实做好"六稳"工作，全面落实"六保"任务，各市州落实落细援企惠企政策，因地制宜制定具体措施帮扶重点行业和中小微企业，进一步消除疫情不利影响，巩固甘肃工业经济回升增长成果，促进甘肃工业回升速度进一步提高。

（二）优化环境、落细政策，保护好市场主体

保护好市场主体不仅关系到当前战胜疫情冲击、化解风险，保证产业链供应链的稳定，也是积蓄经济发展最基本力量，对加快构建国内国际双循环新发展格局意义重大。面对2020年企业经营巨大压力，特别是疫情对制造业中小企业造成的影响，要进一步落实好国家政策，加大力度深化"放管服"改革，进一步简化行政审批，优化企业营商环境，构建亲清政商关系，为市场主体营造更加公平、透明、可预期的良好环境。进一步确保援企、稳企的政策落地见效，财政政策和货币政策更加注重精准导向性和实效性，通过减税降费等一系列措施纾困惠企，帮助企业降低成本增加收益。保护企业家合法权益，正向激励企业家，增强企业家创新创业动力。

（三）坚持推进供给侧结构性改革，加快工业结构升级

短板就是增长点，弱项就是发展空间。疫情暴露出甘肃工业经济长期存在的问题，但也显示了工业供给侧结构性改革的重点。一是力促大型重点企业加大科技创新和技术攻关力度，增强企业产前研发和产后营销能力，发展服务型制造业，提高微笑曲线的两端，促进重点企业向高附加值区位移动。二是充分利用支持中小企业应对疫情政策，支持中小企业发展壮大，逐渐改变甘肃工业轻重失衡、国企与非公企业发展失衡状况。三是推进供给创新有效满足市场需求，利用国家大力发展新型基础设施建设的历史机遇，用新技术推动工业领域传统产业升级，调整战略性新兴产业布局，进一步提升产业基础和现代化水平。

（四）紧抓黄河流域生态保护战略机遇，实现工业绿色转型

黄河流域生态保护和高质量发展事关全国生态安全和经济社会发展，是国家级战略，2020年8月底中央政治局审议《黄河流域生态保护和高质量发展规划纲要》，甘肃省应紧抓即将出台的战略机遇，精准对接规划纲要，以生态环境为底线，以水资源为最大刚性约束，构建工业领域生态体系，推动甘肃工业绿色崛起。针对黄河流域甘肃段河流沿岸重点区域和重点行业加强源头控制、过程管理与末端治理，加大相关环保重点项目投入，坚决关停"十五小""新五小""新六小"工业企业，加大对能源、重化工、有色金属等高污染重点大型工业企业的污染深度治理力度，削减污染物排放量，推动全省生态工业经济向纵深发展。

B.7
2020~2021年甘肃服务业发展形势分析与预测

蒋 钦*

摘 要： 2020年，突发性新冠肺炎疫情对甘肃服务业（第三产业）造成严重冲击，第一季度各项主要指标大幅下降，第二季度以来服务业开始复苏，主要指标持续向好恢复。截至8月底，甘肃服务业仍处于恢复性增长阶段，服务业增加值累计增速尚未恢复至上年同期水平。但同时，年内甘肃服务业呈现较多亮点，服务业固定资产投资增速高于上年同期水平和全国平均水平，文化旅游业强势反弹增长，网上消费新模式新业态快速涌现等。当前甘肃服务业发展面临的不确定性不稳定性因素较多，但政策红利持续释放，先行指标向好回升，预计2020年第四季度及2021年上半年，甘肃服务业恢复性增长态势不会改变。服务业是甘肃经济的主体，占全省经济总量的六成，服务业复苏对甘肃经济回暖具有重要作用，为了加快服务业向好恢复，甘肃省应做实做细"六稳""六保"工作；鼓励生活类服务业适度让利，激发民众消费活力；以文旅业为突破口带动服务业加速恢复；抓住契机推动数字经济新模式新业态快速发展。

---

* 蒋钦，甘肃省社会科学院区域经济研究所助理研究员，主要研究方向为产业经济。

2020~2021年甘肃服务业发展形势分析与预测

关键词： 服务业　线上消费　甘肃

自 2015 年以来，甘肃省服务业（第三产业）占据甘肃经济半壁江山，服务业稳步发展对带动甘肃经济持续增长具有重要作用。2020年突发新冠肺炎疫情对甘肃服务业造成严重影响，第一季度各项主要指标大幅下滑，旅游业等部分主要行业处入停摆状态，第二季度后服务业开始复苏，主要指标逐月回升。总体上看，疫情造成的影响正在持续减弱，服务业处于恢复性增长阶段。从主要行业看，交通运输业受疫情影响客运货运呈现分化发展态势，邮政快递业保持快速增长，文旅业在疫情得到有效控制后反弹式增长，房地产业向好恢复，金融业运行基本平衡。预计短期内甘肃服务业仍将处于恢复性增长阶段。为了加快服务业向好回升，应做实做细"六稳""六保"工作；鼓励生活类服务业适度让利，激发民众消费活力；以文旅业为突破口带动服务业加速恢复；推动数字经济新模式新业态快速发展。

一　2020年1~8月甘肃服务业总体运行状况

（一）增加值增速大幅下滑，主体地位持续巩固

自 2015 年以来，甘肃服务业增加值占 GDP 的比重过半且逐年攀升，服务业增加值增速高于同期全省地区生产总值增速和工业增加值增速，成为带动甘肃经济增长的领头雁。但在 2020 年疫情影响下，服务业增加值增速大幅下降，第一季度服务业实现增加值 1177.7 亿元，增速由正转负，同比下降 1.7%，上半年实现增加值 2471.3 亿元，同比增长 0.9%（见图 1）。上半年累计增速虽比一季度提高了 2.6 个百分点，但与上年同期相比下滑 5.6 个百分点，与地区生产总值和第一、二产业相比较，服务业一改历年领跑全省经济增长态势，上半年增加值增速分别低于同期全

省生产总值、第一、二产业增加值增速0.6个、4.9个、0.9个百分点。

2020年上半年，服务业增加值在全省生产总值中的占比达到60.3%，较2019年全年扩大5.2个百分点。

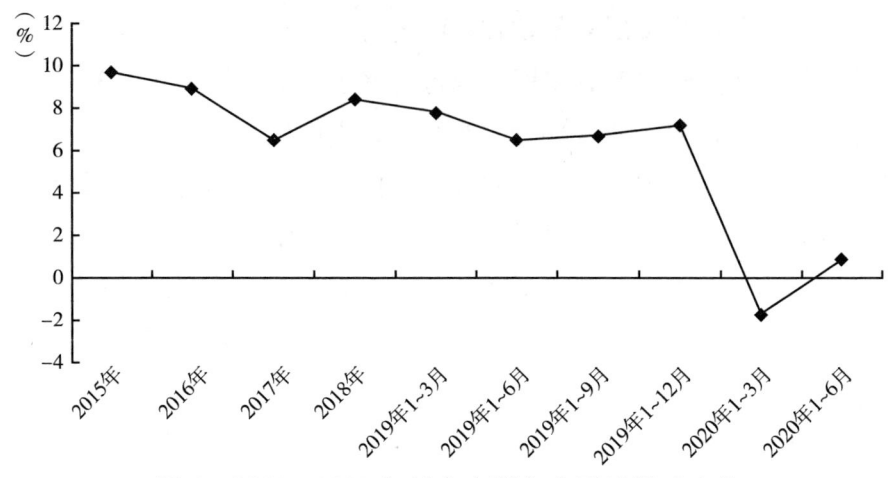

图1　2015~2020年甘肃省服务业累计增速变化

（二）固定资产投资逆势提升，基建投资拉动作用明显

2020年1~8月，甘肃服务业固定资产投资同比增长5.8%，增速比上年同期提高3.7个百分点，比1~2月回升17.7个百分点，比全国高出4.4个百分点，成为2020年服务业经济发展中的亮点。其中基础设施投资回暖速度较快，增速从1~2月的下降21.5%快速回升到1~8月的增长7.2%，高于服务业固定资产投资增速1.4个百分点（见图2），高于全省固定资产投资1.1个百分点。从投资领域看，2020年投资主要聚焦在农村道路、农村电网、农村燃气、全省水网等基础设施项目建设，对行业拉动作用明显，成为稳定全省固定资产投资和服务业投资的中坚力量。在2020年服务业恢复增长整体疲软背景下，服务业投资逆势增长离不开省委省政府的大力调度，2020年以来甘肃省实行重大项目、重点项目日调度、周调度制度，并持续优化项目审批服务，实行"不见面审批"，有效提高了审批效率。

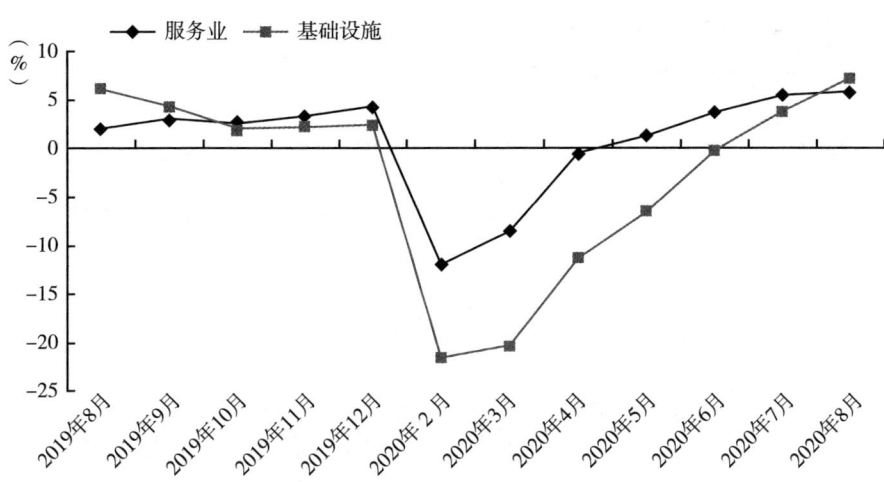

图 2　2019～2020 年甘肃省服务业固定资产投资与基础设施投资增速变化

（三）消费市场缓慢复苏，线上消费带动作用突出

2020 年 1～8 月，甘肃省社会消费品零售总额 2228.0 亿元，同比下降 6.0%，较上年同期下降 13.1 个百分点，低于全国平均水平 6.5 个百分点（见图3）。从地域来看，城镇消费市场恢复略好于乡村消费市场，上半年城镇社会消费品零售总额增速快于乡村消费品零售额增速 1 个百分点。从领域来看，与居民生活密切相关的粮油食品类商品仍占零售市场主角，零售额增速持续保持在 20% 以上，交通类和通信器材类商品零售增速在下半年实现由负转正且连续两个月两位数增长，8 月，汽车类商品零售额增长 27.9%，通信器材类商品零售额增长 25.7%，对社会消费品零售总额增长有较大拉动作用。从消费模式来看，网上消费、网上零售增长较快，1～8 月限额以上网上商品零售额同比增长 30.6%，增速比第一季度、上半年加快 20.7 个、4.0 个百分点。

（四）用电量低位增长，年内大幅回升压力较大

2020 年 1～8 月，甘肃服务业用电量同比增长 5.1%，低于全省

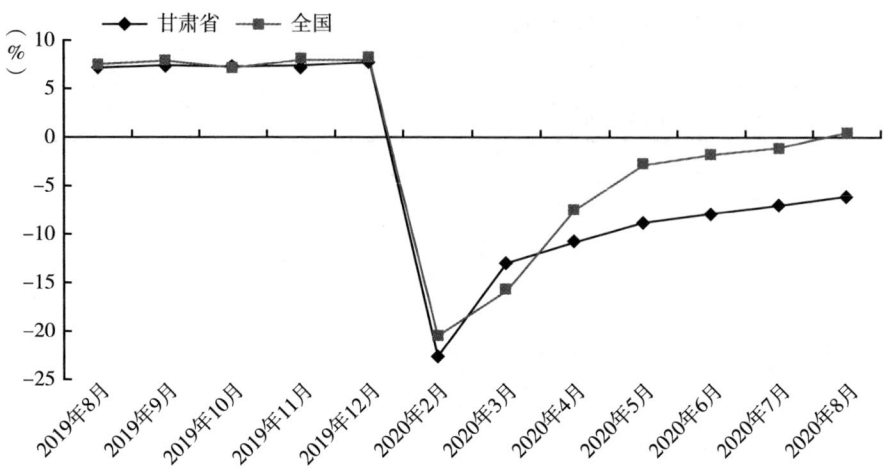

图3 2019~2020年甘肃省和全国社会消费品零售总额增长变化

全社会用电量1.6个百分点，低于工业用电量增速1.3个百分点（见图4）。用电量作为经济发展的先行指标，服务业用电量增长缓慢说明市场需求不足，服务业年内较大幅度回升压力较大。分行业看，占甘肃服务业比重最大的批发零售业、住宿餐饮业1~8月用电量同比下降1.2%、7.3%，租赁与商业服务业用电量同比下降0.5%，交通运输、

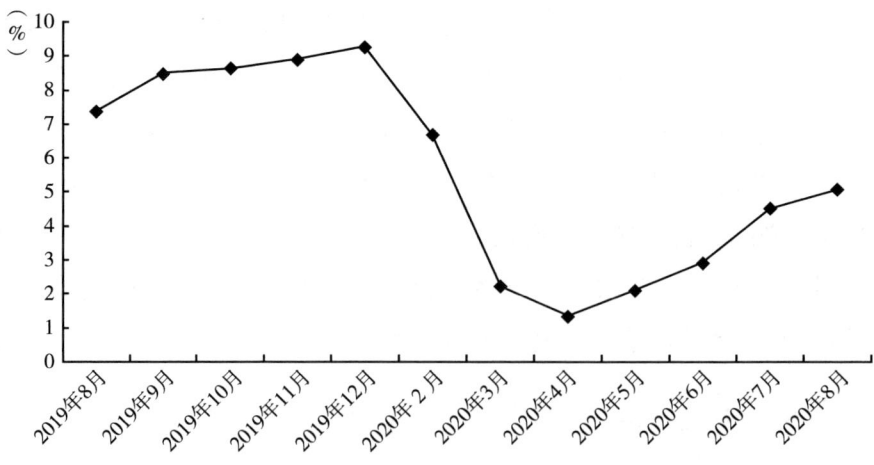

图4 2019~2020年甘肃省服务业用电量增长变化

仓储和邮政业，信息传输、软件和信息服务业，金融业，房地产业和公共服务及管理组织等五大行业用电量呈不同程度的增长态势，其中信息传输、软件和信息服务业表现抢眼，用电量同比增长21.66%。

二 2020年1~8月甘肃服务业主要行业发展情况

（一）交通运输业分化发展

2020年疫情对甘肃客运、货运的影响显著不同，总体来看，1~8月铁路货运在上年基础上持续增长，公路、航空货运稳步恢复，铁路、公路和航空客运仍在低位徘徊。从铁路货运量及其增速看，疫情对铁路货运未造成较大负面影响，1~2月增速0.6%，与上年全年相比不但未降还实现了由负转正（2019年全年增速为-11.8%），1~8月铁路货运量3860.3万吨，同比增长10.7%，增速分别比上年同期和2020年1~2月提高24.2个、10.1个百分点；公路货运量1~2月同比下降19.4%，之后逐月收窄，1~8月为3.6%；航空货邮吞吐量同比下降4.8%。铁路、公路和航空客运受疫情影响很大，1~8月增速分别为-38.8%、-47.0%和-40.0%。

（二）邮政快递业持续快速增长

受快递业务较快增长的拉动，2020年甘肃省邮政业保持较快增长态势。1~8月，全省邮政行业实现业务收入（不包括邮政储蓄银行直接营业收入）32.5亿元，同比增长19.2%，其中邮政寄递服务收入2.0亿元，同比增长10.1%，快递业务收入17.5亿元，同比增长29.6%；全省邮政行业完成业务总量28.5亿元，同比增长26.2%，其中邮政寄递服务完成22452.6万件，同比增长0.6%，快递服务企业完成业务量7909.0万件，同比增长35.7%。快递服务以异地服务为主，1~8月，异地快递业务量占全部快递业务量的83.0%，异地业务收入占全部快递收入的50.8%。

（三）文化旅游业活力重现

2020年新冠肺炎疫情发生后，甘肃省大多数景区、旅游项目暂时关闭，第一季度文化旅游业基本停摆。随着疫情防控逐步稳定，甘肃文旅业需求侧破冰，文旅业反弹增长。1~8月，全省共接待游客1.36亿人次，实现旅游综合收入910.0亿元，全省旅游市场接待规模恢复至上年同期水平的51.5%和48.9%。"五一"期间，文旅市场通过"限量、预约、错峰"式安全有序开放和省内短线游、自驾游、周边游、乡村游等旅游资源发挥优势，共接待游客1060万人次，实现旅游收入65.4亿元，分别比清明期间增长522%、463.8%。7月14日文旅部《关于推进旅游企业扩大复工复业有关事项的通知》的发布宣告了跨省游的基本解禁，来甘旅游的游客大幅上涨，敦煌、鸣沙山月牙泉日游客接待量过万。根据携程7月底发布的《跨省游恢复半月人气报告》，跨省游解禁后来甘游客涨幅达280%，位列全国第一；"2020中秋+国庆指北"显示"十一"期间甘肃旅游人气上涨最快、兰州跻身全国热搜城市第四位，甘肃文旅业将迎来再次反弹恢复。

（四）房地产业向好恢复

2020年，在疫情影响下，甘肃房地产业主要指标均呈现大落大起特征。开发投资方面，增速先降后升，1~2月投资增速为-8.4%，与上年同期相比下降27.4个百分点，1~8月投资增速为10.0%，高出上年同期3.8个百分点，高于同期全省固定资产投资增速3.9个百分点，是除基建投资外支撑全省固定资产投资增长的重要力量；1~2月施工面积增速为-3.6%，新开工面积和竣工面积增速下滑至-79.8%、-71.9%，3~8月降幅持续减小，8月施工面积和新开工面积累计增速回升到-0.1%和4.5%,与年初相比投资增速明显回升。商品房销售方面,1~2月销售面积和销售额双下降,增速分别下降54.7%、55.5%,3~8月增速逐月回升并且增长趋于平缓,8月销售面积和销售额同比增长8.1%、15.3%,分别高于上年同期62.8个、70.8个百分点。

(五)金融保险业基本稳定

2020年1~8月,甘肃金融保险业总体上保持稳定增长,主要指标走势良好。截至2020年8月末,甘肃省金融机构本外币各项存款余额20971.6亿元,同比增长5.4%,比年初增加1203.1亿元,比上年同期减少8.7亿元;本外币各项贷款余额21946.9亿元,同比增长7.9%,比年初增加1268.9亿元,比上年同期增加390.1亿元。1~8月全省保险业累计实现保险费收入367.9亿元,同比增长10.2%;全省赔付支出106.5亿元,同比增长11.6%。2020年金融机构对实体经济的支持力度加大,全省各金融机构为帮助企业特别是中小微企业应对疫情,上半年累计让利19.2亿元。各地市小贷公司、典当行在疫情中充分发挥应急融资便利优势,对疫情影响较大的小微企业和工商个体户采取降费、降息、延期等措施,对企业渡过难关及时复工复产复市的帮扶作用明显。

三 2020年甘肃服务业发展中存在的主要问题

(一)疫情对线下接触式消费造成严重冲击

实体零售、住宿、餐饮、旅游、娱乐业等接触式服务行业是2020年疫情影响最严重的领域。1~2月全省限额以上零售业销售额同比下降23.1%,住宿业营业额同比下降46.0%,餐饮业营业额同比下降43.1%；同时由于省内部分高速路出入口关闭，各市州部分路段实行交通管制，居民出行锐减，汽车类和石油类制品零售额分别下降30.4%、22.1%；第一季度家电音像和通信器材类商品零售额分别下降29.3%、38.7%，旅游业基本断供。第二季度，疫情得到有效控制，全省消费市场回暖，零售、餐饮业收入降幅收窄但没有迎来期望的反弹式消费。上半年在23类限额以上商品中，只有6类实现正增长，主要是与生活紧密相关的粮油食品、日用品和药品类商品，11类商品零售额降幅收窄，但仍有6类商品零售额增速下滑。突发的新冠肺炎疫情不仅对消费者带来极大不便，也对部分服务企业和从业者造成较大经营压力，在人工、租金等营运成本挤压下，企业和经营户现金流告急，甚至裁员或关闭。

（二）发展不充分不平衡问题突出

甘肃服务业基础薄弱、发展滞后，不充分不平衡问题依旧存在。一是规模小，发展不充分。2020年上半年，甘肃服务业增加值为2471.3亿元，与能较好地代表东、中部服务业发展水平的上海市、湖北省相比，甘肃服务业仅为上海的18.9%、湖北的26.5%，与西北地区服务业发展较好的陕西相比，甘肃服务业增加值也不及陕西的一半（42.5%），在全国服务业增加值中的占比也仅为1.1%；再从服务业对外开放看，甘肃出口贸易以农产品和工业产品为主，服务贸易占出口总额比重偏小，利用外资也主要集中第二产业，服务业获得的投资项目和金额很少。二是区域、内部行业发展不平衡。省会兰州服务业规模依旧最大，2020年上半年兰州市服务业增加值占全省服务业增加值总额的三成以上（38.2%），而其他各市州占比在二到六成；从内部结构看，甘肃服务业长期以传统批发零售业为主，房地产和金融业近年发展较好，但中介、信息服务、商贸等现代服务业产值占生产总值的比重仍小，与东、中部发达城市相比存在较大差距。

（三）居民低收入水平抑制服务消费潜力释放

多年来，甘肃省城乡居民收入在全国一直处于垫底位置，一定程度上不利于甘肃服务消费潜力的释放和占服务业主体地位的生活性服务业提质发展。2019年，全国居民人均可支配收入30733.0元，首次突破3万元大关，而同期甘肃全省居民人均可支配收入仅为19139.0元，居全国末位。分城乡看，甘肃城镇和农村居民人均可支配收入均低于全国平均水平，相应地，消费需求与收入水平正相关，甘肃城乡人均消费支出也低于全国平均水平。2020年上半年，甘肃省城镇、农村居民人均可支配收入分别为15842.0元、4422.0元，分别低于全国平均水平5813.0元、3647.0元，其中农村居民人均可支配收入与全国的差距拉大，反映出甘肃农村居民消费潜力有下降倾向。从居民消费支出结构看，甘肃居民消费支出以食品烟酒、居住和交通通信为主，其中食品烟酒支出占消费支出的近三成，而升级类消费如医疗保健、教育文化娱乐支出偏低，占比在一成左右。

（四）企业竞争力提升缓慢

甘肃省服务业企业数量历来占全省各类企业数的大头，但大而不强，多以私营、个体等组织形式存在，并且各行业龙头企业较少，在国内具有较高知名度的企业更少，没有显现出对同行业及相关行业的支撑、带动作用。2018年，全省服务业法人单位数占全省法人单位的68.9%，服务业私营企业数占全省私营企业总数的71.9%，服务业个体经营户占全省个体经营户的94.7%，但法人企业和个体户主要分布在以"小、散"为特征的批发零售行业，在金融、房地产、文化体育娱乐等现代服务业所占比重不足1%。在数量众多的服务业企业中，2020年进入"全国服务业企业500强"榜单的只有甘肃公航旅集团一家，与其他省份相比，甘肃省不仅数量少而且无非公企业入榜，反映出甘肃服务业企业竞争力整体较弱。

四 2021年甘肃服务业发展形势预测

纵观甘肃省内外经济发展大环境，服务业加速恢复、持续发展面临的形势复杂，但从政策红利、二季度及三季度前两个月数据变化趋势和服务业先行指标看，甘肃省服务业呈现持续向好向上恢复的趋势。

不利因素主要体现在两个方面。一是国际方面不确定性、不稳定性因素增多，世界经济复苏困难重重，特别是新冠肺炎疫情的蔓延没有得到有效遏制，疫情输入性压力还很大。二是国内经济复苏过程中下行压力加大，服务业内一些行业和企业经营仍比较困难，存在内部各行业复苏不平衡现象。外部与内部困难同在，周期性问题和结构性问题并存，固有矛盾和突发问题相互交叠，如此复杂形势极易形成共振，对甘肃服务业持续稳定恢复增长带来很大的挑战和压力。

但同时，自疫情暴发以来，宏观调控不断发力，一系列政策红利持续释放，疫情中服务业新业态、新模式不断涌现，各种利好因素不断增多。自2020年以来，国家先后出台了《关于进一步推进服务业改革开放发展的指导意见》《关于促进消费扩容提质加快形成强大国内市场的实施意见》《关于应对新冠肺炎疫情进一步帮扶服务业小微企业和个体工商户缓解房屋租金压力的指导意见》《关于支持新业态新模式健康发展 激活消费市场带动扩大就业的意见》等纲领性文件，甘肃省出台了《甘肃省应对新冠肺炎疫情影响促进消费稳定增长实施方案》《关于进一步促进消费扩大内需的实施意见和行动计划》《关于完善促进消费体制机制进一步激发居民消费潜力的实施方案》《关于贯彻落实〈优化营商环境条件〉的若干措施》等政策文件，这些密集出台的系列政策为甘肃服务业加快恢复回升提供了政策红利。除了政策的引导，甘肃省委、省政府在财政压力加大的情况下挤出资金帮扶企业，自5月以来，省商务系统推出"五一"促销，家用汽车促销，家电促销，直播电商带货，参加全国"双品网购节"，联合京东、快手举办"6·18"甘肃专场直播等一系列促消费活动，用落到实处的举措帮助省内消费市场的复苏与恢复。

再从服务业主要指标看，7~8月全国及甘肃服务业生产在第二季度基础上继续改善。全国服务业生产指数持续回升，居民消费需求加快释放，企业发展信心持续增强，7~8月服务业商务活动指数分别为53.1%、54.3%，服务业复苏加快，交通运输、电信业务总量快速恢复，住宿、餐饮、文化体育娱乐市场活跃度提高，租赁及商务服务业活动指数在8月回升至临界点以上。全国及甘肃省PPI降幅均连续三个月收窄，需求对生产的带动作用逐月增强。

综合来看，在疫情防控持续稳定状态下，2020年第四季度及2021年甘肃省服务业发展挑战与机遇并存，在政策的有效推动下总体上将延续第二季度以来的恢复性增长态势，但2020年第四季度末增加值增速恢复至上年同期水平难度较大，服务业投资尤其是基建投资将继续发挥带动经济发展的基础性作用，消费市场将提速增长。

五 推进甘肃服务业高质量发展对策建议

（一）做实做细"六稳""六保"工作，分行业精准帮扶企业

"六稳""六保"之首是保就业，就业决定收入，收入决定消费，消费是经济增长最基础的力量。要保就业就要保提供就业的主体，即市场主体。在此次疫情中受冲击最直接最严重的是服务企业，尤其是餐饮、娱乐业内的众多小微企业和个体经营户。因此，政府在

推进"六稳"、落实"六保"工作中,应将服务业企业尤其是小微企业和个体经营户作为重点帮扶对象,将相关政策落到实处、细处,并合理延长应急性政策的执行时间,切实帮助服务业企业渡过难关。当前小微企业和个体经营户最大的困难是由经营、流动性不足及投资等各种因素引发的现金流断裂,因此,要针对不同行业具体情况制定更加精准的扶持举措,在企业获得融资性现金流和普惠性"减免缓返补"组合政策之外再制定有针对性的帮扶措施,切实有效地缓解服务业企业营运过程中的现金短缺,降低企业经营成本,同时帮助重点行业疏通产业链供应链中的堵点,保证产业链供应链稳定。

(二)鼓励生活服务行业适度让利,促进消费市场提速回升

甘肃省居民收入水平居全国末位,但物价水平与其他省份相比偏高是众多民众的切实感受,尤其是与居民日常生活息息相关的服装、饮食、娱乐、装修材料、家装和生活服务等行业的产品价格偏高,同时甘肃存在服务质量不优问题。"一低一高"是甘肃居民收入与消费之间长期存在的矛盾,2020年在疫情冲击下民众消费信心备受挫伤,这也是甘肃消费市场复苏缓慢的原因之一。加速消费市场的回升恢复除了依靠政府政策的帮助,各行业各企业也应权衡利弊,采取自救措施,最直接有效的方法是企业在保本基础上适当让利于民,通过合理让利,一方面加快资金的回笼,缓解现金流危机,实现资金的循环周转,另一方面也相应增加了居民可支配收入,激发民众消费活力,刺激消费,加快消费市场的恢复增长。

(三)以文化旅游业为突破口带动服务业加速向好恢复

近年来,甘肃文化旅游业发展迅猛,接待游客数量和旅游收入均呈直线上升趋势,甘肃成为近年来全国旅游规模增速最快的目的地之一。2020年在疫情得到有效控制后,甘肃文旅业强势反弹,成为服

务业中恢复最快的行业。因此，甘肃应紧抓有利形势，以文旅业作为消除疫情负影响、带动全省经济加快回升的突破口。一是加大宣传力度，进一步提高甘肃旅游资源知名度，除"环西部火车游"推广营销活动外，通过抖音等网络平台和各类活动加大对"甘肃飞天""甘南草原""临夏花儿""兰州牛肉面"等旅游资源和特色小吃的宣传，点燃游客来甘肃的热情。二是加大对甘肃文化旅游资源的开发，对大地湾文化遗址、马家窑文化遗址等具有深厚历史文化底蕴的旅游景点加深文化内涵开发，解决文化与景点脱离的突出问题。三是在兰州、嘉峪关、天水、甘南等重点景点城市投资开发新的娱乐消费和民俗、康养项目，改善甘肃旅游景点点线布局的短板，改变游客即来即走现状。

（四）推动数字经济新模式新业态发展壮大

2020年，在抗击疫情过程中，数字经济新模式新业态对支撑"六稳""六保"工作发挥了不可替代的积极作用。服务业领域，在线教育、在线医疗等服务行业成为新增长点，远程办公、线上教育、网上订餐、网络会展、线下无接触配送等新模式新业态催生壮大，在一定程度上缓解了疫情对服务业的冲击。新技术、新服务模式很快得到广大消费者和市场主体的体验及认可，同时也预示着数字化的新业态和新模式将迎来新一轮快速发展期，服务业发展将迎来新潜能和新机遇。基于此，甘肃省应抓住契机，加快培育壮大服务业线上发展和线上线下融合互补的新模式新业态，不断拓展服务业发展空间。一是推进新型基础设施建设，尤其是农村地区新基建，扩大网络教学、网络医疗、网上购物等新服务模式在农村地区的覆盖面。二是推进制度改革，如将在线医疗服务纳入医保支付范围，三是制定线上服务标准和规范，无规矩不成方圆，四是加强网络安全保障。

B.8
甘肃"十大生态产业"中的中医中药产业分析

郝希亮*

摘　要： 甘肃以创建国家中医药发展综合改革示范省和国家中医药产业发展综合试验区建设为突破，努力促进中医药产业发展，中医中药产业作为构建生态产业体系、推动绿色发展崛起、助推脱贫攻坚的十大绿色生态产业之一。中药材种植水平不断提高，中药材种植规模稳步扩大；中医药加工业稳步发展，龙头企业不断培育壮大；中药材生产现代化水平明显提高，中医药体系服务能力建设提升；中药仓储体系日臻完善，积极推进中医药产业园区建设。当前，中药材种植标准化程度低，中医药产值占工业总产值的比重不高，中医药人才匮乏及研发资金投入不足，仍制约着甘肃中医中药产业发展，针对此，本报告提出若干对策建议。

关键词： 绿色生态产业　中医药产业　甘肃

位处青藏高原、内蒙古高原及黄土高原交汇的甘肃省，地理位置

---

* 郝希亮，甘肃省社会科学院区域经济研究所助理研究员，主要研究方向为区域经济。

和资源禀赋独特，气候资源多变，生态环境多样，为中药材生产提供了得天独厚的有利条件，中药材种质资源丰富，种植传统悠久，甘肃已经成为我国重要的中药材产区和地道药材生产地，被赋予"天然药库"和"千年药乡"之称。近年来，甘肃省不断调整农业产业结构，不断开发、利用、保护省内中药材资源，大力发展中药材种植，中药材业已成为甘肃省农业生产的重要部分。

一 甘肃省中医中药产业发展现状

（一）政策扶持中医药产业全面发展

甘肃省委、省政府高度重视中医药产业发展，将其作为甘肃优先发展的特色优势产业，加大扶持力度，在2009~2017年相继出台了《加快发展中药材产业扶持办法》《关于扶持和促进中医药事业发展的实施意见》《关于加快陇药产业发展的意见》《关于促进甘肃省中医药服务贸易发展的若干意见》《关于做好甘肃十个大宗道地药材商标品牌培育保护工作的指导意见》《甘肃省建设国家中医药产业发展综合试验区总体方案》，同时，围绕国家"一带一路"倡议，出台了《甘肃省中医药产业发展先行先试实施方案》等政策，在道地药材原产地标准、标准化种植、中药配方颗粒生产、药膳推广应用等方面开展先行先试，提升了甘肃中医药在国内外市场的竞争力。

2017年国家批复甘肃省成为国家中医药产业发展试验区，这是我国首个中医药综合试验区。甘肃抢抓这一历史机遇，立足中医药资源优势，以试验区为抓手，积极探索中医药产业与事业融合发展，加大政策支持力度，于2018年2月，制定出台了《甘肃省推进绿色生态产业发展规划》，将发展壮大中医药产业作为构建生态产业体系、推动绿色发展崛起、助推脱贫攻坚的十大绿色生态产业之一。

2018年6月,甘肃省政府印发《甘肃省中医中药产业发展专项行动计划》,再次将中医药产业事业融合发展放到突出位置,提出中医药及相关产业主营业务收入达千亿的发展目标,部署中药材标准化生产、中药现代化制造等9项工程,描绘出甘肃省中医药腾飞发展的施工图。

2018年8月,甘肃省政府下发《关于支持陇药大品种大品牌推动龙头企业发展政策措施的通知》,提出进一步促进陇药产业发展,加快实施品牌战略,着力打造大企业、大集团,提升陇药产业综合实力和核心竞争力。即从加快培育大品种大品牌、建立大品种动态培育机制、扩大大品种使用范围、支持大品种研发创新、培育陇药知名品牌、加大宣传推介力度、建立大品种大品牌奖励机制、培育壮大龙头企业、拓宽融资渠道、强化服务保障等十个方面,着力支持陇药大品种大品牌推动龙头企业发展。

2020年5月,甘肃省委、省政府印发《关于促进中医药传承发展的措施》,从推进中医药产业高质量发展、中医药事业发展水平提升、大力加强中医药人才队伍建设、加快促进中医药传承创新发展、全面落实扶持政策、切实加强组织保障等6个方面,对加快推动甘肃省中医药传承创新发展做出安排部署。

(二)中药材种植水平不断提高,中药材种植规模稳步扩大

甘肃是全国中药材资源大省,是全国中药材优势主产区之一,目前共有中药材资源2540种,其中分布面积较大的野生药用植物200多种,人工栽培中药材350种,大宗道地药材30多种。18种道地药材获得国家地理标志认证,属于国家重点品种的有276种,占全国重点品种的76%。近年来,甘肃在栽培技术、药材品种、生产方式等方面有了进一步改善,人工种植面积位居全国第三;当归、党参、大黄、黄

（红）芪、甘草、板蓝根等大宗药材种植规范化程度不断提高，其中当归年产量占全国总产量的95%、甘草年产量占全国总产量的25%、大黄和党参年产量占全国总产量的60%、黄（红）芪年产量占全国总产量的52%。2018年，甘肃省中药材总产量100.17万吨，面积460万亩（见表1）；2019年全省中药材种植面积465万亩，产量130万吨；2020年，甘肃省中药材种植面积480万亩左右，其中定西市约181.67万亩、陇南市约110万亩、酒泉市约62万亩、白银市约61.73万亩，当归、党参、黄芪等大宗道地药材品种种植面积总体保持稳定。在全省36个中药材主产县（区），分区域、分品种建成中药材标准化生产示范基地共20万亩，辐射带动全省标准化种植面积200万亩以上，分别较2019年增加2万亩和20万亩，均增长11%。在陇西、岷县、宕昌、文县4个县建成4个万亩以上的绿色标准化药源示范基地。建立了陇药优良种子种苗繁育基地。在中药材主产区陇西、岷县、渭源、文县、宕昌、民乐等县（区）建成优质良种繁育基地350亩，其中在岷县集中建成当归良种繁育基地200亩；在陇西、渭源、岷县、民乐、通渭、会宁、华池等县（区）建成种苗繁育生产基地3400亩，其中在陇西县、文县和岷县3个县分别集中建成3个千亩标准化种苗繁育示范基地；良种普及率达到40%以上，种子种苗集中繁育供应比例达到25%以上，确保药源基地稳定，产品安全优质。

随着精准扶贫的深入推进，种植中药材已经成为主产区农民增收和贫困户脱贫的支柱产业。遵循优势品种向优势产区集中的原则，目前，甘肃已建成一批以产地为主、特色突出、规范化的中医药生产基地，其中包括民乐、甘州的优质板蓝根基地，礼县、宕昌的优质大黄基地，景泰、榆中的优质甘草基地，武都的优质红杞基地，武都、舟曲的优质纹党基地，渭源、岷县、临潭的优质当归基地，靖远、古浪、玉门的优质枸杞基地，会宁、渭源、陇西的优质黄芪基地，漳县、安定的优质柴胡基地以及临洮、甘谷、渭源的优质党参基地。

表1 2015～2018年甘肃省各州市中药材种植面积和产量

单位：万亩，万吨

地区	2015年		2016年		2017年		2018年	
	面积	产量	面积	产量	面积	产量	面积	产量
甘肃省	396.4	107.25	429.07	114.56	335.97	92.04	460	100.17
兰州市	19.46	3.31	21.21	3.60	14.38	2.67	11.78	3.17
金昌市	2.06	1.93	1.85	1.51	1.63	1.39	2.07	1.76
白银市	16.59	3.50	18.00	3.81	30.63	7.54	31.94	9.33
天水市	19.36	4.08	20.52	4.57	16.82	4.02	17.50	4.20
武威市	17.78	5.61	21.99	7.01	17.00	7.36	15.09	6.97
张掖市	22.50	7.99	23.55	7.67	23.23	8.05	27.14	10.26
平凉市	13.83	4.70	14.88	5.56	5.01	2.26	5.21	2.07
酒泉市	27.31	12.22	38.13	13.87	32.82	8.44	33.81	9.08
庆阳市	17.00	10.24	19.22	10.74	3.77	2.08	4.69	2.28
定西市	138.7	31.96	139.96	32.26	104.69	27.25	110.97	30.09
陇南市	71.64	14.15	73.76	15.36	58.16	13.36	59.19	13.94
临夏州	7.50	3.24	7.57	3.43	5.59	3.04	5.92	2.81
甘南州	22.67	4.32	28.44	5.17	19.30	3.92	19.36	4.23

资料来源：根据甘肃统计年鉴数据处理而来。

（三）中医药加工业稳步发展，龙头企业不断培育壮大

近年来，甘肃省中医药加工业稳步发展，加工企业也不断发展壮大，兰州的"和盛堂"、定西的"扶正""岷海"、天水的"岐黄"、陇南的"佛仁"等龙头加工企业药材加工能力不断提升，已经跻身中药材精深加工领域，精制饮片、颗粒配方、提取浸膏、油类萃取等精深加工方式已经取代传统的拣选、清洗等初加工方式。截至2019年12月，甘肃省中药材重点龙头企业达到226家，有40家获得国家GMP认证。截至2020年上半年，全省规模以上医药行业生产企业87家，实现工业总产值64.95亿元，同比增长9.0%；实现工业增加值

26.2 亿元，同比增长 10.8%。医药行业中中医药生产企业 63 家，实现工业总产值 34.54 亿元，同比下降 1.1%；实现工业增加值 9.93 亿元，同比下降 2.4%。其中，中药饮片加工企业 43 家，实现工业总产值 11.54 亿元，同比增长 6.2%，实现工业增加值 2.47 亿元，同比下降 1.3%；中成药生产企业 20 家，实现工业总产值 23.0 亿元，同比下降 4.4%，实现工业增加值 7.46 亿元，同比下降 2.7%。中药材批发零售业销售企业 108 家，比上年同期增加 11 家，其中批发业 68 家，比上年同期增加 19 家，销售额为 16.02 亿元，同比增长 64.4%；零售业 40 家，比上年同期减少 8 家，销售额为 2.13 亿元，同比增长 35.0%。

（四）中药材生产现代化水平明显提高

甘肃省着力于中药产业深加工领域，努力打造品牌，以品牌附加值促进提档升级，甘肃省获得国家 GAP 认定的基地有 8 家，通过农业部无公害认定的基地有 7 家，岷县被授予中国当归之乡，西和县被授予中国半夏之乡，渭源县被授予中国党参之乡，陇西县被授予中国黄芪之乡，民乐县被授予中国板蓝根之乡。包括民勤甘草、礼县大黄、岷县当归、靖远枸杞、陇西白条党参、华亭独活、西河半夏等在内的 18 个道地中药材喜获国家原产地标志认证。甘肃努力扩大陇药知名度，打造一批知名陇药品牌。"岷县当归"已经被认定为中国驰名商标。

（五）中医药体系服务能力提升

甘肃省各级卫生行政部门普遍成立了中医药工作机构，各级医疗机构、公共卫生机构全部设立了中医科和中医药管理科，建立了多层次中医药工作体系。目前全省有中医医疗机构 1572 个，开放床位 42987 张，其中，中医类医院 170 个，开放床位 31875 万张。全省中医药人员 17347 万人，现有全国名中医 3 名、省名中医 199 名，甘肃中医药大学为国家中医药局、甘肃省政府共建高校,现有在校生1.9万名。持续开展五级中医药师承教育,确定老师3204人(次)、继承人8163名;将2085名有一技之长的民间中医纳入乡村医生管理;积极开展中医医术确有专长人员医师资格考核;建成全国中医学术流派传承工作室2个、全国名老中医药专家传承工作室28个,建成1个国医大师、3个全国名中医、24个全国(基层)名老中医药专家传承工作室,建成国家级临床重点专科(中医专业)6个、中医重点专科29个、省级中医重点专科(专病)216个,创建全国基层中医药工作先进单位33个、全国综合医院中医药工作先进单位41个、全省中医药工作先进示范市县50个。目前,全省97%的社区卫生机构、94%的乡镇卫生院、82%的村卫生室能够提供中医药服务。

(六)中药仓储体系日臻完善

甘肃气候干燥冷凉,非常适宜中药材存储,素有"天然药仓"的美誉,加上甘肃地处全国地理中心,既是重要通道又是重要枢纽。目前已经建立了列入全国十大中药材市场的首阳中药材交易市场——甘肃中药材交易中心。建成陇西首阳地产药材交易市场、康美甘肃西部中药城、渭源渭水源中药材交易市场、甘肃会川江能中药材交易市场、岷县"中国当归城"中药材交易市场、白银市中药材交易市场、甘南高原中藏药材仓储物流中心、甘肃复兴厚生物医药科技有限公司、临夏市八坊虫草市场、民乐县"西部药都"及中药材加工产业园区等10个中药材交易中心市场。全省年药材交易量120多万吨,交易额230亿元以上。甘肃省的地道药材柴胡、大黄、当归等的交易量占全国比重在50%以上。陇西以独特的气候条件、低廉的储存成本、良好的基础设施成为国内很多知名企业的仓储中转基地,药材交易量占全国总量的20%以上。甘肃省千吨以上的大型仓储企业有35家,仓储能力约130万吨,药材周转量200万吨以上,已然成为中国北方主要的药材集散地之一。同时市场服务功能进一步拓展,除交易、仓储外,甘肃还配有清洗、装载、配送、信息、金融等专业公司,中药材市场体系逐步健全。

(七)积极推进中医药产业园区建设

甘肃省加大政策支持和财政支持力度,着力建设中医药产业园,对园区内医药企业进行提升改造,注重企业自主创新能力和研发能力培育,中医药产业链正在完善,产业正在集聚,效应逐步显现。已经初具规模的产业园区包括兰州高新区中医药产业孵化园、兰州新区生物医药产业园、渭源精致饮片加工园等6个,已经入驻的企业有170家,通过GMP认证的企业76家,产值60多亿元。

(八)中医药产业人才队伍建设卓有成效

甘肃省建立了以高校和中医类医院为主的中医药产业人才培养基地,确定中医药企业为教学实习基地,每年一届的中国(甘肃)中医药产业博览会为交流平台。甘肃已经建立陇药产业科技创新团队8个(道地药材标准制定人才团队、中药材标准化种植人才团队、中药鉴定及质量评价人才团队、道地药材产地加工和仓储管理人才团队、现代化中药饮片研制人才团队、中药提取物研究人才团队、现代创新中药研究人才团队、中药大健康产品研发人才团队),共培养领军人才30人、技术骨干415人。建立陇药产业发展关键技术规范化培训基地5个,培养甘肃陇药产业专业技术服务人才360人,形成"高校或科研院所技术指导或精准扶贫服务人才—地区、市(县)级技术宣讲、传承人员—药材种植、加工、销售基层技术人才—农户技术专员"的四级人才梯队。建立了传统中医药文化、技术传承人才团队5个(分别设在兰州大学、甘肃中医药大学、省中医院、甘肃中医药大学附属医院、省肿瘤医院),共培养59名中医药文化及传统技术核心导师，培养147名技术传承骨干。设立中药产业链信息化服务平台人才团队2个，培养中药产业链信息化服务人才33名；中医药品牌建设管理人才团队2个，培养品牌建设管理人才43名；中医药文化推广、服务贸易人才团队5个，培养中医药文化推广、服务贸易人才92名。

二 甘肃中医药产业发展的制约因素

近年来，甘肃依托富集的中医药资源优势，以国家中医药产业发展综合试验区建设为抓手，加大政策支持力度，强化科技创新，推广标准化种植，中医药产业正步入转型升级和加快提升的重要阶段，但同时，中医药产业发展中也存在很多问题，仍受到诸多因素的制约，总体发展处于初级阶段。

（一）中医药产业结构尚需优化

2020年全省规模以上医药行业生产企业87家，上半年工业总产值64.95亿元，现有的中成药制造业和高附加值的中药衍生产品生产企业规模较小，生产力及研发能力较为薄弱，品种结构单一，产业集中度低，经济和社会贡献率较低，产品科技含量低，没有形成知名度较高的品牌，市场竞争力弱。社会影响力弱，对基地和农户带动能力不强，企业在市场应变、技术和管理等方面的能力较为欠缺。大多数中药材生产企业仍停留在初加工阶段，产品加工技术简单，技术含量不高，以原材料供应和饮片加工为主，同质化现象严重；产业链条短、产品附加值低、中药材有效成分提取和现代制药发展尚显滞后，科技研发、生产经营和整体实力较弱，自主创新能力不足，缺乏强势品牌带动。中医药产业与文化旅游产业的深度融合不够，中医药产品还未打造成为旅游商品。

（二）市场营销体系不健全

甘肃省物流业整体基础较弱，基础设施建设落后，行业专业化程度较低，体制机制不完善，信息化水平不高，导致药品物流企业也存在"多、小、散"的问题，缺少规模较大的中药材专业经营流通组织，尚未建立起全方位、辐射联系面广的营销网络。药品物流企业经营模式传统，电子商务、网上销售等现代营销方式起步较晚，运营的成本较高，导致整体经济效益比较低，这些阻碍了甘肃省中药材产业化发展的进程。

（三）中药材种植标准化程度低

中药材种植标准化和规模化虽然已达到一定水平，但从个体农户种植情况来看，种植品种单一，规模小，标准化种植程度偏低；中药材种植大多数为分散种植，且种植品种多样，面积不成规模，不利于客商收购，种植盲目性较大，种植户抗御市场风险能力弱。同时，甘肃缺少规模较大的中药材专业营销组织，尚未建立起产前、产中、产后营销服务体系，产业发展受市场影响较大。

（四）中医药人才资源缺乏

中医药产业全产业链的发展，需要多方面的专业人才和多角度的专业技术予以支撑。目前，全省中药材生产大多数仍以传统种植加工技术为主，在科学种植、产业化生产方面缺乏专业技术和人才支撑，产业纵深发展受到一定程度的限制和制约。高素质的研发、生产、销售、管理、检测检验等方面企业急需人才短缺，中医药产业存在人才分布不均衡、人才断档、人才队伍不稳定等现象。龙头企业中医药高层次人才培养不足，企业研发人员、技术管理人员招不进来，专业人员外流情况严重，影响企业发展。

（五）标准建设不完善

目前，甘肃省中药材生产规范化程度不高，药材质检行业标准有待完善。一直以来，多数中药材都缺乏明确的有效成分含量指标，重金属、农药残留、微生物及外源性毒素等检测标准没有与国际接轨，甘肃没有建立完善的标准体系。同时中药材的加工方法较为落后，农药残留量过高、金属含量超标、原料产品质量差等质量问题屡有发生。而近年来日韩及欧美等国相继提高中药材的生产和检测标准，对残留限量要求越来越高，对有害物质监控范围也越来越广，而甘肃省中药材检测标准与境外存在差异，极大地阻碍了中药材出口。

（六）研发资金投入不足

创新研发是中医药企业发展的核心力量。近年来，甘肃中医药行业由于研发资金投入不足，科技含量低，产学研结合不紧密，创新能力薄弱，严重制约着全省中医药产业的健康发展。当前，发达国家研发新药的耗资高达数亿美元，而甘肃省制药企业研发资金投入有限，投入中药研发领域的资金更是少之又少，市场上具有一定知名度的中药基本上都是流传几百年甚至上千年的"老药"，创新能力较弱，不少项目往往因资金的缺乏而过早搁浅。

三 加快甘肃中医药产业发展的对策建议

（一）加大政策扶持力度

通过强化政府引导、加大政策扶持力度，大力发展中药材，推进全省中医药产业结构战略性调整。引导县区设立中药材发展专项基金，专门用于中药材种植和加工贷款贴息。对中药材发展好的镇、村组，落实奖励政策,采取以奖代投的办法进行奖励。对在中药材发展中规模大、效益高、示范带动能力强的带头人,实行以奖代补的方式,给予一定扶持奖励。加大信贷投放支持力度,通过贴息贷款、中药保险、质押等方式,解决产业发展资金短缺瓶颈,支持中医药产业做大做强。

(二)调整优化中医药加工业布局,提升精深加工转化能力

一是加快全省中医药加工业布局调整和优化,实施"一企一策",重点扶持建设一批达到 GMP 标准的中药材加工的生产企业,培育发展一批具有较强投融资能力、扩张能力和区域竞争能力的产业化重点龙头企业,提高中药材综合开发利用能力和水平,促进全省中药材加工企业集群式发展。二是努力提升企业研发能力,改进工艺标准,提高质量,扩大精深加工规模,以产品创新和规模效应提高企业核心竞争力。扩大生产规模,提高企业的精深加工转化能力。三是重点扶持中药材加工园区和加工企业,加强中药材加工企业技术改造,提高企业研发能力和科技创新水平。

(三)积极开展全方位的宣传和项目推介工作

采用"政府做形象、企业做市场"的模式,建立政企联手、部门联合、上下联动的机制,进一步强化产业品牌宣传推介工作,大力宣传本土道地药材及相关产品品牌。同时,加大媒体的宣传力度,利用报刊网络进行专题宣传,提高甘肃省中医药产业的知名度。

(四)加强中医药产业人才队伍建设

建立中医药人才培养体系,完善政策保障措施,切实加大中医药产业人才培训培养力度,广泛开展中药材种植、加工、检验检测、市场营销、康养游等各方面管理和技术人员的培训,提高从业人员业务技能和队伍素质,多渠道多层次在全国引进急需人才,切实加强中药

产业专业技术人才队伍建设,为全省中医药产业全面健康发展提供人才保障。

(五)加大龙头企业培育力度

一是支持现有中药材加工企业发展壮大,积极培育产值在2000万元以上的中药材龙头企业,开展设备改造、产能提升、标准化基地建设、技术创新,提升中药材加工能力。鼓励企业开展标准化种植、初加工、精深加工、销售和中医药体验应用等业务。二是加大招商引资力度,延伸产业链条,增加产品附加值。三是培育壮大中药材专业合作社,推广"公司/合作社+基地+农户"模式,引导农户利用土地、自有资金、劳务等方式入股或加入合作社,由合作社统一组织生产经营。

(六)加快建设绿色标准化生产基地

加快建设甘肃省中药材绿色标准化基地和大宗地道中药材标准化示范基地,推进中药材的有机和绿色认证,一是加大优质种苗繁育,引进适合推广种植、市场前景好的高产优良品种,培育优质种苗,引导龙头企业、合作组织建设大宗药材种苗繁育基地,建设中药材标准化种植基地。二是建立野生中药材繁育基地,进行野生中药材原产地保护与繁育,强化理论研究和创新,优化特色中药材品种,促进甘肃省中药材品质提升、效益增强。三是积极引导个体农户提高中药材种植品种的多样化,进一步加大合作社的带动力度,充分利用"合作社+基地+农户"种植模式,同时加大对农户的技术指导力度,提高标准化规模,增强抵御市场风险的能力。

(七)完善中药材深加工和仓储流通体系

一是通过政府引导、市场运作等方式,以中药材经营、加工企业和营销大户为骨干，拓展互联网与中医药产业的深度融合，建立一体化网络体系，对中药材的种植、加工、流通各环节全程追溯；推进"中药材互联网＋物联网"建设，大力发展中药材电子商务，加快建设信息化综合服务平台，构建中医药产业全环节、全过程信息化管理体系。完善现代物流配送和流通体系，将电子商务引入供应链管理。二是大力推广中药材生产质量规范管理标准，开展建设产品质量追溯体系，积极开展中药材"三品一标"认证，加快中药材商标注册、名牌产品申报认证及宣传推介，争创名牌中药产品，提高市场占有率。

（八）加大科技创新力度

科技竞争力是甘肃中医药产业竞争发展的原动力，要进一步加大科技投入，鼓励企业积极与科研院所、高校、科技创新联盟等单位和机构开展合作，针对中医药产业链关键技术，开展联合攻关，解决中医药产业发展的技术瓶颈。加大研发投入力度，采取自主和委托研发方式，开发研究适合市场需求的创新产品，培育壮大拥有自主知识产权的知名品牌，提高全省中医药产业的整体素质和竞争力。

参考文献

祁玉洁、张爱平：《推进中药材产业提档升级》，《甘肃经济日报》2020年8月28日。

薛砚：《我省加快中药材产业实现全产业链发展》，《甘肃日报》2020年8月28日。

王志宏、林雪、颜鲁合、欧秀芳、门琦：《"丝绸之路经济带"视角下加快甘肃中医药产业升级的对策探析》，《中国药事》2018年第12期。

黄蓓：《甘肃探索中医药产业事业融合发展》，《中国中医药报》2018年7月12日。

B.9
甘肃上市公司中涉农企业发展状况分析

常红军*

摘　要： 甘肃上市公司中涉农企业在过去20多年中发展较为迅速，综合实力不断增强，在甘肃经济社会发展中发挥着重要作用。但甘肃市上市公司中涉农企业发展也存在数量少、规模小、融资能力较弱、行业相对单一、科技创新不足、产品附加值低、上市公司后备资源匮乏等诸多问题，研究发展上市公司中涉农企业对加快甘肃农村经济发展、解决好甘肃"三农"问题，具有重要的现实意义。进一步加大政府推动上市公司中涉农企业发展的力度，促进甘肃上市公司中涉农企业与特色农业发展有机结合、共同发展，着力引导和推动农产品批发交易市场向资本市场发展，注重提高甘肃上市公司中涉农企业科技创新能力，推动甘肃上市公司中涉农企业快速发展，对于农业省份甘肃经济社会发展显得十分重要和必要。

关键词： 上市公司　涉农企业　甘肃

　　改革开放以来，甘肃作为欠发达农业省份着力做好农业经济改革

---
* 常红军，甘肃省社会科学院副研究员，主要研究方向为金融证券、区域经济。

发展,农业经济发展成效显著。近年来,国家西部大开发战略、"一带一路"倡议,尤其是国家支持农业农村优先发展的政策形成的叠加效应,给甘肃农业经济带来了良好的发展机遇。上市公司是优质企业的代表,是先进生产力的企业组织代表,上市公司中涉农企业的发展状况与区域农业经济的发展密切相关。甘肃上市公司中涉农企业是甘肃农业经济发展的中坚力量,认真研究甘肃上市公司中涉农企业现状和发展中存在的问题,加快促进甘肃上市公司中涉农企业发展,对持续巩固甘肃农业农村稳定发展、积极推动甘肃经济持续健康发展至关重要。

一 甘肃上市公司中涉农企业发展现状分析

(一)上市公司中涉农企业定义

1. 农业企业与涉农企业

农业企业一般指主要从事农林牧副渔业等生产经营活动,产出的农业产品具有较高的商品化率,自主经营、独立核算,以盈利为目的的企业法人。农业企业的主要特点是土地是主要生产资料,是企业从事生产经营的基础。

涉农企业是从农业经营的产业链角度来定义的,除直接从事农产品的生产、加工、销售、研发和服务的企业外,还包括进行农业生产资料,如农药化肥、种子幼苗、农业机械等的生产、销售、研发和服务的企业,涵盖了农业经营的产、供、销全过程。涉农企业根据大农业定义和生产上下游关系大致可以分成四类,第一类是狭义上的农业企业,以传统农林牧副渔业为主,产品也以原料或者初级产品为主;第二类是对农林牧副渔业种植物等进行加工生产的企业,如食品饮料酿酒生产加工类企业、纺织化纤企业和造纸业等；第三类是以为农林牧副渔业提供保障服务的企业，如农药、兽药、化肥等化工类企业；第四类是为农林牧副渔业提供专业机械的制造业企业，如农业机械类企业。

2. 上市公司中涉农企业

中国证券业监督管理委员会2012年修订的《上市公司行业分类指引》是以国家统计局《国民经济行业分类与代码》（国家标准GB/T4754—94）为主要依据的，在借鉴联合国国际标准产业分类、北美行业分类体系的有关内容的基础上制定而成的。《上市公司行业分类指引》的分类目的是对从事多种产业活动的上市公司法人进行分类。《上市公司行业分类指引》是按照行业在公司中的地位和重要性对上市公司进行分类；根据中国证券业监督管理委员会2012年修订的《上市公司行业分类指引》，目前我国上市公司中涉农企业主要分布在A门类农林牧渔业，行业大类包括农业、林业、畜牧业、渔业和农林牧渔服务业，C门类制造业下的农副食品加工业，食品制造业，酒、饮料和精制茶制造业等行业大类，制造业下的纺织业，木材加工及木、竹、藤、棕、草制品业，造纸及纸制品业，化学原料及化学制品制造业，橡胶和塑料制品业，专用设备制造业等行业大类中部分细分分类中的企业也属于涉农企业，如化学原料及化学制品制造业中生产农药兽药化肥的企业，专用设备制造业中的农业机械企业，等等。近年来，随着科学技术的快速发展和行业关联度的越发密切，越来越多的行业和企业开始涉农。

本研究主要基于甘肃在上海证券交易所和深圳证券交易所上市的A股上市公司。根据甘肃A股上市公司的实际情况，上市公司中涉农企业主要侧重于A门类农林牧渔业下的农业、林业、畜牧业、渔业和农林牧渔服务业，C门类制造业下的农副食品加工业，食品制造业，酒、饮料和精制茶制造业等行业大类。

（二）甘肃省上市公司中涉农企业发展现状

目前，甘肃省 A 股上市公司共有 33 家，其中只有 9 家是涉农的上市公司，分别是甘肃亚盛实业（集团）股份有限公司（农林牧渔业－农业）、甘肃省敦煌种业集团股份公司（农林牧渔业－农业）、天水众兴菌业科技股份有限公司（农林牧渔业－农业）、兰州黄河企业股份有限公司（制造业－酒、饮料和精制茶制造业）、甘肃皇台酒业股份有限公司（制造业－酒、饮料和精制茶制造业）、甘肃莫高实业发展股份有限公司（制造业－酒、饮料和精制茶制造业）、金徽酒股份有限公司（制造业－酒、饮料和精制茶制造业）、兰州庄园牧场股份有限公司（制造业－食品制造业）、大禹节水集团股份有限公司（制造业－橡胶和塑料制品业）（见表1）。其中，大禹节水集团股份有限公司长期致力于农业、农村水资源问题的解决和服务，主要从事农业节水灌溉、农村污水处理、农民饮水安全等业务。

表1　甘肃省上市公司中涉农企业一览

序号	公司名称	股票代码	股票简称	证券类别	所属行业	注册地址
1	甘肃亚盛实业（集团）股份有限公司	600108	亚盛集团	上交所主板A股	农林牧渔业－农业	兰州市
2	甘肃省敦煌种业集团股份有限公司	600354	敦煌种业	上交所主板A股	农林牧渔业－农业	酒泉市
3	天水众兴菌业科技股份有限公司	002772	众兴菌业	深交所中小板A股	农林牧渔业－农业	天水市
4	兰州黄河企业股份有限公司	000929	兰州黄河	深交所主板A股	制造业－酒、饮料和精制茶制造业	兰州市
5	甘肃皇台酒业股份有限公司	000995	皇台酒业	深交所主板A股	制造业－酒、饮料和精制茶制造业	武威市

续表

序号	公司名称	股票代码	股票简称	证券类别	所属行业	注册地址
6	甘肃莫高实业发展股份有限公司	600543	莫高股份	上交所主板A股	制造业－酒、饮料和精制茶制造业	兰州市
7	金徽酒股份有限公司	603919	金徽酒	上交所主板A股	制造业－酒、饮料和精制茶制造业	陇南市
8	兰州庄园牧场股份有限公司	002910	庄园牧场	深交所中小板A股	制造业－食品制造业	兰州市
9	大禹节水集团股份有限公司	300021	大禹节水	深交所创业板A股	制造业－橡胶和塑料制品业	酒泉市

注：所属行业指所属证监会行业。

（三）甘肃省上市公司中涉农企业在甘肃经济社会发展中发挥着重要作用

自甘肃省第一家涉农上市公司甘肃亚盛实业（集团）股份有限公司1997年8月18日上市以来，经过20多年的积淀，甘肃上市公司中涉农企业已渐成规模，在区域经济发展中有着重要的地位，在增强经济活力、调整产业结构、扩大社会就业等方面发挥着积极的作用，对甘肃经济社会发展做出突出贡献。数据显示，甘肃上市公司中涉农企业主要经营指标显著高于全省经济发展核心指标，发展质量明显优于全省企业平均水平，2017年、2018年和2019年甘肃上市公司中涉农企业实现净利润分别占甘肃省规模以上企业净利润的2.16%、1.06%和1.96%，甘肃上市公司中涉农企业在全省的经济发展中具有重要的作用和地位（见表2）。

表2　2017~2019年甘肃上市公司中涉农企业净利润情况

单位：亿元，%

年份	2019	2018	2017
甘肃上市公司中涉农企业净利润（A）	5.62	2.86	5.35
甘肃省规模以上工业企业净利润（B）	286.62	270.40	246.90
占比（A/B）	1.96	1.06	2.16

（四）甘肃省上市公司中涉农企业综合实力不断增强

近年来，甘肃上市公司中涉农企业综合实力不断增强，发展态势良好。2017~2019年，甘肃上市公司中涉农企业营业收入持续增加，公司盈利能力也呈现较好的增长态势（见表3）。2019年，甘肃上市公司中涉农企业营业收入总额为104.16亿元，占甘肃全部33家上市公司总营业收入1856.34亿元的5.61%；归属于母公司股东的利润总额为5.62亿元。同期，甘肃全部33家上市公司归属于母公司股东的利润总额为-31.89亿元。

表3　2017~2019年甘肃上市公司中涉农企业经营情况

序号	公司名称	营业收入（亿元）			归属于母公司股东的净利润（万元）		
		2019年	2018年	2017年	2019年	2018年	2017年
1	甘肃亚盛实业（集团）股份有限公司	27.32	25.08	20.66	8061	8473	9789
2	甘肃省敦煌种业集团股份有限公司	11.84	7.67	4.85	-17000	-21760	2561
3	天水众兴菌业科技股份有限公司	11.56	9.26	7.39	6840	11190	14230
4	兰州黄河企业股份有限公司	4.55	5.08	5.96	1563	-6755	1624

续表

序号	公司名称	营业收入（亿元）			归属于母公司股东的净利润（万元）		
		2019年	2018年	2017年	2019年	2018年	2017年
5	甘肃皇台酒业股份有限公司	0.99	0.25	0.47	6821	-9548	-18760
6	甘肃莫高实业发展股份有限公司	1.77	2.31	2.25	2743	2725	2409
7	金徽酒股份有限公司	16.34	14.62	13.33	27060	25860	25300
8	兰州庄园牧场股份有限公司	8.13	6.57	6.28	5132	6353	6835
9	大禹节水集团股份有限公司	21.66	17.80	12.84	12940	10020	9544
	合计	104.16	88.64	74.03	56179	28576	53532

（五）甘肃省上市公司中涉农企业控股股东情况

从控股股东看，甘肃9家上市公司中涉农企业中，国有控股上市公司占了3家，其余6家为自然人控股公司。其中甘肃国有控股上市公司中涉农企业中甘肃省国有资产监督管理委员会控股的有2家，分别为甘肃亚盛实业（集团）股份有限公司和甘肃莫高实业发展股份有限公司，另有1家为酒泉市行政事业单位国有资产管理局控股的甘肃省敦煌种业集团股份有限公司。

二 甘肃省上市公司中涉农企业发展中存在的主要问题

（一）甘肃省上市公司中涉农企业数量少

截至2020年6月底，沪深两市交易所共有农林牧渔业上市公司

42家，其中甘肃有3家；酒、饮料和精制茶制造业上市公司42家，甘肃有4家；食品制造业上市公司52家，甘肃有1家；橡胶和塑料制品业上市公司81家，甘肃有1家（见表4）。甘肃上市公司中涉农企业除在上述行业大类中有数量不多的上市公司外，在农副食品加工业，纺织业，木材加工及木、竹、藤、棕、草制品业，造纸及纸制品业，化学原料及化学制品制造业，专用设备制造业等行业大类中均属空白，而这其中部分类别的上市公司数量在全部上市公司数量中处于领先地位，例如，化学原料及化学制品制造业有254家，在沪深两市近4000家上市公司中数量居于前列。从上述情况来看，甘肃上市公司中涉农企业在本行业上市公司中数量较少，更遑论在全部上市公司中的数量地位。

需要说明的是，甘肃上市公司中涉农企业中甘肃皇台酒业股份有限公司由于2016年、2017年、2018年连续三个会计年度经审计的净利润连续为负值，且2017年、2018年经审计的期末净资产连续为负值，根据《深圳证券交易所股票上市规则》相关规定，公司股票自2019年5月13日起暂停上市。公司通过实施控股权变更、资产重组、加强主营业务发展、降低经营成本等多项措施，2019年实现了盈利，净资产转为正值，已于2020年12月16日恢复上市。甘肃省敦煌种业集团股份有限公司由于2018年、2019年归属于上市公司股东的净利润均为负值，根据《上海证券交易所股票上市规则》的有关规定，公司股票于2020年3月23日实施退市风险警示，若公司2020年度经审计的归属于上市公司股东的净利润仍为负值，公司股票将可能被暂停上市。公司正在增收节支，降本增效，努力提升经营质量，实现业绩扭亏为盈，争取撤销风险警示。

（二）甘肃省上市公司中涉农企业规模小

甘肃上市公司中涉农企业规模普遍偏小，以数量相对较多的农林牧渔业上市公司看，2020年10月9日，沪深两市A股农林牧渔业上市公司共有42家，市值总额为6930.65亿元，其中甘肃上市公司中涉农企业甘肃亚盛实业（集团）股份有限公司为66.58亿元，甘肃省敦煌种业集团股份公司为20.58亿元，天水众兴菌业科技股份有限公司市值为34.49亿元，3家公司市值合计为121.65亿元，占沪深两市A股农林牧渔业上市公司市值总额的1.76%，为农业类上市公司中市值最大的黑龙江北大荒农业股份有限公司345.9亿元的35.17%，为农林牧渔业上市公司中市值最大的牧原食品股份有限公司2720亿元的4.47%（见图1）。甘肃上市公司中涉农企业规模普遍偏小，一方面体现出甘肃上市公司中涉农企业市场地位和竞争力较弱，另一方面也反映出甘肃上市公司中涉农企业发展速度缓慢。

表4 全国及甘肃上市公司中涉农企业数量情况（截至2020年6月底）

单位：家，%

项目	农林牧渔业上市公司	酒、饮料和精制茶制造业上市公司	食品制造业上市公司	橡胶和塑料制品业上市公司
甘肃	3	4	1	1
全国	42	42	52	82
占比	7.14	9.52	1.92	1.22

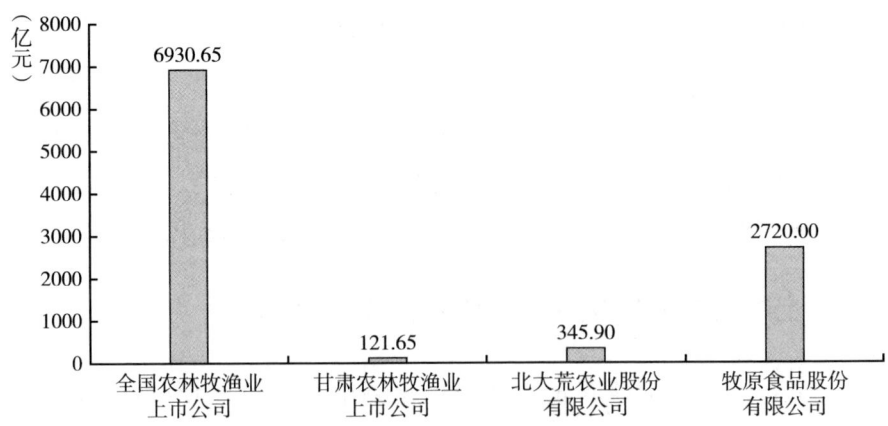

图1 甘肃农林牧渔业上市公司与全国和北大荒及牧原食品规模对比（截至2020年10月9日）

(三)甘肃省上市公司中涉农企业融资能力弱

自2017年以来,我国资本市场进入快速发展阶段,2017~2019年共有746家涉农企业实现了首次公开发行股票并上市,总体融资规模6213亿元,平均每家企业的融资规模为8.32亿元。与此同时,2017年、2018年、2019年,沪深两市上市公司定增融资规模分别为10200亿元、7855亿元、6898亿元,共计24953亿元。在此期间,甘肃上市公司中涉农企业仅有兰州庄园牧场股份有限公司于2017年10月实现了首次公开发行股票并上市,募集资金3.09亿元;金徽酒股份有限公司2019年5月增发新股募集资金3.6亿元(见表5)。从上述数据可以看出,甘肃上市公司中涉农企业融资能力薄弱。

表5 2017~2019年甘肃与全国上市公司中涉农企业融资情况

单位:亿元,%

项目	首次公开发行股票募集资金	增发新股募集资金
甘肃上市公司中涉农企业(A)	3.09	3.6
全国上市公司中涉农企业(B)	6213	24953
占比(A/B)	0.0497	0.0144

(四)甘肃省上市公司中涉农企业传统农业企业居多,缺乏科技竞争能力

现有甘肃上市公司中涉农企业一是大多集中于传统的农业和酒、饮料和精制茶制造业,沪深两市上市公司数量较多的化学原料及化学制品制造业、专用设备制造业等行业大类中没有一家,行业相对单一,从一个方面也反映出甘肃涉农行业发展的局限性和滞后性。二是甘肃上市公司中涉农企业大多从事种植、酿造等行业,在科技竞争力方面没有优势,缺乏竞争力(见表6)。

表6　全国及甘肃上市公司中涉农企业数量情况

单位：家

门类名称及代码	行业大类	全国上市公司家数	甘肃上市公司家数
农林牧渔业（A）	农业	15	3
	林业	4	0
	畜牧业	14	0
	渔业	9	0
	农林牧渔服务业	1	0
制造业（C）	农副食品加工业	49	0
	食品制造业	52	1
	酒、饮料和精制茶制造业	42	4
	纺织业	35	0
	木材加工及木、竹、藤、棕、草制品业	8	0
	造纸及纸制品业	29	0
	化学原料及化学制品制造业	254	0
	橡胶和塑料制品业	81	1
	专用设备制造业	238	0
合计		831	9

（五）甘肃上市公司中涉农企业后备资源缺乏

截至2019年12月末，在甘肃证监局登记备案进行辅导的拟上市公司中涉农类企业仅有甘肃清河源清真食品股份有限公司和甘肃中天羊业股份有限公司。一方面，甘肃上市公司中涉农企业后备资源较少，另一方面，甘肃拟上市公司与经济发达省份同类型公司相比，无论规模还是盈利能力，都不具备竞争力。

三 促进上市公司中涉农企业发展对甘肃经济社会发展的作用和意义

（一）促进甘肃上市公司中涉农企业发展对甘肃做好"三农"工作有着积极作用

解决好"三农"问题是甘肃省工作的重中之重，促进甘肃上市公司中涉农企业发展，能够借助资本市场筹集甘肃农村发展所需资金，充分运用资本市场对经济发展的助推作用，做大做强甘肃乡村特色产业，推动甘肃农村经济产业结构调整，实现农业农村优先发展，加大农村经济发展对全省经济发展的作用，对甘肃做好"三农"工作有着积极作用。

（二）促进甘肃上市公司中涉农企业发展能够增强甘肃经济实力

积极发展上市公司中涉农企业，能够充分发挥上市公司作为优秀企业典型代表的积极作用，通过资本市场的资源配置功能，引导社会资金、人力、管理、技术等优质资源流向甘肃农业经济领域，借助上市公司平台实现社会资源优质高效配置与要素集聚，对推动甘肃科技创新和农业经济结构调整都有着积极的作用，能够为甘肃农村经济发展带来显著效益，增强甘肃经济实力。

（三）促进甘肃上市公司中涉农企业发展对加快甘肃资本市场建设有着积极作用

上市公司是资本市场的重要基础，是资本市场发展的重要推动力量。甘肃上市公司数量少、规模小，严重制约了资本市场的发展。甘肃结合农业资源优势，积极发展上市公司中涉农企业，对加快甘肃资本市场建设有着积极作用。2020年10月，国务院发布了《关于进一步提高上市公司质量的意见》（国发〔2020〕14号），对上市公司可持续发展能力和整体质量进一步提高要求。面对资本市场准入和存续的高标准要求，一方面，企业上市将面临更为激烈的竞争，另一方面，缺乏持续经营能力的上市公司将承受退市的巨大风险。在高标准、严要求下积极发展上市公司中涉农企业，对进一步提高甘肃上市公司中涉农企业质量有着积极的作用。

四 促进甘肃上市公司中涉农企业发展的建议

甘肃长期以来十分重视"三农"工作特殊性、重要性，始终坚持把解决好"三农"问题作为全省工作的重中之重，把"三农"工作摆在优先发展的位置。加快甘肃上市公司中涉农企业发展必须紧紧围绕做好全省"三农"工作，按照省委省政府农村工作部署要求，以实施乡村振兴战略为总抓手，适应国内外复杂形势变化对甘肃农村改革发展提出的新要求，深化农业供给侧结构性改革，坚持走高质量发展路子，做大做强乡村特色产业，为推进甘肃农村经济发展发挥重要作用。

（一）进一步加大政府推动上市公司中涉农企业发展的力度

甘肃省各级政府应高度重视上市公司中涉农企业发展，一方面，通过采取深入挖掘省内涉农企业上市后备资源，制定涉农类企业上市培育规划和相关优惠政策，做好上市知识普及培训等多项措施，积极推动省内涉农企业上市。另一方面，制定相关政策积极引导支持甘肃省上市公司中涉农企业聚焦主业做大做强，通过再融资方式扩大公司规模，增强甘肃上市公司中涉农企业实力。

（二）促进甘肃上市公司中涉农企业与特色农业发展有机结合共同发展

近年来，甘肃省着力发展"牛羊菜果薯药"六大特色产业，创新发展戈壁生态农业，按照沿黄农业产业带及河西农产品主产区、陇东农产品主产区、中部重点旱作农业区、山地特色农业区、高寒牧区"一带五区"的产业布局，鼓励各地因地制宜，发展各具特色的优势产业，着力发展现代丝路寒旱农业。当前，围绕甘肃多样的地理条件、丰富的资源禀赋和独特的农产品优势，各市州都在积极打造特色强、规模大、品牌优，具有较强辐射带动作用和市场核心竞争力的战略性农业重点产业，大力发展现代农产品加工业。甘肃应一方面积极引导和支持上市公司中涉农企业结合实际情况参与到甘肃"牛羊菜果薯药"六大特色优势产业发展中，在促进企业发展的同时，为甘肃农村经济发展贡献更大的力量。另一方面扶持"牛羊菜果薯药"特色产业龙头企业做大做强，在甘肃特色农业发展中培育新的上市资源。

（三）着力引导和推动农产品批发交易市场向资本市场发展

为了进一步做好农产品产销对接，加快构建从产地到终端的市场网络体系，甘肃重点在发展和提升兰州定远高原夏菜产地批发市场、定西马铃薯综合交易中心、张掖高原夏菜冷链物流中心、陇西中药材交易中心、静宁苹果产地批发市场等大型农产品产地市场的集散功能，尽快形成产地集散中心、价格形成中心、信息发布中心、仓储物流中心。甘肃应借此契机，注重农产品批发交易市场公司化、规模化、品牌化发展，着力引导和推动农产品批发交易市场向资本市场发展。

（四）着力提高甘肃上市公司中涉农企业科技创新能力

随着科学技术的快速发展，科技在提高企业盈利能力、产品市场竞争力等方面的作用越来越大，科技成为企业的核心竞争力，互联网等技术正逐渐介入农业领域，催生出农业细分领域中的新经济企业，如土地流转、农资电商、飞防植保、农业大数据、农业金融等。当前甘肃上市公司中涉农企业普遍存在科技含量不高，产品附加值低，竞争力不强的问题。因此，甘肃上市公司中涉农企业应该结合实际情况，重视科技创新和经济模式创新，加大研发投入，采取提高自我研发能力，与科技研发机构合作等多种形式大力推动科技创新，切实发挥科技对涉农企业、农业经济的支撑引领作用，提高产品技术附加值，提高企业收益，增强企业竞争力。

（五）充分发挥人才在甘肃上市公司中涉农企业发展中的重要作用

现代企业的竞争发展，归根到底是人才问题。管理人才、研发人才不足问题是制约甘肃上市公司中涉农企业发展的主要问题。发展甘肃上市公司中涉农企业，必须注重人才问题，把企业发展战略和人才发展战略紧密结合起来，因企制宜制定科学的人才发展战略，一是从内部挖掘、培养、使用管理方面、技术方面、营销方面的人才；二是通过聘用方式引进企业需要的管理、研发方面的人才；三是通过机构合作方式借助证券机构、科研机构等，在企业科技创新、产品研发、企业融资等方面最大限度地发挥人才的作用。

参考文献

中国证券监督管理委员会网站，http：//www.csrc.gov.cn/pub/newsite/。
中国证券监督管理委员会 - 甘肃局网站，http：//www.csrc.gov.cn/pub/gansu。

上海证券交易所网站，http：//www.sse.com.cn/。
深圳证券交易所网站，http：//www.szse.cn/。
甘肃政务服务网站，http：//www.gansu.gov.cn/。
甘肃省统计局网站，http：//www.gstj.gov.cn/。
甘肃农业信息网，http：//nync.gansu.gov.cn/。
东方财富网，http：//www.eastmoney.com/。

投入产出篇

Input-output Reports

B.10
甘肃固定资产投资状况分析与预测

杨春利*

摘　要： 2020年新冠肺炎疫情对甘肃固定资产投资冲击较大，随着政府有效防控，经济显现出持续向好态势，全省固定资产投资主要表现出增速稳步加快，民间投资较快增长，高技术制造业成投资"热土"，基础设施建设投资快速回升，房地产开发投资整体稳定，重大项目建设进展顺利等基本特征。与此同时，固定资产投资也存在财政增收乏力，资金配置压力较大，产业转型升级领域投资比重偏低，工业投资下降幅度明显，市州投资及发展差异显著，项目推进速度较慢等问题。未来，既要应对外部不利发展环境，也要统筹协调内部各方面稳定投

---

* 杨春利，甘肃省社会科学院区域经济研究所副研究员，主要研究方向为区域经济与可持续发展。

资的政策，引导经济结构转型，增强内生动力，不断推进经济发展向高质量迈进。

关键词： 固定资产投资　民间投资　甘肃

投资作为拉动经济发展的"三驾马车"之一，是调控和优化经济结构、促进经济社会持续发展的重要途径和手段。

近年来，投资已成为甘肃经济增长主要的推动力，全省将抓项目、促投资作为经济工作的重中之重。2020年，甘肃政府工作报告中对全省固定资产投资增速预期定为6%以上，主要目标是实施重大项目突破行动，着力补齐交通、水利、重大项目建设等方面的短板、弱项，提出加快交通基础设施建设，推进实施重大水利工程，加快建设"数字甘肃"等重点任务。在全省重大项目谋划工作会议中，对多渠道扩大有效投资等方面工作也做了全面部署，并制定了一些具体政策措施。

然而，年初突如其来的新冠肺炎疫情，对全省经济社会发展产生了巨大冲击，各地固定资产投资受到了显著影响，投资活动基本停滞，投资完成额大幅下降。为积极应对新冠肺炎疫情对全省经济平稳运行带来的重大挑战，甘肃在认真做好疫情防控的前提下，积极抢抓国家政策"窗口期"，把抓项目、促投资作为"六稳""六保"的重要抓手，加快推进重大项目建设，发挥"要素跟着项目走"的保障机制作用，引导资金、土地、能耗等发展要素向重点领域和重大项目倾斜，强力推动重大项目复工开工。同时，全面推进落实"四百机制"，及时制定"抓调度、强服务、争资金"等政策措施，实施项目清单管理制度，实行"网上办事""不见面审批"，提高项目审批效率，围绕交通、能源、农林水利、社会事业、生态环保、城镇基础设施等领域，积极向国家争取申报专项债券项目，加快恢复投资生产秩序，统筹推进疫情防控和经济发展工作并取得明显成效。在重大项目带动下，前三季度，全省固定资产投资增速稳步回升至6.5%，比全国（0.8%）高5.7个百分点。

但受全球疫情蔓延及不确定性因素影响，世界经济复苏的前景仍不明朗，国内经济下行压力依然较大。在此背景下，继续做好常态化疫情防控，全面落实"六稳""六保"工作任务，加快推进生产秩序正常化，仍然是当前及未来一段时间固定资产投资领域的重要任务。

一 2020年全省固定资产投资运行特点

（一）投资持续向好，增速由负转正稳步加快

2020年前三季度（1~9月），全省固定资产投资增速呈现"由负转正、持续回升"的基本态势（见图1）。由于新冠肺炎疫情影响，1~2月全省投资活动基本停滞，投资完成额度大幅下降，投资增速同比下降11.5%。随着疫情防控向好态势持续巩固，投资项目新开工和建设进一步加快，投资恢复态势逐步显现，投资从谷底恢复速度较快，第一季度投资同比下降9.1%，降幅收窄2.4个百分点，1~4月投资同比下降0.1%，降幅较第一季度收窄9个百分点，1~5月投资增速由负转正，增长2.2%，比全国（-6.3%）高8.5个百分点，居全国第10位，增速比1~4月提高2.3个百分点；上半年全省固定资产投资同比增长4.0%，增速相较第一季度回升13.1个百分点，比全国高7.1个百分点。前三季度，全省固定资产投资继续回升，同比增长6.5%，较上半年提高2.5个百分点，高于上年同期1个百分点，与上年全年增速基本持平（见图1）。

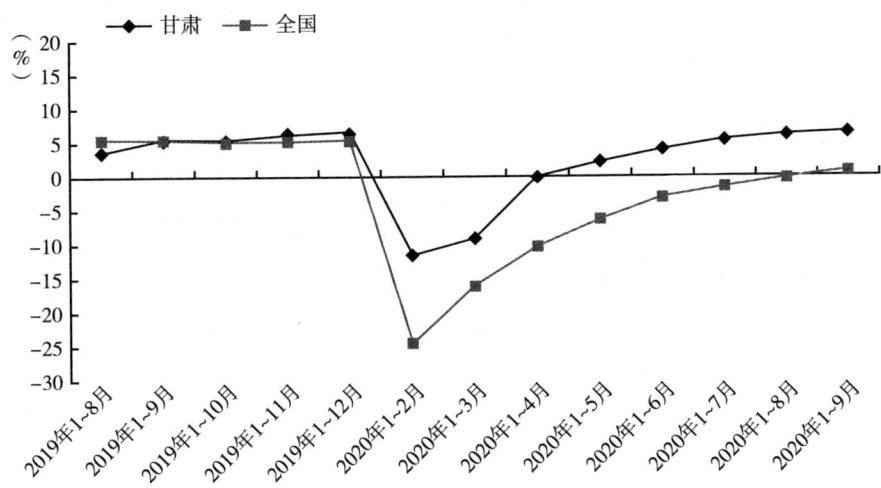

图1　2019～2020年甘肃与全国固定资产投资增速变化情况

（二）民间投资较快增长

为激发民间投资，甘肃多措并举调动民间投资积极性，特别是在工程项目投资建设领域，推进审批制度改革，推行投资项目评审区域化及审批便利化措施，发挥管少服多精神，持续优化营商环境，开展民间投资专项核查，支持民间投资创新发展，进一步放开民营企业市场准入范围，开放通信、电力、交通、教育、养老、医疗等公共服务领域，吸引社会资本参与建设和运营。鼓励民间投资项目建设单位根据项目规模和特点，实施工程建设全过程咨询。在一系列政策支持与引导下，2020年前三季度（1~9月），甘肃民间投资在国内民间投资仍处于同比下降的背景下逆势增长。其中，第一季度民间投资下降6.2%，降幅较1~2月收窄0.9个百分点，高于全国民间投资12.6个百分点；上半年，民间投资快速回升至9.4%，相较第一季度提高15.6个百分点，高于全国同期16.7个百分点。前三季度，民间投资增速有所减缓，同比增长7.4%，较上半年回落2个百分点，但仍然高于全省固定资产投资增速0.9个百分点,高于全国民间投资增速8.9个百分点(见图2)。

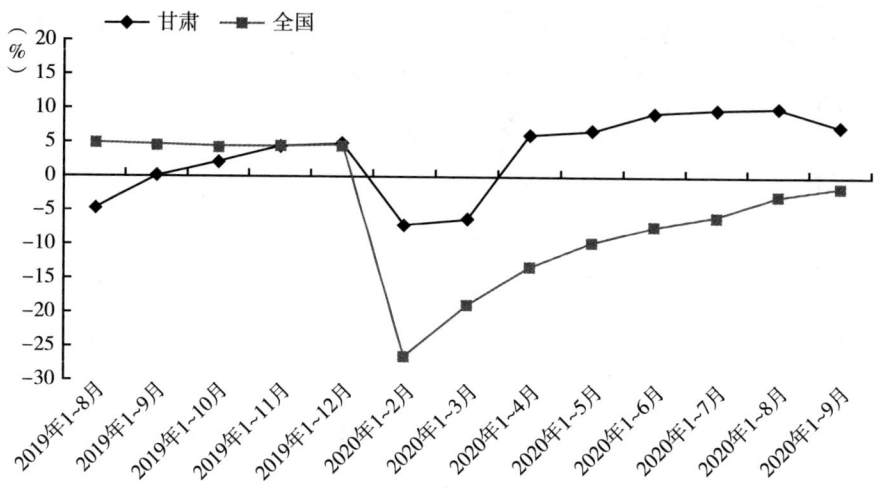

图2 2019~2020年甘肃与全国民间投资增速变化情况

(三)高技术制造业成投资"热土"

科技创新是引领发展的第一动力,在制造业领域,为践行新发展理念,积极推进质量、效率和动力变革,甘肃全力推动制造业高质量发展,以新基建部分行业为引领的高技术制造业成投资"热土"。2020年第一季度,全省制造业投资同比增长3.3%,而高技术制造业投资增长78.4%,其中,电子及通信设备制造业投资增长1.3倍;航空、航天器及设备制造业投资增长73.3%;一批以生产医疗器械、防护用品、中医药等为主的医药制造业投资增长迅猛,增幅达到59.3%。在电子及通信设备制造,航空、航天器及设备制造,医药制造等行业的带动下,全省高技术制造业投资保持较快增长。1~5月,高技术制造业投资同比增长55.4%,上半年,高技术制造业投资同比增长29.6%,增速有所回落,但仍高于整个制造业投资增速16.6

个百分点。1～7月,制造业投资增长12.2%,增速比上半年回落0.8个百分点,高技术制造业投资同比增长21.1%。前三季度,高技术制造业投资同比增长18.4%,高于整个制造业投资10.6个百分点,高于全省固定资产投资11.9个百分点,表明高技术制造领域投资活跃,产业成长势头良好。

(四)基础设施建设投资快速回升

自2020年以来,全省主要围绕交通、水利、"数字甘肃"等基础设施领域,加快推进银西、中兰客专、兰州至张掖三四线、兰州轨道交通2号线一期、中部生态移民扶贫开发供水、引洮供水二期骨干及城乡供水配套、古浪生态移民暨扶贫开发黄花滩调蓄供水、5G网络建设等一批重点工程项目,有效发挥投资对拉动当前经济增长、支撑高质量发展的关键作用;另外通过开展基础设施REITs试点,广泛募集各类资金,用于脱贫攻坚补短板和新型基础设施建设,发挥政府投资的引导和带动作用,同时优化投资项目审批制度,将供水、供电、燃气、热力、排水、通信等市政公用基础设施报装提前到开工前办理。在各类稳投资政策的带动下,基建投资增速实现快速回升。

分阶段看,2020年第一季度基础设施建设投资受疫情影响较大,同比下降20.3%,低于全国0.6个百分点。伴随着疫情防控形势好转,大批基建项目陆续开工,基建投资降幅开始收窄,上半年同比下降0.2%,相较1～3月、1～4月和1～5月基建投资分别回升20.1个、11.1个和6.3个百分点,1～7月后基建投资增长开始回正,同比增长3.8%,高于全国4.8个百分点。前三季度,基础设施建设投资增速快速回升,同比增长11.4%,较上年同期提升7.1个百分点,较上年全年提升9个百分点,高于全国前三季度基础设施建设投资增速11.2个百分点(见图3)。

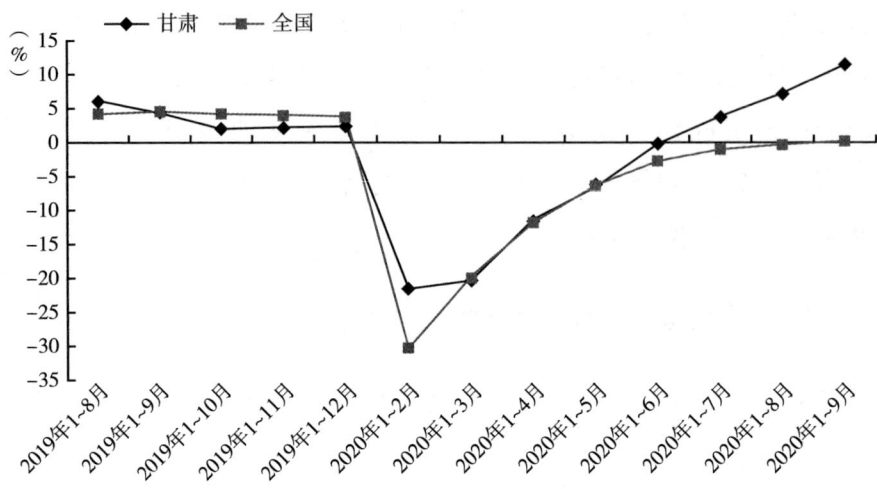

图3　2019~2020年甘肃及全国基础设施建设投资增速变化

（五）房地产开发投资整体稳定

由于国家"稳地价、稳房价、稳预期"的房地产调控需求，紧缩性调控政策仍将持续，不会在短期内放松，央行已明确强调不将房地产作为短期刺激经济的手段，目前房贷增速已有所回落，开发商融资收紧，在一定程度上压制地产投资的增速，因此房地产开发投资整体稳定。

具体来看，受疫情影响，全省房地产开发投资增速2020年初落到低点，1~2月同比降低8.4%，之后随着疫情防控常态化，复工复产不断推进，投资增速持续回升。第一季度，全省房地产开发完成投资105.6亿元，同比下降0.8%，降幅比1~2月收窄7.6个百分点，比全国平均增速高6.9个百分点。4月以后，全省房地产投资增长已转负为正，基本恢复正常。其中，1~4月甘肃房地产开发完成投资额为201.8亿元，同比增长8.8%，1~5月完成投资额为333.8亿元，同比增长9.5%，上半年房地产投资同比增长9.9%，增速较第一季度回升10.7个百分点,高于全国8个百分点。前三季度,全省房地产开发投资同比增长6.8%,增速较1~8月回落3.1个百分点,比全国增速高1.2个百分点(见图4);商品房销售面积同比增长10.9%,增速较1~8月提高6.6个百分点。

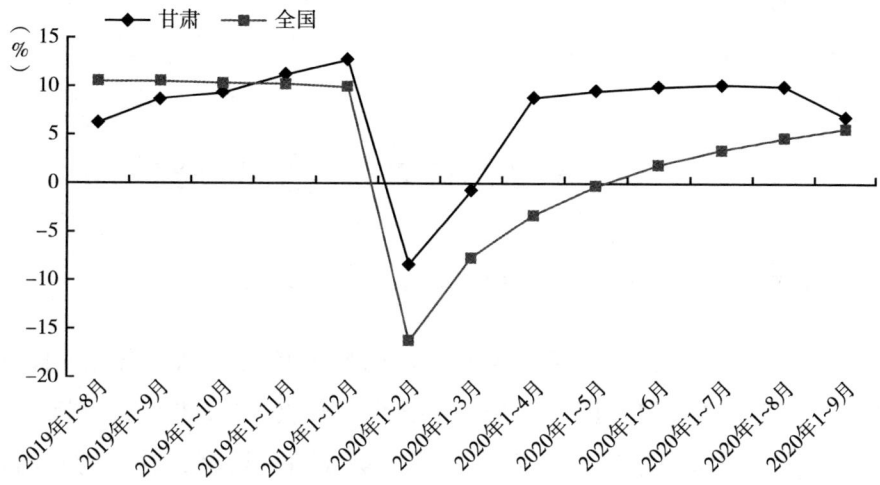

图4　2019~2020年甘肃与全国房地产开发投资增速变化

(六)重大项目建设进展顺利

近年来,甘肃把重大项目建设作为推动投资增长的着力点,积极推进大项目建设,重大项目在全省经济建设与发展中的支撑作用十分明显。2020年,全省共确定158个重大建设项目,总投资9958亿元,年度计划投资1779亿元,是近年来项目个数最多、投资额最大的一年。1~6月,续建和部分新开工重大项目累计完成投资340.19亿元,占全年计划的42.3%。其中,引洮供水一期等47个续建项目完成投资209.0亿元,占全年计划的56.4%;20个计划新开工项目中兰州至郎木寺高速、中川国际机场三期扩建工程等11个项目已开工建设,完成投资49.49亿元;23个预备重大项目正在抓紧开展前期工作。1~9月，158个省列重大项目累计完成投资1218.65亿元，较上年同期增加305.54亿元。总体来看，固定资产投资重大项目运行情况良好，进展顺利。另外，已争取国家累计下达甘肃省2020年新增专项债券额度614亿元，较2019年增加246亿元，随着国家政策资金的拨付使用，一批重大项目加快建设进度，将为全年固定资产投资稳步回升打下坚实基础。

二 当前投资领域需要关注的问题

（一）财政增收乏力，资金配置压力较大

自2020年以来，受疫情冲击以及前期减税降费等政策影响，短期内各级财政减收幅度较为明显，虽然一般性支出被严格控制和压缩，行政支出也有所减少，政府硬化了财政预算约束，并着力盘活存量资金，科学技术、交通运输、住房保障等多项财政支出也随之大幅下降，但社保就业、农林水利、债务付息等刚性支出仍然增长，导致全省财政收支矛盾较为突出。前三季度，全省一般公共预算收入614.1亿元，同比下降1.6%，而全省一般公共预算支出2930.6亿元。为缓解财政收支压力，支持做好"六稳"工作、落实"六保"任务，甘肃省委省政府印发《关于落实过紧日子要求进一步严格财政支出管理的通知》，制定多项措施，落实政府过"紧日子"要求，严格执行批准预算，明确提出除疫情防控、应急救灾支出外，执行中一般不再追加预算。在此形势下，财政优先保障的是基层基本运转支出需求和基本民生政策落实。此外，2020年政府新增专项债券额度401亿元，上半年已支出80.2%，后期支出有限。而从项目所需资金来看，仅省列重大项目年度投资1779亿元，由此可以看出，无论是财政拨付还是市场融资，固定资产投资后期仍然存在较大资金压力。

（二）产业转型升级领域投资比重偏低

项目是支撑社会经济发展的载体，是经济转型升级的保证，也是当前全省经济建设的主要抓手。2020年，省列重大建设项目158个，总投资9958亿元，年度计划投资1779亿元，主要安排在脱贫攻坚、农业水利、生态环保、交通物流、能源、产业转型升级、社会民生、文化旅游、城市基础设施建设等九大领域。从各领域投资项目数量及年度投资计划来看，交通物流领域由于需要支持通道经济、开放经济以及县域经济发展的交通走廊，补齐基础设施短板，安排了54个省列重大项目，年度计划投资925.6亿元，超过年度计划总投资的一半，占比为52%；能源领域也围绕电网、油气产能等安排了14个项目，年度计划投资281.6亿元，占年度计划投资的15.8%；而涉及传统产业升级，增强制造业核心竞争力，关乎新旧动能转换与高质量发展的产业转型升级领域投资比重偏低，安排项目21个，年度计划投资193.9亿元，仅占年度计划总投资的10.9%。尽管基础设施投资是补短板、稳定经济的有效措施，也是经济"短期反弹、中期平稳"的可靠保证，考虑到目前正是转型发展、提高质量的关键时期，在投资项目的过程中，最大限度地调动可用资金，倾斜于已有产业基础的改造升级，增强内生动力及竞争能力，长期来讲，对于投资总体效益和结果收益具有关键作用。

（三）工业投资下降幅度明显

自2019年以来，甘肃大力实施工业强省战略，铆足全力推动工业运行从"开门红"实现"全年稳"。全省规模以上工业增加值增长5.2%，超额完成年度目标任务；工业固定资产投资增长24.4%，其中，制造业投资增长24.8%，电力、热力、燃气及水生产和供应业投资增长27.3%，交通运输、仓储和邮政业投资增长21.1%，扭转了自2015年以来持续下降的局面。

2020年，由于疫情期间市场需求不足、企业停工、开工不足以及工业产品价格下跌、企业生产成本上升等因素影响，省内企业投资信心受挫，全省工业投资增速全面下滑。1~2月，甘肃省工业固定资产投资同比大幅下降18.3%，增速较上年同期回落26.6个百分点，从行业投资来看，电力、热力、煤气生产供应业同比下降45.7%，增速较上年同期下降81.1个百分点。上半年，第二产业及工业投资同比下降1.3%和0.4%，1~7月，全省工业固定资产投资同比下降2.1%，增速比1~6月降低1.7个百分点，较上年同期下降26.6个百分点。分行业投资情况来看，制造业投资增长12.2%，增速比1~6月下降0.8个百分点，较上年同期下降0.7个百分点。采矿业投资下降19%，增速比1~6月下降7个百分点，较上年同期下降41.2个百分点。电力、热力、煤气生产供应业投资下降11.7%，增速比1~6月下降1.3个百分点，较上年同期下降52.2个百分点。前三季度，全省工业投资增速与1~7月仍然持平，同比下降2.1%。

（四）市州投资及发展差异显著

各市州社会经济发展基础、目标、环境条件等不同，市州之间固定资产投资发展差距比较明显。

从重点投资项目看，2020年全省重点投资项目清单共纳入项目2101个（不含省列重大项目），总投资1.33亿元，年度计划投资2786亿元。其中，兰州市项目数量和总投资最多，投资项目纳入562个，占全省项目总数的26.7%，总投资额度为5922亿元，占全部项目投资的44.5%，天水市和酒泉市的项目投资数量及总投资额度紧随其后。甘南州项目数量和总投资最少，重点投资项目纳入27个，占全省项目总数的1.3%，总投资额度为123亿元，占全部项目投资的0.9%，嘉峪关市和金昌市的重点投资项目及投资额度的比重也相对较低。

从固定资产投资增速看,上半年大部分市州投资增速均已实现正增长,其中白银、金昌、定西、武威等市州投资增速均超过10%,庆阳市已超过20%,临夏州高达35.8%。同时,仍然有张掖、陇南、甘南等3个市州的固定资产投资呈现负增长,其中陇南市的固定资产投资增速同比下降39.3%。

特别是工业投资方面的差距较大,1~7月全省6个市州工业固定资产投资实现同比增长,分别为兰州市(24.9%)、金昌市(17.1%)、白银市(61.3%)、武威市(26.4%)、平凉市(35.1%)、庆阳市(14.7%)。8个市州工业投资同比下降,分别为嘉峪关市(-6.5%)、天水市(-12.5%)、张掖市(-30.0%)、酒泉市(-6.1%)、定西市(-18.9%)、陇南市(-62.2%)、临夏州(-37.6%)、甘南州(-34.7%)。

(五)项目推进速度较慢

从工信部门监管的工业投资项目来看[①]。2020年1~7月,各市州上报工业投资导向计划项目1203个,实际完成投资275亿元,占年度投资计划的34.7%。其中5000万元以上项目共计727个,实际完成投资243.8亿元,占年度投资计划的33.7%。在625个续建项目中,有556个项目形成投资(投资额179.06亿元),有69个项目尚未形成投资;578个新建项目中,有400个项目形成投资(投资额95.92亿元),有178个项目尚未形成投资。

三大生态产业项目库中共有项目509个,总投资1497.7亿元,2020年计划完成投资379.3亿元。截至7月底,累计完成投资412.9

---

① 甘肃省工业和信息化厅:《1~7月全省工业投资和重点项目建设情况》,2020年9月2日。

亿元，本年度完成投资117.6亿元，完成年度计划投资的31%。其中，先进制造产业项目282个，总投资1006.5亿元，2020年计划完成投资222亿元，1~7月完成投资77.4亿元，完成年度投资计划的34.9%，有21个项目已建成，215个项目正在建设，46个项目正在开展前期工作。

清洁生产产业项目173个，总投资364.5亿元，2020年计划完成投资129.6亿元，1~7月完成投资30.5亿元，完成年度投资计划的23.5%，有19个项目已建成，115个项目正在建设，39个项目正在开展前期工作。

数据信息产业项目54个，总投资126.7亿元，2020年计划完成投资27.7亿元，1~7月完成投资9.7亿元，完成年度投资计划的35%，有5个项目已建成，40个项目正在建设，9个项目正在开展前期工作。

三 固定资产投资形势分析及预测

（一）有利于固定资产投资增长的因素

一是经济长期向好、内在向上的态势没有改变。我国经受住了疫情冲击，经济呈现回升向好态势。2020年前三季度国民经济继续稳定恢复，主要经济指标持续改善，投资方面，稳投资政策不断发力显效，投资延续了逐月回升态势，1~9月固定资产投资增速年内首次回正，比上半年提高3.9个百分点。

二是货币政策支持力度较大。2020年货币政策由上年的"松紧适度"调整为"更加灵活适度"，趋于宽松的货币政策在融资端对受疫情影响的经济发展加大支持力度，通过综合运用降准降息、再贷款等手段，引导广义货币供应量和社会融资规模增速明显高于上年。6

月末，广义货币 M2 同比增长 11.1%，狭义货币 M1 同比增长 6.5%，表明融资端的"加量供应"，货币政策走向宽松，对经济增长有比较好的支撑，意味着未来工业经济有望回暖，融资需求可能改善。

三是财政政策扩张十分明显。2020 年国务院政府工作报告明确提出，为了满足保就业、保基本民生、保市场主体等方面的支出，2020 年赤字率拟按 3.6% 以上安排，财政赤字规模比 2019 年增加 1 万亿元。此外，中央财政 2020 年还将发行 1 万亿元抗疫特别国债。通过合理增加财政支出，用于基本民生保障和重点建设领域，有利于我国经济充分应对新冠肺炎疫情所带来的冲击，从而推动"六稳""六保"目标顺利完成。1~6 月全国一般公共预算收入 96176 亿元，但一般公共预算支出 116411 亿元，积极财政政策表现得比较充分。

四是新基建将为投资增长提供新的支点。2020 年 2 月中央政治局召开会议，强调要积极扩大有效需求，促进消费回补和潜力释放，发挥好有效投资的关键作用，加大新投资项目开工力度，加快在建项目建设进度。加大试剂、药品、疫苗研发支持力度，推动生物医药、医疗设备、5G 网络、工业互联网等加快发展①，这一举措必将带动整个投资需求的增长。

五是新一轮促进民间投资政策的广泛推行。自 2020 年以来，推进民间投资增长是稳增长、稳就业的一项重要措施。近期，在中央政策推进下，各地密集出台了新一轮促进民间投资政策，加大了在放宽准入、降成本以及获得合理回报等方面的推进力度，积极构建促进民间投资政策的长效机制，推动促进民间投资政策落到实处，对民间投资的增长将起到实质性的推动作用。

---

① 彭婷婷：《"新基建"将带来什么改变?》，《商业观察》2020 年 4 月 5 日。

（二）影响固定资产投资增长的不利因素

从外部环境来看，当前经济形势仍然复杂严峻，不稳定性不确定性较大。新冠肺炎疫情还在全球快速扩散蔓延，世界经济陷入深度衰退，世界经贸增长出现萎缩，6月以后，国际货币基金组织（IMF）对年初发布的全球经济增长预测进行了调整，将全球经济2020年的增速进一步调整为-4.9%，第二季度主要经济体经济增长也都明显下滑，说明外部经济发展环境的复杂性和严峻性。此外，IMF预测的前提是疫情得到有效控制。实际上，全球疫情自6月下旬以来还在加速。因此，世界经济能否如IMF预测一样，尚存较大变数。

从国内情况来看，国内经济仍在消化疫情带来的不利影响。我国疫情虽然得到有效控制，但长期积累的结构性矛盾、体制性矛盾、周期性矛盾交织，经济的循环还有待进一步畅通。当前消费整体疲弱，经济持续回升的基础尚不稳固，企业生产经营存在较多困难。下半年，市场预期基本稳定，"政策底"逐渐会转化为"经济底"，但经济下行压力仍在加大，完成全年固定资产投资的目标任务还需努力。

（三）对投资增长的预测

近几年，甘肃固定资产投资增速不断下降，投资预期目标也一再落低，2015年全省投资增速预期目标为20%左右，但实际增速仅为11.17%，远远低于预期目标。2017年及2018年投资增速目标为10%及7%，实际增速大幅下降，仅为-40.3%和-3.9%，与预期目标更是相去甚远。2019年通过多项政策措施鼓励引导，投资增速基本实现预期目标（见表1）。

表 1　2015～2020 年甘肃固定资产投资的预期目标与完成情况

年份	预期目标	主基调	实际增速
2015	20%左右	发挥投资对经济增长的关键作用	11.17%
2016	10%	推进重大基础设施项目建设,吸引更多社会资本投入	10.5%
2017	10%	加快项目建设,扩大有效投资	-40.3%
2018	7%	充分发挥有效投资的关键性作用,以重大项目为抓手,扩大合理有效投资	-3.9%
2019	6%左右	更好发挥投资的关键性作用,切实扩大有效投资	6%
2020	6%以上	实施重大项目突破行动,坚持"要素跟着项目走"	—

2020 年甘肃政府工作报告,对全省经济社会发展主要预期目标进行了初步预判,其中固定资产投资增长预计为 6% 以上。受到疫情影响冲击较大,4 月以后本年度固定资产投资增速才由负转正,但回升势头较快,前三季度即上升至 6.5%。目前来看,投资增速进一步大幅度增长的空间较小,但全年投资增速实现 6% 的预期目标难度不大。

2021 年是我国全面建设社会主义现代化国家新征程的开启之年,需要看到的是,近年来投资增速连年下滑,除一些短期因素影响外,也符合经济规律所决定的长期趋势。一是投资体量逐年增大,大规模增长的边际难度加大①。二是传统投资拉动增长的模式近年来遇到瓶颈,而新的投资增长点推进速度较为缓慢,增速趋缓在预料之中。

由此来看,未来投资增速缓慢下降是大势所趋。从国内外经济发展历程看,目前阶段投资增速在 5%～6%,或将是未来几年内投资

---

① 黄昕、林勇明:《2019 年固定资产投资形势预测及对策建议》,《中国经贸导刊》2018 年第 12 期。

增长的主要区间范围，预计2021年全年投资增长也将维持在这一水平，"稳投资""稳增长"形势依然严峻。所以，从中长期来看，投资结构、投资效益的优化提升，比当期增速高低更为重要，关键是要通过投资引导经济实现转型升级，实现高质量发展。

四　政策建议

结合以上对当前及今后一段时间投资形势的总体分析，未来既要应对外部不利发展环境，也要统筹协调内部各方面稳定投资的政策，引导经济结构转型，增强内生动力，不断推进经济发展向高质量迈进，主要可以从以下几个方面加强应对。

（一）紧抓重大战略机遇，谋划新一轮重点投资项目

多年来，甘肃省坚持不懈推进各类投资项目建设，取得了明显成效，但与当前社会经济发展需求相比仍有很大差距，同时近两年省列重大投资项目数量增长缓慢。因此，需要加紧谋划新一轮重点投资项目。

一是认真研究对接国家重大发展战略及宏观经济政策、产业政策和投资导向，以"十四五"发展规划为契机，以"两新一重"为重点，科学合理制订未来投资项目建设发展计划，特别是要加大对跨市州、跨部门、跨省区重大项目的研究谋划和协调推进力度。二是根据甘肃社会经济发展实际需求、生产力布局等，聚焦补短板、强基础、延伸全产业链、发展新经济和增进民生福祉，精心谋划一批重点投资项目，将发展任务落实到具体项目上，力争将更多的项目纳入国家和省上重大项目投资计划。三是立足当前调结构关键需要，着力实施一批规模大、科技含量高、带动作用强、符合国家产业政策、具有支柱和引领作用的重点产业项目，培育新的经济增长点，为促进高质量发展注入新动能。四是着眼长远，要不断加大投资项目储备力度，强抓

各项工作措施落实，切实转变甘肃重点项目不足，特别是重大项目稀少的现状。

（二）深化投融资体制改革，形成多元投资主体格局

经济欠发达这一基本省情，决定了甘肃投资不足、发展水平低下的状况。因此，要缓解资金短缺对投资发展的制约，就必须不断深化投融资体制的市场化改革，形成稳固的投资主体多元发展的格局。一是继续发挥政府投资主导作用。努力争取国家对甘肃重点项目的资金扶持，确保政府投资及时足额到位，优化资金使用方向，按照"资金跟着项目走"的要求，充分发挥对基建项目的支持作用，从而带动经济协调稳步发展。二是重点激活民间投资，不断释放民间投资潜力。要加强政府引导，不断扩大准入和开放的投资领域，营造公平竞争的良好环境，加快民间投资发展步伐，合理引导民营企业在成长趋势较好、发展空间较大的新兴服务业领域发展。三是着力推行多种融资方式。通过不断改善包括政策、市场、法律环境等在内的投资环境，加强银政、银企之间的沟通合作，积极争取信贷支持，大力拓宽融资渠道，充分发挥各类融资方式在解决投资资金方面的积极作用。四是探索跨区域项目投融资分担机制。对于跨区域的多地方受益重大项目，可通过制订切实可行的投融资规划，统筹解决资金来源、建设时序、收益分配等问题，确保重大工程项目有资金建设，能专业运营，持续造福社会。五是着力提高外资利用规模和水平。要进一步下放对外商投资的审批与管理权限，不断完善对外经济合作的便利化政策与措施，提高外商投资企业资金运用便利程度，为吸引外资在甘肃投资发展而提供高效快捷的服务通道。

（三）坚持投资问题导向，促进市州投资均衡增长

2020年固定资产投资增速下降的市州，要坚持问题导向，认真

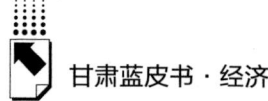

分析原因，查摆不足，弥补短板，有针对性地采取措施，切实扭转固定资产投资持续下滑的局面。

一是聚焦问题，要客观认识自身在投资环境建设中存在的不足，认真梳理固定资产投资领域存在的短板弱项，制定合理的解决方案和计划。二是投资下降显著的市州，要加强与投资企业的密切联系，认真了解企业所遇到的困难和问题，加紧调研并排查原因，竭尽全力解决问题，提供切实有效的服务保障。三是继续保持对投资运行的精准调度，市州对区域内实施的省列、市列重大项目都要坚持动态调度管理，加强监测预警，对投资进度明显缓慢、月度投资降幅较大的项目，要列入异常项目清单，重点分析，加强督导。四是各市州也要提高投资项目审批效率，建立起项目联审机制或绿色通道，促进项目前期提速、开工提早、完工提前。

（四）强化协调服务，加快推进项目建设进度

为了发挥投资对经济增长的关键性作用，甘肃出台多种投资服务政策，大大提升了企业投资项目审批落地效率。然而，对于项目推进速度缓慢的问题，应从项目前期工作、审批程序、开工建设，以及督促检查等全过程、多方面入手。

一是集中精力推进项目前期工作。要树立"抓项目就是抓前期"的理念，始终坚持把项目前期作为优质高效实施项目的前提，各部门之间要围绕项目前期工作加强协调配合，形成合力，强力推动重大项目前期工作。二是持续优化项目审批服务工作。要以2020年疫情期间审批程序改进为契机，逐步试点推行并巩固"不见面审批"制度，进一步提高投资项目审批效率。同时，也需要不同程度地下放项目审批权限，继续试行除省属项目之外，其他政府投资项目全部实行属地审批。三是着力保证新开工项目数量。要进一步简化办理程序，提高办事效率，对省权限内审批核准备案的项目，按照急事急办、特事特

办的原则,实行集中和联动审批。对需要上报国家审批核准的项目,落实责任部门,派专人盯办。四是加快推进在建项目建设。定期或不定期召开重大项目协调会和专题会议,及时开展现场协调服务,认真梳理并妥善解决重点项目建设中存在的具体问题。五是抓好投资任务和重点建设任务的分解落实与督促检查。保持年度目标任务按时间进度分解落实到部门、地区,明确具体任务、责任人。继续加强运行调度,定期通报固定资产投资和重点项目建设完成情况,并根据实际情况,提出具体对策措施。

(五)鼓励支持企业技术改造,推动投资结构优化,适应高质量发展需要

从中长期发展来看,由于需要突破要素投入边际效益递减规律对投资增长空间的制约,投资结构必然要与产业结构优化升级的方向一致,逐渐转向技术与创新驱动的领域。因此,为了适应高质量发展需要,可重点加强以下两方面工作。

一方面,要注重传统优势产业和新兴产业的投资与发展,着力甄选一批具有优化升级前景的石化、冶金等传统优势产业,大力投资发展壮大新材料、先进装备制造、生物医药等新兴产业,明确投资发展的关键方向。同时,加大政府奖补资金投入,通过企业贷款贴息、设备购置优惠等政策,不断引导传统企业加大自身技术投资改造力度,切实促进新旧动能实现转换。另一方面,要从整体的投资结构入手,加速其转型,投资结构调整既是优化经济结构的重要方式,也是影响经济转型的有效途径。要在扩大投资规模的同时,以国家产业发展相关政策为指导依据,结合甘肃实际情况,统筹三次产业的投资结构,促进三次产业协调发展,投资重点要和全省产业结构优化调整与转型目标相适应,在对传统产业改造提升的基础上,重点加大对文化旅游、金融、物流等现代服务业的投资力度,全面提升服务业的整体水平。

参考文献

胡祖铨：《2019年固定资产投资分析及2020年展望》，《发展研究》2019年第12期。

钱茜：《甘肃省固定资产投资情况浅析》，《财会研究》2019年第4期。

甘肃省工信厅：《1～7月全省工业投资和重点项目建设情况》，2020年9月2日。

刘明彦：《2020财政与货币政策解读及商业银行对策》，新浪财经，2020年6月8日。

《甘肃抢抓国家政策红利　固定资产投资由负转正持续回升》，《中国经济导报》2020年7月31日。

甘肃省发展和改革委员会：《抓好防控　复工复产，按下项目建设"快进键"》，新甘肃，2020年3月6日。

甘肃省发展和改革委员会：《2020年全省重点投资项目清单》，2020年2月。

甘肃省发展和改革委员会：《2020年省列重大项目清单》，2020年2月。

甘肃省发展和改革委员会：《2020年全省重大前期项目清单》，2020年2月。

曹立萍：《全省经济运行稳定向好态势进一步巩固——前三季度甘肃经济运行数据解读》，《甘肃日报》2020年10月23日。

B.11
甘肃城乡居民收入状况分析与预测

尹小娟*

摘　要： 2020年1～9月全省城乡居民人均可支配收入稳步增长，与全国平均水平相比差距依然较大。2015～2019年，全省城乡居民可支配收入绝对值稳步提高，收入增速基本与全国平均水平同步；城乡收入差距逐步缩小；财产净收入成为增收短板，收入结构仍需进一步优化。社会经济发展活力不足、居民收入途径单一、城乡二元结构限制是影响居民增收的主要问题。在双循环新发展格局下，全省上下应从"激发全域经济发展活力，促进城乡融合发展；推进住房及收入改革，保障民生聚集民力；多措并举稳就业，提高居民增收内生动力"三方面入手，促进城乡居民增收，缩小城乡收入差距，维护社会和谐稳定。

关键词： 城乡居民收入　城乡融合　甘肃

近几年，甘肃城乡居民收入水平虽然稳步提高、城乡居民收入差距逐年缩小，但是与全国城乡居民收入平均水平相比差距仍然较大。

---

* 尹小娟，甘肃省社会科学院区域经济研究所副研究员，主要研究方向为生态经济、消费经济。

城乡"二元结构"是城乡居民在各个方面，特别是收入方面存在较大差异的根本原因。有必要从收入总量和结构两个方面分析甘肃省城乡居民收入现状与发展趋势，剖析城乡居民收入增长的制约因素，进而提出促进城乡居民收入增长的对策建议。

一 甘肃省城乡居民收入现状分析

（一）城乡居民收入稳步增长

1. 城乡居民可支配收入绝对值稳步提高

2020年1～9月，全省城镇居民人均可支配收入25064元，同比增长4.2%，增速比上半年加快0.9个百分点；农村居民人均可支配收入6877元，增长6.7%，增速加快0.8个百分点。[1] 2015～2019年，甘肃省居民收入稳步提高，5年间全省城镇居民人均可支配收入增长了8556.4元，农民人均可支配收入增长了2692.9元。

从城乡居民收入增速来看，2015年甘肃城镇和农村居民人均可支配收入增速均高于全国水平，分别高出0.8个和1.6个百分点。2016年后，甘肃城乡居民收入增速趋缓，基本与全国平均水平变化趋势保持一致。2019年，甘肃城镇居民人均可支配收入增速与全国相同，均为7.9%；农村居民人均可支配收入增速仅低于全国平均水平0.2个百分点（见表1、图1）。

2. 城乡收入水平与全国平均水平差距依然较大

近年来，甘肃省城乡居民收入虽然保持稳步增长，但与全国平均水平相比差距依然较大。2019年，全国城镇居民人均可支配收入

---

[1] 《甘肃就业形势总体稳定 居民收入稳步增长》，人民网-甘肃频道，2020年10月23日。

42359元，比上年增长7.9%，甘肃省城镇居民人均可支配收入相当于全国水平的76.31%，基本与2018年持平。全国农村居民人均可支配收入16021元，比上年增长9.6%，甘肃省农村居民人均可支配收入相当于全国平均水平的60.1%，比2018年下降了0.13个百分点。

纵观2015~2019年，甘肃城镇居民人均可支配收入占全国平均水平的比例大约保持在76%，5年间仅有小幅提升，从76.19%上升至76.31%；农村居民人均可支配收入占全国平均水平的比例约为60%，这一比例还在小幅下降，从60.72%下降至60.10%（见表1、图1）。

表1　2015~2019年甘肃城乡居民人均可支配收入及其增速与全国数据比较

单位：元，%

指标		地区	2015年	2016年	2017年	2018年	2019年
城镇居民	绝对值	全省	23767	25693.49	27763.4	29957	32323.4
		全国	31195	33616	36396	39251	42359
		占比	76.19	76.43	76.28	76.32	76.31
	增速	全省	9.0	8.1	8.1	7.9	7.9
		全国	8.2	7.8	8.3	7.8	7.9
农村居民	绝对值	全省	6936	7457	8076.1	8804	9628.9
		全国	11422	12363	13432	14617	16021
		占比	60.72	60.32	60.13	60.23	60.10
	增速	全省	10.5	7.5	8.3	9.0	9.4
		全国	8.9	8.2	8.6	8.8	9.6

资料来源：2015年、2016年、2017年、2018年、2019年《中华人民共和国国民经济和社会发展统计公报》；2015年、2016年、2017年、2018年、2019年《甘肃省国民经济和社会发展统计公报》。

（二）财产净收入成增收短板，收入结构仍需调整

城镇居民收入以工资性收入为主，经营净收入、财产净收入远远

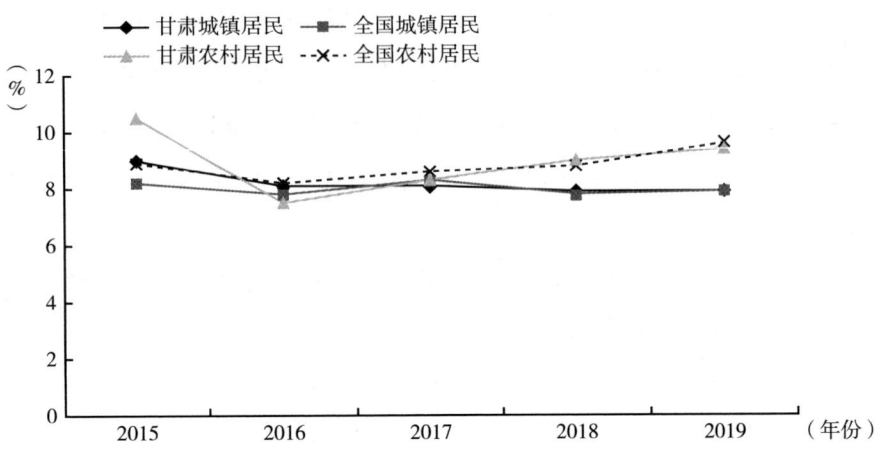

图1　2015～2019年甘肃与全国城乡居民人均可支配收入增速变化

低于全国平均水平。2019年，全省城镇居民人均可支配收入32323.4元。其中，工资性收入（21707.5元）、经营净收入（2483.9元）、财产净收入（2539.2元）和转移净收入（5592.8元）分别增长8.9%、6.4%、0.5%和8.3%。① 农村居民收入以经营净收入为主。2019年，农村居民人均可支配收入9628.9元，其中，工资性收入、经营净收入和转移净收入分别增长9.3%、13.0%和7.8%，财产净收入下降38.8%（见表2）。② 同期，全国居民人均经营净收入、财产净收入同比增长分别为8.1%和10.1%。③

（三）科教、采矿、金融、信息行业领跑年工资水平

甘肃省统计局发布的2019年城镇非私营单位、城镇私营单位就

---

① 《2019年甘肃省国民经济和社会发展统计公报》，甘肃省统计局，2020年3月20日。
② 《2019年甘肃省国民经济和社会发展统计公报》，甘肃省统计局，2020年3月20日。
③ 《2019年全国居民人均可支配收入超3万元》，国家统计局，2020年1月17日。

业人员年平均工资数据显示,2019年全国城镇单位就业人员平均工资稳步增长,年工资水平排名靠前的五个行业分别是科学研究和技术服务业、教育业、采矿业、金融业、信息和技术服务业。

表2　2019年甘肃省城乡居民人均可支配收入情况

单位:元,%

指标	城镇		农村	
	绝对值	同比增长	绝对值	同比增长
可支配收入	32323.4	7.9	9628.9	9.4
工资性收入	21707.5	8.9	2769.2	9.3
经营净收入	2483.9	6.4	4322.0	13.0
财产净收入	2539.2	0.5	129.5	-38.8
转移净收入	5592.8	8.3	2408.2	7.8

资料来源:《2019年甘肃省国民经济和社会发展统计公报》。

2019年全省城镇非私营单位就业人员年平均工资为73607元,比上年增加2912元,名义增长4.1%,实际增长1.8%。分行业门类看,年平均工资最高的三个行业分别是科学研究和技术服务业(99718元)、教育业(86761元)、采矿业(85432元),分别为全省平均水平的1.4倍、1.2倍和1.2倍。年平均工资最低的三个行业分别是住宿和餐饮业(40319元),居民服务、修理和其他服务业(44366元),房地产业(49226元),分别为全省平均水平的54.8%、60.3%和66.9%。最高与最低行业的平均工资之比是2.5,与上年持平。[1]

2019年全省城镇私营单位就业人员年平均工资为41715元,比上年增加1881元,名义增长4.7%,实际增长2.3%。分行业门类

---

[1] 《2019年甘肃省城镇非私营单位就业人员年平均工资73607元》,甘肃省统计局,2020年6月30日。

看，年平均工资最高的三个行业分别为科学研究和技术服务业（57756元），金融业（50214元），信息传输、软件和信息技术服务业（49567元），分别为全省平均水平的1.4倍、1.2倍和1.2倍。年平均工资最低的三个行业分别是农林牧渔业（33819元），文化体育和娱乐业（36419元），水利、环境和公共设施管理业（38037元），分别为全省平均水平的81.1%、87.3%和91.2%。[1]

国家统计局发布的数据显示，2019年全国规模以上企业就业人员年平均工资为75229元，比上年名义增长10%；全国城镇非私营单位就业人员年平均工资为90501元，比上年实际增长6.8%；城镇私营单位就业人员年平均工资为53604元，比上年实际增长5.2%。在城镇私营单位中，年平均工资最高的三个行业分别为信息传输、软件和信息技术服务业（85301元），金融业（76107元），科学研究和技术服务业（67642元）。在城镇非私营单位中，年平均工资最高的三个行业则分别是信息传输、软件和信息技术服务业（161352元），科学研究和技术服务业（133459元），金融业（131405元）。采矿业和制造业，公共服务和消费升级相关行业，科教、信息和交通等新兴行业工资均呈现较快增长势头。[2]

相比之下，甘肃省城镇单位就业人员工资收入增长缓慢，新兴行业就业人员工资水平凸显潜力，但公共服务和消费升级相关行业就业人员工资增长动力明显不足。

（四）城乡收入差距逐步缩小

随着城镇化进程的加快和国家对甘肃发展的政策支持，全省城乡

---

[1] 《2019年甘肃省城镇私营单位就业人员年平均工资41715元》，甘肃省统计局，2020年6月30日。

[2] 《2019年全国城镇单位就业人员平均工资出炉　工资收入稳步增长》，《人民日报》2020年5月18日。

居民人均可支配收入持续增加，城乡收入差距不断缩小。自 2015 年至今，全省城乡收入差距持续缩小，农村居民人均可支配收入增速快于城镇居民人均可支配收入增速是主要原因。但甘肃城乡收入差异仍然大于全国平均水平，2015 年为 3.43，2016 年为 3.45，2017 年为 3.44，2018 年为 3.40，同期全国平均水平依次为 2.73、2.72、2.71 和 2.69（见表3）。2019 年城乡居民收入相对差距继续缩小，城乡居民人均可支配收入比值为 3.36，比上年缩小 0.04。[1]

表3　甘肃省及全国城乡居民人均可支配收入差异

单位：元，%

年份	地区	城镇居民人均可支配收入	农村居民人均可支配收入	城镇/农村
2015	全国	31195	11422	2.73
	甘肃	23767	6936	3.43
	占全国的比例	76.19	60.72	
2016	全国	33616	12363	2.72
	甘肃	25693.49	7457	3.45
	占全国的比例	76.43	60.32	
2017	全国	36396	13432	2.71
	甘肃	27763.4	8076.1	3.44
	占全国的比例	76.28	60.13	
2018	全国	39251	14617	2.69
	甘肃	29957	8804.1	3.40
	占全国的比例	76.32	60.23	

[1] 《2019 年甘肃省国民经济和社会发展统计公报》，甘肃省统计局，2020 年 3 月 23 日。

续表

年份	地区	城镇居民人均可支配收入	农村居民人均可支配收入	城镇/农村
2019	全国	42359	16021	2.64
	甘肃	32323.4	9628.9	3.36
	占全国的比例	76.31	60.10	

资料来源：2015年、2016年、2017年、2018年、2019年《中华人民共和国国民经济和社会发展统计公报》；2015年、2016年、2017年、2018年、2019《年甘肃省国民经济和社会发展统计公报》。

二 居民增收面临的主要问题

（一）产业结构制约经济发展，居民增收缺乏动力

近几十年发展中，甘肃省逐渐发展成为化工和原材料基地，产业结构以石油化工、有色冶金等资源加工型产业为主导，产业链短，产品附加值低。传统产业面临转型升级，新兴产业发展缓慢，2019年，甘肃省GDP为8718.3亿元，同比增长5.73%，居全国第27位，比上年落后4位。贵州省GDP 2018年首次超过甘肃省，2019年实现16769.34亿元，同比增长13.26%；陕西、河南、安徽、云南等中西部省份的经济发展均呈现较强的增长势头。相比之下，甘肃经济发展活力不足。城乡居民收入水平原本就相对较低，再加上长期以来产业结构对经济发展的制约，居民增收缺乏动力。

（二）居民增收渠道少，收入来源单一

城镇居民收入以工资性收入为主，经营净收入、财产净收入远远低于全国平均水平。2019年，全省城镇居民人均财产净收入仅增长

0.5%，低于全国9.6个百分点。经营净收入和财产净收入增长缓慢，这和地区经济发展水平低、群众缺乏理财知识、创新能力不足有关。农村居民增收渠道更少，收入以经营净收入为主，应对风险能力弱于城镇居民。受制于城乡二元结构，农村居民在技术水平、劳动力素质等方面都不如城镇居民，工资性收入增长难度较大。受疫情影响，2020年上半年全国居民人均可支配收入实际下降1.3%，按收入来源看，经营净收入受到的影响最大，同比下降5.1%。① 疫情对从事经营活动的人群影响最大，这也意味着农村居民人均可支配收入受到疫情的影响更大，抗风险能力更差。

（三）城乡二元结构制约生产要素流动

1. 区域经济发展水平差异大，优质生产要素不断流向经济发展水平较高的地区

兰州、庆阳、天水、张掖等地区的县域经济增长较快，陇南、甘南以及临夏等地区县域经济增长缓慢。2017年，GDP排名最高的永登县（107.15亿元）与排名最后的两当县（7.86亿元）相差将近100亿元。优质生产要素不断向经济发展水平较高的地区流动和集聚，促使经济发展水平差异越来越大，进而造成收入差距更难缩小。

2. 城乡金融发展不均衡，价值分配更多地倾向于资本

金融资源配置明显倾向于城市，无论是金融相关比率、货币化比率，还是存贷款占比、金融机构信贷比以及金融机构效益水平，甘肃农村地区都低于城镇。农村金融发展的滞后势必制约农村经济的发展。金融资源的不均衡会进一步加剧城乡经济发展的二元性，导致城乡收入差距不断拉大。

---

① 《国家统计局：2020年上半年全国居民人均可支配收入实际下降1.3%》，经济日报－中国经济网，2020年7月16日。

3. 公共服务产品供给不平衡

全省各地区在教育、医疗卫生、社会保障和公共基础设施等公共服务供给方面仍然存在较大的差异。户籍壁垒下产生的不同的制度管理和保障政策的影响，制约农村居民在经济、社会、文化等方面整体性均衡性发展。以教育和基础设施的投入为例，农村投入显然低于城市，造成农村居民受教育程度远远低于城市居民，进而后期在就业及人生实现程度方面产生差异。公共服务供给的不均衡会直接或间接地拉大城乡居民收入差距，从而影响社会的稳定。

三 提高城乡居民收入的对策建议

（一）激发全域经济活力，促进城乡融合发展

1. 加快构建服务全国及跨境电商物流支撑体系

一是加强区域间基础设施互联互通建设。发挥甘肃兰州的综合交通枢纽作用，加强与青海省、宁夏回族自治区等西北省区基础设施和发展战略互联互通，共同推动建设西北城市群经济圈，释放黄金段的吸附效应和带动效应。二是加速推进物流枢纽节点基础设施建设。加快推进兰州、嘉峪关、敦煌三大国际空港和兰州、天水、武威三大国际陆港建设，构建公铁航多式联运中心，提升天水、武威、酒嘉综合交通枢纽地位。三是加快冷链物流体系建设。大力建设冷链物流基地，把物流网络联通到全省广大农村，让农产品可直接搭乘冷链箱，通过公路、铁路、海运等多式联运，销售到国内外市场，减少运输时间，确保农产品质量。

2. 加强自主创新、集群发展，提高产业竞争优势

一是重点发展优势产业。依托矿产资源加工、特色农产品生产以及独特的自然、文化资源等优势，持续与共建"一带一路"国家发

展经贸合作及文化交流。二是集中力量建设产业园区，发挥产业集群优势。充分发挥现有产业园区的带动作用，形成优势互补、多元协调的发展格局。三是多方位扶持民营经济发展。民营企业自主创新能力强，在双循环发展格局下，民营经济更将成为主力军。政府应从基础制度、融资政策、税收、限制领域、监管方式等方面进行一系列改革，出台政策措施支持民营企业高质量发展。要充分发挥民企的优势，推动全省新型产业快速增长。四是充分发挥文化交流合作平台效益。不断提高会展服务水平，强化营销意识，做强做优品牌展会，推动会展从"政府主导"模式转变为"政府+市场"模式或者直接以市场化模式为主，实现会展经济的可持续性。

3. 大力实施乡村振兴，促进城乡融合发展

一是促进传统农业向现代农业、观光农业等高效益产业发展。加大农田水利等农业生产所需的基础设施建设与维护管理力度，不断改善农业生产条件，夯实农村发展基础；推广先进农业生产技术，促进农业生产向高效化、机械化和规范化发展。在不断提升农产品品质的同时，不断提高农业生产效益；加强农村市场体系建设，政府部门致力于农产品产销对接，不仅是省份之间的对接，还要加强与共建"一带一路"国家的对接。二是推进农村产业多元融合发展。推进特色农业建设，加快农村第三产业发展。例如，通过发展生态农业、乡村旅游、乡村传统文化等特色产业，推动乡村产业振兴、促进农民增收。从政策、资金等方面支持企业下乡，利用乡村资源发展壮大村级集体经济。各乡镇政府要统筹利用扶持资金，立足自身优势积极寻求企业合作，力图实现多元化发展模式。不断延伸农业产业链、价值链。例如，"一村一品"项目后期的品牌效应将带动乡村旅游、餐饮等其他多元化产业发展，让更多的农民富裕起来，让村集体经济发展成果惠及广大百姓。三是加快促进农村电商发展。不断完善县、乡、村物流基础设施网络，支持产地建设农产品贮藏保鲜、分级包装等设施，鼓励企业在

县乡和具备条件的村建立物流配送网点。统筹农产品产地、集散地、销地批发市场建设，加强农产品物流骨干网络和冷链物流体系建设。加快推进宽带网络向村庄延伸，推进提速降费。①

（二）推进住房及收入制度改革，保障民生，聚集民力

1. 推进住房制度改革，努力实现住房不炒房

在居民收入不变的情况下，维持房价稳定有利于居民消费、扩大内需。在一、二线城市，高房价使工薪阶层家庭倾尽存款后还要将一半以上收入用于偿还房贷，房价上涨将导致可用于消费的财富大幅减少，进而影响其他行业的发展。要持续推进住房制度改革，建立和完善以经济适用住房为主的多层次城镇住房供应体系；发展住房金融，培育和规范住房交易市场。

2. 推进收入分配制度改革

一是贯彻落实工资收入改革。近年来，全省行政机关、企事业单位津补贴标准提高，部分企业及事业单位实行绩效工资改革等有力地拉动了城镇居民工资性收入的增长。但资源垄断等造成的收入分配不公现象依然存在。烟草、石油、电力、通信、金融等垄断行业需要进一步完善工资预算制度，企业定岗定酬必须公开化、民主化，"劳务派遣"也应遵守同工同酬的分配原则。二是实施以增加知识价值为导向的分配政策。重点关注、激励对于社会发展有突出贡献的群体，例如科研人员、技能人才、基层干部队伍、新型职业农民、小微创业者以及企业经营管理人员等。深入实施科研人员、技能人才等七大类重点群体激励计划，构建知识价值收入分配体系，扩大中等收入群体规模。三是发挥财税政策对收入分配的调节作用。积极落实减税降

---

① 《中共中央 国务院关于坚持农业农村优先发展做好"三农"工作的若干意见》，新华社，2019年2月19日。

费，不断完善税收征管制度。新修订的个人所得税法实施后，个税起征点的提高和个人所得税专项附加扣除等政策减轻了中低收入者的税负，有望增加居民可支配收入，进而对消费起到促进作用。四是增加农民的财产性收入。农民97%的收入为劳动性收入，可通过土地要素改革、交换土地使用权等政策增加农民的财产性收入。此外也可降低中等收入人群税费，通过金融供给侧改革创造更多财产性收入。

3. 不断完善社会保障制度，促进城乡公共服务均等化

目前，基本公共服务不平衡是城乡发展不平衡最突出的表现，也是影响城乡收入差距的重要因素之一。一是增加农村、边远地区及困难地区基本公共服务支出。调整财政支出结构，引导财政资金向农村、边远地区及困难地区倾斜，促使教育、医疗、社保等公共资源在城乡之间的均衡配置，提高农村地区，特别是农村贫困地区人群的教育发展水平和医疗保障水平，通过建立全民覆盖、普惠共享、城乡一体、均等服务的基本公共服务体系，逐步弱化教育、医疗、住房、就业等方面的城乡差异。二是积极落实面向弱势群体的社会保障制度。继续加大对社会弱势群体的转移支付力度，扩大基本养老保险覆盖范围，提高基本养老金和低保标准。三是构建灵活的社会保险制度。随着网络信息技术的不断发展，养老保险、社会救助和社会福利等制度均可依据经济发展水平、物价、工资水平以及人口素质等因素进行动态调整，从而进一步完善社会保障和社会福利综合体系。

（三）多措并举稳就业，不断提高居民增收内生动力

1. 全力促进低收入人群收入增长

中国有近10亿劳动人口，其中6亿人月均收入仍不足1000元，这些人主要集中分布在中西部地区。在2020年疫情冲击下，就业率虽稳步回升，但形势依然严峻。李克强总理在10月9日的国务院常务会议上强调"稳就业是'六稳'的首要工作，也是'六保'的首

要任务"。① 一是着力保市场主体、稳就业岗位。面对疫情冲击，更要抓好助企纾困和就业创业扶持政策落实，完善减负、稳岗、扩就业措施，对受冲击大、生产经营恢复慢的中小微企业、困难行业加大帮扶。要通过相关财税金融支持政策、优化营商环境政策等为企业发展营造良好的环境。力争在经济恢复性增长过程中，实现就业岗位的不断增加。二是大力提升职业技能，鼓励发展灵活就业。要开展高校毕业生就业创业推进行动和技能培训，提升就业能力，拓展市场化就业渠道，做好对未就业毕业生"不断线"服务。加大对农民工就业服务和创业支持力度，扩大以工代赈建设领域和实施范围。强化困难人员就业援助。统筹做好受灾群众、退捕渔民、残疾人等就业工作。发展灵活就业不仅能扩大就业，而且能更好地满足人民群众多样化的需求。

2. 促进城乡人力资本均衡化，进一步激发农民群众的内生动力

近年来，全省开展了联村联户、为民富民行动，强农惠农补贴力度进一步加大。同时，土地流转拉动农村居民财产性收入大幅增长。2020年，甘肃在全面实现脱贫目标之后，进一步激发农民群众的内生动力，提高其自力更生能力则是增加农民收入的主要途径。一是努力提高贫困落后地区的人力资本水平。加快推进贫困落后地区的基础设施建设，全面提高贫困落后地区的教育、医疗等公共服务水平，逐渐缩小贫困落后地区与发达地区人力资本水平的差距。从根本上增强落后地区人群的竞争能力，从而实现劳动者在资源获取上的机会公平。二是借助乡村振兴制定有效激励机制吸引人才"回流"。农村农业资源丰富，市场潜力巨大，特色种养业、乡村旅游业以及农村电子商务的深入推进都亟须各类人才的参与。通过引进和培养现代化农业

---

① 《李克强：保住就业就可以稳住经济基本盘》，中国政府网，2020年10月10日。

人才、扶持农民自主创业、转移农村富余劳动力，达到各尽其才、增收致富的目的。三是不断创新农村支农金融体系。科学完善的农村支农金融体系能够为农村经济发展和生产提供有力保障。通过设立融资担保基金、改革考核激励等措施不断优化信贷结构、完善信贷体制，引导金融机构向支农领域倾斜，缓解小微企业及弱势群体融资难的问题。

专题篇
Special Research Reports

B.12
甘肃黄河流域生态治理和高质量发展问题研究

邓生菊*

摘　要： 甘肃省作为内陆黄河流域重大生态难题最集中的特殊重要省份，保护与发展的矛盾极其突出，全力探索生态保护与高质量发展的实践路径具有重要的现实意义。自黄河流域生态保护与高质量发展战略实施以来，甘肃省强化组织领导和谋划部署，以水为核心提升流域治理能力，强化生态环境保护治理，努力推进流域高质量发展取得阶段性成果。但黄河流域甘肃段生态环境脆弱，水资源整体短缺且时空分布不均，局部地区仍面临水源涵养能力下降、水土流失风险加剧

---

* 邓生菊，甘肃省社会科学院资源环境与城乡规划研究所副研究员，主要研究方向为区域经济学。

等问题，严重制约着地方经济社会的发展。为此，要突出解决水资源短缺和不平衡问题，破解生态治理资金不足难题，强化国土空间规划的规范引领作用，重点保护好生态环境，深入挖掘黄河文化价值，谋划脱贫摘帽后群众稳定增收致富之路，加强流域沿线省区协同发展，多措并举推进流域甘肃段生态保护和高质量发展。

关键词： 黄河流域 生态治理 高质量发展 甘肃

黄河流域生态保护和高质量发展是事关中华民族伟大复兴和永续发展的千秋大计，也是推进黄河沿线各省区协同治理实现绿色崛起的必然要求。甘肃省作为内陆黄河流域重大生态难题最为集中的特殊重要省份，保护与发展的矛盾极其突出，全力探索生态保护与高质量发展的实践路径具有重大的现实意义。

一 黄河流域甘肃段概况

黄河流域甘肃段干流共913千米，流域面积14.59万平方千米，占黄河流域总面积的19.2%，占全省面积的32%，涉及兰州、白银、武威、定西、天水、平凉、庆阳、甘南、临夏9个市州，人口约1800多万，占全省总人口的70%左右，属于甘肃省政治、经济、文化、历史发展的核心区。

（一）流域地形

黄河流域甘肃段按地形分为甘南草原区、陇中黄土高原区和陇东黄土高原区。其中，甘南草原区属于青藏高原东缘部分，是黄河上游及黄河主要支流洮河、大夏河的发源地，海拔3000~4000米；陇中黄土高原区是渭河、洮河、大夏河下游地区及乌鞘岭东黄河干流两侧地区，海拔1500~2500米；陇东黄土高原区以泾河为主，海拔1200~1800米。

（二）流域范围

黄河流域甘肃段的干流自西南向东北，先后经过临夏州和兰州市，最后从白银进入宁夏。黄河流域甘肃段主要有湟水、洮河、渭河、泾河等水系，共36个支流。其中，湟水在青海省东部，源出海晏县包呼图山，向东南流经西宁市，到甘肃省兰州市西面的达家川入黄河，全长349千米；洮河在甘肃省西南部，源出甘、青两省边境西倾山东麓，东流到岷县折向北，经临洮县到永靖县城附近入黄河刘家峡水库，全长约673千米；渭河是黄河最大支流，源出甘肃省渭源县鸟鼠山，东流横贯天水及陕西渭河平原，在潼关县汇入黄河，全长787千米，流域西部为黄土丘陵沟壑区，挟带大量泥沙，东部为关中平原区；泾河发源于宁夏六盘山东麓，南源出于泾源县老龙潭，北源出于固原大湾镇，至平凉八里桥汇合，东流经平凉、泾川于杨家坪进入陕西长武县，之后注入渭河，全长455.1千米，河谷开阔平坦，有良好的灌溉条件。

（三）流域生态

黄河流域甘肃段位于青藏、黄土、蒙新三大高原的交汇地，地处长江、黄河上游，是江河源的重要水源补给区，也是国内水土流失最为严重的省区。黄河流域甘肃段大部分地区为干旱半干旱地区，气候干燥，降水量少，土地贫瘠，是典型的生态脆弱区，黄河流经黄土高原时裹挟着大量泥沙，水土流失严重，使黄河治理开发增加了难度；

而在甘南草原畜牧区，虽然降水量相对较大，植被较好，但局部地方过度垦殖、超载过牧等，使得部分牧区草丛矮小，地表裸露增加，生态调节功能弱化，土地荒漠化形势加剧；由于黄河上游整体污染较少，且重视水污染治理和常态化密集水质监测，黄河流域甘肃段水质总体优良。

二 黄河流域甘肃段生态环境脆弱，严重制约了地方经济社会的发展

黄河流域甘肃段西南部是甘南黄河重要水源补给生态功能区，地处青藏高原东缘，属于主体功能区中的禁止开发区或限制开发区，气候高寒阴湿，是流域涵养水源和保护生物多样性的重要区域。黄河流域甘肃段东部是陇东黄土高原丘陵沟壑水土保持生态功能区，地处黄土高原，属于主体功能区中的限制开发区和重点开发区，气候干燥，是流域水土流失防治和污染治理重点区域。整体来看，黄河流域甘肃段雨水气候和地质条件差异明显，水资源开发利用难度较大，生态自我修复能力和对人口与产业的承载能力弱，大大限制了经济社会的发展。

（一）黄河流域的水资源整体上短缺

黄河流域甘肃段大部分地区属于干旱半干旱地区，降水少且时空分布不均衡，水分蒸发量大，天然水资源赋存不充沛，自产水资源量289亿立方米，居全国第25位，缺水成为制约地方发展的重要因素。据测算，黄河流域甘肃段缺水3.38亿立方米，2025年缺水量可能达到10亿立方米。目前，黄河流域用水指标已成为甘肃项目建设、脱贫攻坚和经济社会发展的最大瓶颈。特别是以定西、会宁、环县为代表的中东部干旱半干旱地区自产水资源极少，部分河流水质较差，个

别工业企业因缺水无法正常生产，个别产业项目因缺水而无法落地，部分城镇存在定时定量供水现象。

（二）人口与资源的时空分布不均衡

由于黄河流域甘肃段聚集了全省约70%的人口、耕地和经济总量，但只拥有全省45%的水资源，人口和水土资源很不均衡，人均水资源量和亩均水资源量低，生态承载力较弱，自然修复能力较弱。特别是甘肃省泾渭河流域人均水资源量仅310立方米，不足全省平均水平的1/3、全国平均水平的1/6，天水、平凉、庆阳3市20个县区中有16个缺水比较严重，资源型和水质型缺水同时存在。

（三）水污染防治形势仍然严峻

黄河流域及支流的自产水资源量少，季节流量变化较大，尤其在枯水期水体反弹恶化明显。尤其是渭河、葫芦河、马莲河、蒲河等河流，自然来水少，沿河人口集中，污染负荷重。随着城镇化进程的推进，城镇生活污水量与日俱增，在地方财力不足条件下，环保基础设施较为滞后，建设标准不高，处理能力不足，有的已是满负荷运行，有的建制镇或工业集聚区不具备污染收集处理能力。黄河流域两岸有石化、煤炭、有色、医药、皮革等众多工业企业分布，流域甘肃段污染形势严峻。

（四）局部地区水源涵养能力下降

受全球变暖等自然条件的影响，甘肃黄河干流及主要支流的源头地区生态环境存在恶化风险，作为重要水源涵养区的甘南草原草场个别地区沙化退化现象严重，草原生产能力下降，湿地面积减小，水源涵养能力降低，河流补给量减少，植被覆盖下降，生物多样性减少，致使黄河干流玛曲段、洮河、大夏河等河流来水呈衰减趋势，已威胁到黄河上游水量的汇集和生态系统的安全。

（五）水土流失加剧洪涝灾害风险

甘肃每年流失土壤5.5亿吨，相当于每年损失耕作层33厘米厚的耕地360万亩，给下游防洪带来巨大压力。黄河干流的刘家峡、八盘峡、盐锅峡三座水电站，已淤积库容分别占总库容的25%、32%和84%。自20世纪60年代到2002年，渭河上游甘谷—麦积河段河床抬高1~2米，渭河下游河段河床已高出两岸2~5米，下游防洪压力不断提升。

三 黄河流域甘肃段生态保护与高质量发展的实践探索

近年来，甘肃省着力加强生态文明建设，下大力气植树造林，治理荒山荒坡，提高水土保持能力，强化污染源头治理，严控污染物排放，强化生态监测和监管，黄河流域甘肃段生态保护和高质量发展迈上新台阶。

（一）强化组织领导和谋划部署

甘肃省成立了由省委书记和省长任组长，省委省政府各部门和9个市州政府为成员单位的黄河流域生态保护和高质量发展协调推进领导小组，建立起水利、生态修复、污染防治、产业发展、文化旅游等专责组，明确责任分工和工作要求。启动省级和沿黄市州"一总四分"及支流5个市、兰州新区黄河流域生态保护和高质量发展规划编制工作。正在争取将古浪县八步沙防风固沙工程、民勤生态建设示范区等纳入国家"十四五"规划纲要，将黄河干流甘肃段防洪工程

(二期)、古浪县黄花滩生态移民调蓄供水等重大水利工程纳入正在编制的国家《黄河流域生态保护和高质量发展规划纲要》。积极谋划对接国家战略思路，已筛选出水利建设、生态治理等领域重点争取的项目。

（二）以水为核心提升流域治理能力

提升水源涵养、控制泥沙和稳定水质能力，作为流域上游省份着力优化水生态环境，每年为流域稳定补给约1/5的径流量，严格控制泥沙含量，玛曲和兰州段每立方米水含沙量控制在2斤和4斤以内，远低于流域每立方米水含沙70斤的水平，出境水质稳定达到Ⅱ~Ⅲ类，为中下游省份经济社会发展做出重要贡献。严格落实"节水优先"方针，通过制度节水、模式节水、机制节水、工程节水、管理节水等，实现节水减用、节水减排、节水增绿、节水增效等"两减两增"目标，提高水资源利用效率。提升供水安全保障水平，完善城乡供水网络体系，通过白龙江引水、引哈济党等，增强区域调水输水能力，建立应急备用水源等，提高供水保障能力和抗风险能力。加强水资源信息化建设，提高水情预报预警和监管水平，加强群测群防应急救援能力，提升重点地区和高风险地区的防洪保障能力和风险应对能力。深化水利投融资体制、水权、水价和水利工程管理体制改革，实行最严格的水资源管理制度，以水定产、以水定城，实行农业用水总量控制和定额管理，鼓励水权流转，实行农业用水计量终端水价、城镇居民用水阶梯价格和非居民用水超额累进加价制度。

（三）强化生态环境保护治理

坚持山水林田湖草综合治理、系统治理、源头治理，以落实水生态环境的刚性约束为落脚点，以强化空间管控和保护修复为重点，以水生态保护重大工程为抓手，提高江河湖泊系统治理保护能力。实施黄河流域甘肃段防洪工程、重要水源补给生态功能区生态保护与建设、退化草原综合治理、洮河流域水源涵养保护与建设、生态移民扶贫开发供水工程、黄河流域水土保持、黄土高原塬面保护、防沙治沙、退耕还林还草、水土流失预防和综合治理等项目，有效推进了生态保护与修复进程。坚持走生态优先、绿色发展之路，加强对渭河、泾河、葫芦河、马莲河等重点流域的污染治理，各流域水质明显改善，2019年全省国考断面水质优良率达到94.7%，高于全国平均水质优良率75%近20个百分点。强化生态治理考核，取消对甘南、临夏和75个贫困县GDP考核，将生态整改任务较重的金昌、武威、张掖3市单独划类，并提高了考核权重。开展城市黑臭水体整治专项行动、集中式饮用水水源地环境保护专项行动，提升工业集聚区污水集中处理能力，实现城镇污水处理厂全市县覆盖。推进污水处理设施提标改造，促进提质增效和高效运营，进一步拓宽再生水利用的范围。实施城市黑臭水体治理和全域无垃圾治理专项行动，在地级城市全面开展城市生活垃圾的分类，开展城市供水水质日常监测和督查。

（四）努力推进高质量发展

开展土地开发整理和高标准农田建设，建立完善耕地质量监测体系，推广测土配方施肥，采取增施有机肥、种植绿肥、秸秆还田等措施，实现化肥零增长目标，稳步提升耕地肥力和质量；发展高效节水农业，实施高附加值节水农业示范区建设，推广滴灌、水肥一体化、集雨补灌等技术，大大提高了农业水资源利用水平；采取农艺、生物、化学、工程等综合改良措施，开展盐碱耕地治理示范区建设，防治耕地退化；促进发展绿色农业、循环农业、寒旱农业。

充分发挥石化、有色、冶金、煤化工等传统产业比较优势，在推动产业绿色化、信息化、智能化改造，提升产业技术水平，延伸产业链和价值链，促进两化深度融合中，推动以陇东综合能源基地、金昌国家有色金属产业基地、兰白有色金属产业基地、嘉峪关有色产业精深加工基地等为重点的传统产业在提质增效和绿色发展中转型升级。全面清理矿产资源勘探开采的相关地方法规，明确禁止矿产勘查开采活动的区域，推进矿山地质环境恢复治理和土地复垦，严厉打击非法采砂、非法排污、侵占水域岸线等行为，梳理筛选山水林田湖草生态保护修复项目。

围绕十大绿色生态产业，全面对标高质量发展要求，聚焦新材料、先进制造、军民融合、电子信息和生物医药等领域，以兰州新区精细化工产业园、白银军民融合光气化产业园、国家级镍钴新材料创新中心、高端装备制造产业园、国家级医药产业基地、四个（兰州、天水、白银、酒泉）军民融合创新示范区为重点，明确突破方向，加快培育绿色生态产业。

着力发展战略性新兴产业，推动互联网、大数据、人工智能等现代电子信息技术与其他产业的融合发展，促进产业发展的数字化、智能化、网络化和信息化。推动丝绸之路信息港基础能力建设，促进兰州新区特色大数据产业集聚区建设，支持兰州新区企业吸纳国际优质资本拓展海外市场，加快国际化发展步伐。以天水集成电路产业基地、兰州新区三维智能大数据物联网智能制造产业园区、平凉和张掖智能终端产业园建设为重点，打造西北重要的电子信息产业基地。构建新能源汽车动力电池蓄电池回收利用体系，推进金昌废旧电池资源综合利用产业基地建设，打造锂离子电池产业链，培育发展锂电产业四大材料产业基地。

（五）全力推进流域脱贫攻坚

为了如期实现2020年现有标准下的农村贫困人口脱贫和贫困县脱贫摘帽目标，坚持把脱贫攻坚作为头等大事来抓，建立全省统一的扶贫开发信息系统和大数据精准管理系统，明确脱贫攻坚的对象；优化调整全省帮扶力量，将领导力和帮扶力强的优质帮扶资源向深度贫困地区倾斜；以到人到户为核心制定完善一户一策精准脱贫计划，确定脱贫时间表、作战图和责任状；全力推进产业扶贫，着力培育"牛羊菜果薯药"六大特色主导产业，支持贫困户发展小买卖、小作坊、小手工等"五小"产业，增强龙头企业致富带动能力，整合各类扶贫资金用于产业增收项目，建立由省内外客商参加的省农业扶贫产业产销协会；实施保险保本垫底、入股分红保底、公益性岗位托底、低保政策兜底等政策。严格脱贫攻坚考核评价，加大扶贫开发成效在市县领导班子年度考核中的权重，坚持把"两不愁三保障"、贫困地区基本公共服务领域主要指标接近全省平均水平作为确定扶贫对象、制定帮扶措施、考核脱贫成果的重要基准线，强化部门到户验收工作，确保脱贫退出的质量。

四 黄河流域甘肃段保护与发展矛盾突出，离高质量发展尚有一定差距

目前，黄河流域甘肃段已形成了以石油化工、有色冶金、装备制造、生物医药等为主导的现代工业体系，以高效节水农业、旱作农业、生态休闲农业等为主导的特色农业体系，以现代生产性服务业和生活性服务业为主要方向的服务业体系，在产业快速发展的同时，生态环境也面临种种压力。

（一）农业方面

黄河流域甘肃段农业以地形地貌与气候条件等为基础，形成了以高效节水农业、旱作农业、生态休闲农业及现代渔业等为主导的特色农业体系。流域西南部以畜牧业和中药材为主。流域北及中东部以种

植业、林果业、中药材、制种业、乳品产业为主。沿流域初步形成了鲑鳟鱼、鲟鱼、大鲵等现代渔业。特色农产品精深加工业，如清真牛羊肉、乳制品、中医药产品、果品加工等，也逐步发展。但总体来看，甘南自然条件严酷，受气候变暖、雪线上升及个别地区超载过牧的影响，局部地区天然草场不同程度地退化沙化，导致产量和载畜量降低，湿地面积萎缩；陇中陇东大部分地区干旱少雨，土地贫瘠，水土流失严重，自然灾害频繁，农业面源污染治理难度大。2018年黄河流域甘肃段用水量38.56亿立方米，占全省总用水量的34.4%，其中农业用水就达25.08亿立方米。

（二）工业方面

黄河流域甘肃段自然资源丰富，长期以来，以兰白都市圈、陇东平庆能源化工基地、天成经济组团为核心，形成了以石油化工、有色冶金、装备制造、生物医药、电力建材等为主导的现代工业体系，但总体来看，经济发展具有典型的资源依赖型特征，重化工业、能源产业、资源型初加工业占相当比重，产业结构单一，工业污染依然是甘肃环境污染的主体之一，能耗偏高，减排治污的生态压力较大，资源综合利用水平较低，转方式调结构难度大、任务重，原本脆弱的生态环境面临较大威胁，离黄河流域生态保护和高质量发展的要求仍有较大差距。

（三）服务业方面

黄河水量季节性变化大，丰歉多变，同时，水土流失使淤泥沉积导致河床上升，使黄河航道承运能力较弱，水运以两岸摆渡和短距离水上旅游为主，通航和水资源利用难度较大，制约了水路运输的发展，弱化了以黄河为纽带的生产要素的流动，依托黄河水运形成的经济活动和贸易往来较少，限制了黄河流域经济的发展。依托黄河文明，以沿黄城市为点，以黄河干支流为轴线，以丝绸之路经济带建设为机遇，文化旅游业正快速发展，但以黄河文化和水资源撬动的服务业价值增值比较少。2018年全省黄河流域4市（州）共接待国内外游客约1.13亿人次，实现旅游综合收入约833.9亿元，同比分别增长25.4%和31.0%。

（四）脱贫攻坚方面

虽然截至2018年底黄河流域甘肃段剩余贫困人口91.26万，贫困发生率已降至5.63%，其中黄河干流剩余贫困人口28.35万，贫困发生率降至5.15%，黄河支流剩余贫困人口62.92万，贫困发生率降至5.36%，但通过产业发展实现增收致富，达到最后的脱贫摘帽目标依然任务艰巨，巩固脱贫攻坚成果和实现脱贫人口的稳定脱贫仍然任重道远。

五 黄河流域甘肃段生态保护与高质量发展的对策建议

要坚持问题导向，紧抓主要矛盾和矛盾的主要方面，在关键问题和关键环节破解难题，全力促进黄河流域生态保护与高质量发展。

（一）突出解决甘肃省水资源短缺和不平衡问题

目前，甘肃省已谋划白龙江引水工程，正在编制可研报告，争取列入国家重点工程规划尽早实施。甘肃省现状缺水3.38亿立方米，然而国家黄河"87"分水方案分配甘肃的用水指标居西北倒数第2位，希望对此方案予以调整，增加给甘肃的分水指标。加快南水北调西线工程前期工作，进一步做好方案优选和科学论证，推动这一重大水利工程的实施，考虑到甘肃作为国家西北重要的生态安全屏障，肩负祁连山、河西内陆河、黄土高原区生态治理保护重任，未来在南水北调西线工程引调水量分配中应予以倾斜考虑。

（二）突出解决甘肃生态治理资金不足问题

甘肃省生态保护、生态修复、生态治理任务繁重，但地方财力严重不足，需要国家和部委通过生态补偿、奖励等渠道给予大力支持。建议开展省际生态补偿，黄河流域甘肃段生态环境脆弱，在我国西北生态屏障建设中居于重要的战略地位。特别是兰州段以上地处黄河源头，近年来甘肃省在流域生态保护治理方面做了很多工作，投入大量的人力、财力和物力，流域水质明显改善，为中下游省区经济社会发展创造了良好条件。而按照国家和甘肃省主体功能区规划，全省大部分地区属于禁止或限制开发区，在提供以生态产品为主的形势下，经济发展受到严重制约。同时，习近平总书记郑州讲话提出，黄河上游要以三江源、祁连山、甘南黄河上游水源涵养区等为重点，推进实施一批重大生态保护修复和建设工程，提升水源涵养能力，需要较大的资金支持。为此，国家应当通过法规建立健全生态补偿机制，形成利益与成本公平分配的机制，在中下游省区所征收的水资源费中提取一定比例，用于对甘肃实施生态补偿。同时，加大对甘肃重点生态功能区保护、重大水利工程实施、水资源节约利用、环境保护治理、防沙治沙等领域的专项资金支持力度。

（三）强化国土空间规划的规范引领作用

要通过多规合一的国土空间规划，突出生态保护红线、永久基本农田红线、城镇开发边界等三条红线的约束作用，合理布局生产、生态和生活空间，科学评价生态资源环境承载能力，明确划分生态敏感区、生态脆弱区和生态功能区，建立统一、协调、权威的空间规划体系，统筹确定各类生态系统保护和修复工程的规模、布局和时序，增强区域生态系统的整体性和协调性，构建稳定的生态系统。要系统修复生态环境，基于气候条件、地质地貌、水土资源等特征，以整山整流域为单元，开展山水林田湖草系统治理，黄河干流和一级支流流域、平庆黄土高原地区突出水土保持，甘南高原地区突出水源涵养和草原保护。要全面排查农村低效利用的土地数量、分布区域、土地类型和整治潜力，有序推进废弃宅基地复垦治理，结合乡村振兴和村庄规划，实施农村土地综合整治。要实施好历史遗留的矿山土地综合治理和复垦工作。

（四）重点突破推进生态环境保护

甘南高原是甘肃省重要的林区与草原区，也是黄河重要的水源补给和涵养区，每年向黄河补水65.9亿立方米，占黄河源区年径流量的35.8%，具有稳定黄河径流和保护生物多样性等生态功能，是黄河中上游重要的生态屏障。陇东陇中黄土高原每年流入黄河的泥沙占黄河年均输沙量的30.8%，是全国水土流失治理重点区域，它的绿色生态发展是黄河下游实现可持续发展的有效保障，是实现黄河流域发展的前沿阵地。因此，黄河流域甘肃段在发展中必须首先强化生态建设和生态监测，以水资源保护和污染综合防治为关键，从根本上保证流域经济发展有稳定的生态系统环境。甘南高原要以涵养水源、治理草原退化、保护河湖湿地生态环境为重点，保护生物多样性，形成黄河上游可靠的生态安全屏障；陇东陇中黄土高原要以治理水土流失、防治地质灾害、促进渭河源区生态建设、保护森林资源、强化流域综合治理为关键，构建黄土高原生态屏障。继续大力倡导减量化、再利用、循环化的资源利用方式，提高水资源与其他资源的综合利用效率，尽量减少各类污染物排放，实施有效的污染治理，全方位提升生态承载能力。建立污染者付费的生态补偿机制，排污费对排放污染物造成的环境损失成本全覆盖，排污者所交的钱必须足以修复所造成的环境影响，倒逼企业改进生产技术和实施清洁生产，促使企业向少用水、多循环用水、少排放污水、少产生污染物的方向发展，促进落后产能和高污染企业退出，大幅提高工业和生活废水处理率，有效改善水质。构建动态生态监测评估与预警体系，通过完善监测参数、监测频率、监测布点、监测类型等，加强对流域水量、水质、空气质量、气象变化、生物多样性、生态稳定性、土壤等的监测，对流域生态环境的监测预警，及时评估风险隐患，为有效防洪、水库调度、工程巡查抢险等提供支持。

（五）全力推进流域高质量发展

树立"绿水青山就是金山银山"的发展理念，坚守生态红线，坚定不移地走绿色发展道路。要挖掘传统产业潜力，推进转型发展，促进产业智能化、数字化、信息化、绿色化改造升级，促进传统产业做大做强。实施创新驱动发展战略，推动互联网、大数据、人工智能与工业的融合发展，推动产业新旧动能接续转换。着力发展战略性新兴产业，加快培育新增长点，提升产业发展质量和效益。组建国家黄河文化保护创新兰州中心，加强黄河上游生态保护和文化创新发展研究。支持甘肃建设华夏文化资源云平台，打造黄河智慧文化旅游工程，促进黄河文化国际交流合作。加强黄河文艺创作，推进精品剧目参与国家对外交流，支持甘肃打造影响力强、感召力强的重大文艺作品。要加强对绿色金融的政策支持，建立绿色项目数据库，创新绿色金融产品，建立绿色金融服务信息共享机制和风险预警监测机制，使循环农业、文化旅游、通道物流、军民融合、数据信息、先进制造、清洁能源、生物医药、节能环保等生态产业得到更多金融资本的支持。

（六）加强与流域沿线省区的协同发展

黄河流域生态保护与高质量发展战略提出后，国家必将加强流域系统性、战略性、前瞻性的顶层设计和协同机制构建，立足国家生态安全、经济安全、政治安全的高度，实行全流域一体化保护和综合开发，改变黄河流域生态保护中沿线统筹发展与合作共赢不足，省区间因水量、水质、水权等产生纠纷难以有效解决的问题。国家以全流域高度系统谋划和布局生态修复、污染治理、经济发展等，必然需要建立跨省区协调机制，需要流域沿线省区的真诚合作与协同发力，形成黄河流域"利益和命运共同体"，甘肃省要在开放包容、互利互惠和合作共赢中，积极与流域沿线省区主动开展交流对话，以真诚务实的态度融入全流域发展，加强多领域深层次的分工与合作，促进全流域形成发展的强大合力。

（七）谋划脱贫摘帽后的稳定增收致富

黄河流域甘肃段定西、临夏、天水、庆阳四市贫困人口较多，东乡、环县、通渭、岷县贫困发生率较高。要全面落实好国家脱贫攻坚重大部署和政策举措，精准发力，精准施策，通过产业扶贫、教育扶贫、就业扶贫、协作扶贫、易地扶贫搬迁、社会保障兜底等多种务实举措，实现脱贫攻坚重大政治任务。要继续稳定脱贫政策和脱贫队伍，全力构建脱贫人口稳定脱贫的产业体系，促进龙头企业、农民专业合作社发展壮大，完善农业保险制度，进一步优化教育科技、医疗卫生、基础设施、文化建设等促进脱贫人口稳定脱贫的环境条件，形成脱贫人口稳定脱贫和增收致富的长效机制。要面向乡村振兴战略谋划脱贫地区长远发展，有序推进产业扶贫、就业扶贫、教育扶贫、健康扶贫等与乡村振兴项目对接，协同推进生态保护与产业发展，增强贫困地区自我发展、绿色发展、高质量发展的能力。

（八）深入挖掘黄河文化价值

黄河文化是实现中华民族伟大复兴的精神动力。要全面调查梳理黄河文化资源，基于与黄河文化密切相关的物质文化遗产和非物质文化遗产，立足流域干支流多民族聚居、历史文化悠久、各类特色文化相伴而生等优势，从民族融合、文明交流、商贸往来、宗教传播、社会发展、文化传承、民俗民风、红色革命等的历史变迁中，挖掘其丰富灿烂的文化价值和独特魅力，建立黄河文化阐释研究和表达体系，实施重点文化遗产保护工程，加强博物馆、重点文物保护单位等建设，遵循保护研究和展示弘扬并重的原则，做好黄河文化的保护传承弘扬工作。结合打造甘肃丝绸之路黄金旅游带，建设黄河都市文化旅游产业集聚区、陇东南文化旅游传承创新区、黄河风情旅游廊道、民族风情旅游廊道、寻根访祖旅游廊道、红色征程旅游廊道等，以沿黄城市为点，以黄河干支流为轴线，以丝绸之路经济带建设为机遇，形成黄河中上游甘肃段文化旅游业发展新格局。

B.13
兰白国家自创区发展研究

王丹宇*

摘　要： 兰白国家自创区获批建设两年多来，甘肃省强化顶层设计、持续高位推进，自创区内科技创新环境持续改善，自主创新能力不断提升，为甘肃省创新驱动战略实施、绿色发展崛起注入了新动能。对标高水平国家自创区，兰白国家自创区在发展中仍然存在一些问题：政策支撑体系尚不健全、自创区科技创新引领作用并未充分发挥、战略性新兴产业尚未形成有效的规模支撑、创新要素集聚不够、人才质与量双重欠缺、科技金融服务和金融产品创新不足。基于发展现状，围绕高质量提升需求，本报告提出如下建议：加快出台《兰白国家自创区条例》、坚持自创区和试验区联动发展、持续优化创新创业生态、实施高新技术企业提升计划、创新金融服务、健全完善人才引培机制。

关键词： 兰白国家自创区　科技创新　金融服务

国家自主创新示范区是指经国务院批准、在推进自主创新及高新技术产业发展等方面先行先试、探索经验和做出示范的区域，是新时

＊ 王丹宇，甘肃省社会科学院区域经济研究所副研究员，主要研究方向为区域经济。

期我国实施创新驱动发展战略的重大举措。2018 年 2 月，国务院批复同意兰州高新技术产业开发区、白银高新技术产业开发区建设兰白国家自主创新示范区（以下简称"兰白国家自创区"）。批复要求，兰白国家自创区积极探索西部欠发达地区通过科技创新实现跨越式发展的新路径，努力把兰州、白银高新区建成科技体制改革试验区、产品品质跃升支撑区、人才资源集聚区、东西合作发展先行区和生态文明建设引领区[①]。兰白国家自创区获批建设两年多来，甘肃省强化顶层设计、持续高位推进，自创区内科技创新环境持续改善，自主创新能力不断提升，为甘肃省创新驱动战略实施、绿色发展崛起注入了新动能。

一 兰白国家自创区发展成就

（一）规划、政策体系和工作机制基本形成

围绕国务院批复要求，坚持省、市、区联动，甘肃省对兰白国家自创区发展进行了一系列顶层设计。一是编制了实施方案和发展规划。省级层面颁布了《兰州白银国家自主创新示范区建设实施方案》，研究编制了《兰州白银国家自主创新示范区发展规划纲要（2018~2022 年）》，明确了兰白国家自创区建设的规划图、施工图。二是政策体系基本形成。省级层面出台《关于支持兰州白银国家自主创新示范区建设的若干意见》，提出了 40 条具有前瞻性和实用性的先行先试政策，相关部门也出台了相应的配套政策措施。与此同时，兰州、白银两市分别出台《支持科技创新若干措施》，兰州高新区构建了"1+4+7"创新驱动政策体系，白银高新区构建了"3+2+10"创新驱动政策体系，为自创区发展提供了有力的政策保障。

---

① 秦娜：《打造甘肃高质量发展重要平台》，《甘肃日报》2019 年 4 月 20 日。

三是工作机制初步建立。省级层面成立了由省委书记、省长任组长的"双组长"领导小组，统筹谋划重大事项，促进财政、科技等部门整合资源，对自创区进行政策倾斜；兰州、白银两市分别成立了由市委、市政府主要领导担任组长的示范区建设领导小组，兰州、白银高新区也相继建立了相应的工作机制，形成了省级统筹、市级建设、区域协同、部门协作的自创区建设推进机制。

（二）创新资源聚集，创新创业加速推动

围绕创新能力提升，兰白国家自创区立足兰州、白银两市及高新区现实基础，持续建设和改善创新环境，自创区正在成为甘肃省集聚创新资源和开展创新创业活动的重要平台。

在创新人才方面，甘肃省加强人才培育和引进，深入开展"陇原之光"人才培养计划，持续实施中组部"西部之光"访问学者项目，50%的省级人才项目落地自创区。兰州高新区引进院士、专家等23人，各类高层次人才129人。全区博士以上人才8500人，万人拥有本科学历以上人数为3320人，各类技术人才达6万多人。新增大学生就业2500名，万人R&D人数125人。白银高新区组建院士专家工作站27个，引进国家引才计划人选专家4名、外籍专家5名、高层次创新团队20个，引进硕士研究生及以上学历层次人才120余名，培育创新创业导师17人。

在创新投入方面，甘肃省创新支持方式，逐步建立和完善政府、企业、社会多方参与的科技投入体系，科技创新投入逐年增长。2019年，兰州高新区全社会R&D投入占GDP的比重达到3%，财政科技投入占财政支出的比重为4.7%，科技进步对经济增长的贡献率达到61.2%。白银高新区利用中央财政"双创载体升级"专项资金4000万元和白银市、高新区配套资金2480万元支持实施"双创"项目29个。发挥兰白技术创新驱动基金支撑作用，带动48家科技型中小企

业争取贷款融资3.65亿元；全面落实"3+2+10"创新政策，筹措资金1000万元支持各类创新平台建设。

在创新载体建设方面，积极推动省院合作，加强与中国工程院沟通对接。加快培育与认定新型研发机构，组织认定新型研发机构15家，培育新型研发机构6家。加快兰州科技大市场、丝绸之路产权港建设，通过设立知识产权维权服务中心、完善知识产权保护机制等举措促进自创区科技创新型企业发展。兰州高新区组建了西北师范大学、兰州大学等12个科技创新工作站；新增孵化和创业基地20万平方米，服务在孵企业120家；留学人员创业园入选中国留学人员创业园区孵化基地，服务园区在孵企业65家。白银高新区形成了以白银科技企业孵化器为龙头，以白银产业技术研究院、白银新材料研究院等十大重点科研平台为支撑，以白银科技大市场、巨亨孵化加速器为保障的综合性创新平台体系。兰州大学白银产业技术研究院、兰州理工大学白银新材料研究院被省科技厅认定为省级新型研发机构。中国科学院近代物理研究所白银科近重离子束生物产业创新研究院、甘肃省科学院白银实创高新产业研究院、西北师范大学白银师科创新研究院、省社科院白银国家自主创新示范区研发基地等科研机构相继落户高新区。

（三）促进企业创新，推动产业升级

自创区全面落实鼓励企业创新发展的各项政策，实施高新技术企业培育工程，引导企业加大研发投入和研发平台建设力度，以企业创新促进产业提升。

1. 企业创新主体队伍逐渐扩大

兰州高新区坚持"高新专精"导向，加快建设"一谷五园"，新注册登记企业1200多家，各类经营主体达到1.4万家。新增高新技术企业81家，达到308家。高新技术企业、战略性新兴产业骨干企

业、上市企业均占到全省的 1/3。新增"专精特新"中小企业 1 家，上规入库企业 30 家，培育瞪羚企业 15 家。白银高新区累计入驻企业 642 家，从业人员 5.98 万人；累计认定高新技术企业 80 家，省市级科技创新型企业 225 家，累计建成工程技术研究中心等企业创新平台 70 个，累计认定"专精特新"企业 15 家。

2. 企业创新活动进一步增强

组建了生命科学技术产业、稀土功能材料、金属纳米材料等 7 个产业研究院，西脉康复医疗器械健康产业创新等 8 家创新工作站。兰州西脉子公司兰飞医疗器械公司"心脏瓣膜外科创新技术及产品的建立和应用"荣获国家科技进步二等奖。争取到财政部、工信部、科技部特色载体资金 3700 万元，支持包括兰州华帜天成生物科技有限公司、兰州肽谷生物产业发展有限公司等在内的 14 家特色产业发展公司创新、创业。多肽全库、抗体库、干细胞中心等科研平台也全面开建。白银高新区以新技术、新业态、新模式提升传统产业，鑫海成大数据中心、华实生物全球新药生产服务基地、中检普泰医放疗设备检测和校准等项目顺利实施，为构建新兴产业体系提供了强有力的创新支撑。

3. 现代产业体系构建正在加速

兰州高新区致力打造生物医药、高端制造、新材料三大主导产业集群。生物医药企业总数达到 200 余家（省战略性新兴产业骨干企业生物医药类 7 家，上市企业生物医药类 11 家）。2018 年获批工信部生物医药新型工业化示范基地；包括耐驰泵业、海默科技、伯骊江 3D 打印等在内的一批高端制造企业持续发展壮大，在单螺杆泵、油气装备、增材制造等领域形成了国内领先优势；纳米功能材料、生物传感技术、记忆合金等方面也形成了一批国内乃至国际领先的成果，西脉新材料产业园、省科学院纳米产业园等项目正在加快形成集聚化发展态势。白银高新区围绕"两区三基地"规划要求，谋划推进生物医药、特色新材料、循环化工产业基地建设，依托银光公司 TDI 产业基础，打造军民融合光气化产业；依托靖远煤电清洁高效气化气技术，拓展延伸新型煤化工产业链；依托昌元化工和东方钛业，进一步壮大铬盐、锰盐、钛白粉无机盐产业，以结构优化和链条延伸提升产业品质，特色鲜明、优势突出的产业体系正在形成。

（四）开放协作不断深化，合作交流取得新进展

兰白国家自创区面向更高层次开放，持续强化多边合作与共商共建，注重项目引进与产能合作互促共赢，合作交流取得新进展，开放发展再上新台阶。

1. 深化拓展合作领域

兰白自创区与上海张江自创区积极拓展合作空间，聚焦技术、人才、项目和管理，以协同创新方式构建"基金–孵化器–科技园区"模式，设立了兰州久有创新发展风险投资基金，规模10亿元；园区合作共建和项目合作对接等工作也取得新成效。白银高新区与中石油昆仑燃气有限公司签订一体化开发战略合作协议；与华为、阿里巴巴、恒大集团、广药集团、中国电子等一大批知名企业签订合作协议；与中国石墨烯产业技术创新战略联盟、中国有色金属产业技术创新战略联盟达成合作意向。兰白国家自创区与陕西国家自创区签署《陕西省人民政府甘肃省人民政府经济社会发展合作框架协议》，为兰白国家自创区和西安国家自创区深化合作搭建了常态化互动平台。

2. 大力开展招商引资

围绕重点产业培育发展方向，开展以会招商、以企招商、以商招商、以产业链招商，白银高新区积极对接浙江万邦德、浙江永太、江苏好收成等3家上市公司，主动跟进北京赫普燃煤热电固体蓄热、湖南海利农药中间体等重点项目22个，总投资74.6亿元。兰州高新区已与包括浙江雅达、宋城国际、浙江绿城等在内的10家企业签约，总额136.25亿元，6个项目资金规模超过10亿元。

3. 积极探索国际合作

甘肃大象新能源与智利钼业公司合作共建锂电产业关键材料研发甘肃省国际科技合作基地，白俄罗斯、阿曼、阿尔及利亚、马拉维等国家代表团来自创区考察学习，促成多家企业与自创区达成合作意向，并签订产品推广使用合作协议。兰州高新区积极探索、搭建平台，鼓励区内中农威特、海默科技等企业对外投资、开展贸易，提高企业国际市场竞争力；与以色列企业开展资金、产业、技术等全方位合作。

（五）秉行"绿色"发展理念，绿色发展程度不断提高

兰白自创区牢固树立"绿色"发展理念，致力于园区经济与生态环境的协调发展，绿色发展程度不断提高。兰州高新区以雄安新区规划建设为标杆，完成定连片区总体城市设计；积极落实河长制，精细化科学治污，污染防治攻坚取得成效，万元GDP能耗降低4%；工业固体废物综合利用率达到92%；充分利用园区已有的自然生态，建设山林融合、绿水环绕的绿色产业城；遵循绿色发展理念，制定、完善产业项目环评、准入负面清单和退出机制；创新生态建设项目，实施生态治理工程，引进分布式光伏、地热源、空气源热泵技术，实现园区供电、供暖绿色节能；绿色能源项目——无干扰深层地岩热能已在兰州国家生物医药产业园投入使用。2018年兰州高新区获批建设国家生态工业示范园。

白银高新区对园区进行绿色化、信息化、智能化升级，实施余热利用、热电联产、工业排水综合利用等项目，大幅降低园区资源能源消耗；实施了28个循环改造项目，靖远煤电、扎布耶锂业等5家企业完成了强制性清洁生产；中科宇能、银光聚银等企业成为甘肃省第一批绿色工厂，高新区、银西生物医药产业园成功入选工信部全国第三批、第四批绿色园区。积极与全国绿色生态产业领域的央企、优质民企广泛对接、深入合作，2020年9月，白银高新区管委会与甘肃

乐圣生物科技有限公司签订了总投资6.6亿元的医药系列中间体和催化剂项目,与甘肃得中合成新材料有限公司签订了总投资1.655亿元的年产1200吨光引发剂和中间体项目。

(六)综合进步速度加快,科技进步水平全国排名提升

兰白国家自创区加快创新资源整合,推进区域内外创新资源互通共享、创新要素自由流动和创新布局优化整合,努力为推动区域创新一体化发展做出贡献。2018年,甘肃省累计登记省级科技成果1176项,其中245项应用技术成果实现转化,共创造经济效益600余亿元,净利润超过93亿元;全省成交技术合同5072项,成交额突破180亿元;科技对经济增长的贡献率达到52.8%。甘肃省综合科技创新水平指数达到51.38%[1],较2017年提高了0.75个百分点,综合科技进步水平居全国第18位、西部第4位,居全国第二梯队。在科技部发布的2018年国家高新区总体排名中,兰州高新区位于全国157个国家高新区第60名,连续四年位次提升。2019年,甘肃省登记科技成果1479项,较上年增长25.51%,284项技术成果实现产业化应用,共创造经济效益517亿元。共登记各类技术交易合同5921项,技术合同成交额196.42亿元,比上年增长8.59%。高新技术企业数量达到1052家,较上年增长17.28%[2]。2020年5月,国务院办公厅发布《关于对2019年落实有关重大政策措施真抓实干成效明显地方予以督查激励的通报》,甘肃省作为"改善地方基础科研条件、优化创新创业环境、促进科研成果转化以及落实国家科技改革与发展重大政策成效较好的地区"受到通报表彰[3]。

---

[1] 《打造甘肃高质量发展重要平台》,《甘肃日报》2019年4月20日。
[2] 《甘肃科技进步对经济增长贡献率达到52.8%》,《甘肃日报》2020年3月28日。
[3] 《兰白试验区 兰白自创区引领我省科技创新驶上"快车道"》,《兰州日报》2020年5月11日。

二 兰白国家自创区建设推进现状

(一) 经济发展概况

2019年兰白国家自创区完成生产总值391亿元，较上年增长4.7%；规模以上企业工业增加值完成281亿元，较上年增长2.9%；固定资产投资完成238.2亿元，比2018年增长15.5%；现有高新技术企业378家。其中，兰州高新区实现地区生产总值270.44亿元，比上年增长4.9%；固定资产投资完成195亿元，比上年增长17.7%；白银高新区实现地区生产总值120.56亿元，比上年增长4.3%；固定资产投资完成43.2亿元，比上年增长6.5%（见表1）。自创区整体呈现稳中有进、提质向好的发展态势。

表1 兰白国家自创区经济发展概况

地区	生产总值（亿元）			固定资产投资（亿元）		
	2017年	2018年	2019年	2017年	2018年	2019年
合计	349.14	373.37	391.00	238.66	206.30	238.20
兰州	242.75	257.73	270.44	160.16	165.73	195.00
白银	106.39	115.64	120.56	78.50	40.57	43.20
地区	年末就业人口（万人）			二级子园区（个）		
	2017年	2018年	2019年	2017年	2018年	2019年
合计	20.82	20.9	—	11	11	11
兰州	14.46	15.05	—	5	5	5
白银	6.36	5.85	6.01	6	6	6

资料来源：甘肃省科技厅及兰白国家自创区网站。

(二) 科技创新投入

2019年，兰州高新区R&D经费占GDP比重为3%，较上年下降10.7%；财政科技支出占财政总支出比重为4.7%，较上年下降

61.9%。企业R&D经费占主营业务收入比重为0.76%，较上年增长10.1%；白银高新区R&D经费占GDP比重为5.5%，较上年增长20.6%，财政科技支出占财政总支出比重为1.1%，较上年下降89.6%。企业R&D经费占主营业务收入比重为0.72%，较上年增长16.1%。"财政科技支出占财政总支出比重"和"企业R&D经费占主营业务收入比重"两个指标分别体现科技创新经费中的政府投入和企业投入。数据显示，2019年兰白国家自创区科技创新经费中政府投入在减少，而企业投入力度加大（见表2）。

除了加大资金投入力度，间接的税收减免也是国家自创区激励企业研发与创新的重要手段。2019年兰州高新区全年为各类企业降税减费4亿元，白银高新区为企业减免税费7300万元。新冠肺炎疫情期间，兰白国家自创区减免各类税费492万元，缓征60家企业保险费用，拨付企业养老保险补助436万元。

表2 2017~2019年兰白国家自创区科技创新投入概况

单位：%，亿元

高新区	财政科技支出占财政总支出比重			R&D经费		
	2017年	2018年	2019年	2017年	2018年	2019年
兰州高新区	12.29	12.35	4.7	6.85	8.65	8.11
白银高新区	10.64	10.55	1.1	4.35	5.27	6.57
高新区	R&D经费占GDP比重			企业R&D经费占主营业务收入比重		
	2017年	2018年	2019年	2017年	2018年	2019年
兰州高新区	2.82	3.36	3.0	0.82	0.69	0.76
白银高新区	4.09	4.56	5.5	0.51	0.62	0.72

资料来源：《兰白科技创新改革试验区统计调查报告》及兰白国家自创区网站。

（三）产业规模

2019年，兰白国家自创区工业增加值较上年增加3%，高新技术企业发展到378家，较上年增加了74家（见表3）。兰州高新区高新技术产业、战略性新兴产业增加值占地区生产总值的比重达到50%以上。

表3 2017~2019年兰白国家自创区产业规模概况

单位：亿元，家

高新区	工业增加值			规模以上企业数			高新技术企业		
	2017年	2018年	2019年	2017年	2018年	2019年	2017年	2018年	2019年
合计	261.44	273.13	281	214	193		238	304	378
兰州高新区	161.90	163.10	167	58	58		183	235	315
白银高新区	99.54	110.03	114	156	135	94	55	69	63

资料来源：《兰白科技创新改革试验区统计调查报告》、甘肃省科技厅网站。

2018年，兰白国家自创区有包括化工、冶金有色、装备制造、建筑材料、轻工在内的传统产业集群8个，2018年产值合计674亿元（见表4）。包括新材料、新能源、生物、信息技术、先进装备制造、节能环保、现代服务业在内的战略性新兴产业集群10个，2018年产值合计374.94亿元（见表5）。其中，以生物制药、现代中药、生物医学工程和动物用药为重点的生物医药产业集群已成为在甘肃乃至西北地区都有影响力的产业集群，2019年总产值达到142亿元；高端制造产业2019年总产值达到19亿元；新材料产业2019年总产值达到39亿元。

表4 2017~2018年兰白国家自创区传统产业集群概况

单位：个，亿元

项目		兰州高新区		白银高新区	
		2017年	2018年	2017年	2018年
合计	集群数	4	3	5	5
	产值	747.50	211	417.22	462.93
化工	集群数	1	1	1	1
	产值	11.2	12	57.14	67.62

续表

项目		兰州高新区		白银高新区	
		2017年	2018年	2017年	2018年
冶金有色	集群数	1	1	1	1
	产值	26.9	48	318.78	347.79
装备制造	集群数	1	0	1	1
	产值	550.76	0	4.77	4.98
建筑材料	集群数	0	0	1	1
	产值	0	0	13.9	18.78
轻工	集群数	1	1	1	1
	产值	158.64	151	22.63	23.76

资料来源：兰州高新区、白银高新区。

表5　2018年兰白国家自创区战略性新兴产业集群概况

单位：个，亿元

项目		合计	兰州高新区	白银高新区
合计	集群数	10	5	5
	产值	374.94	331.3	43.64
新材料	集群数		1	1
	产值		48	27.09
新能源	集群数		0	1
	产值		0.00	2.47
生物	集群数		1	1
	产值		103.3	3.57
信息技术	集群数		1	0
	产值		55	0.00
先进装备制造	集群数		1	1
	产值		40	5.57
节能环保	集群数		0	1
	产值		0.00	4.94
现代服务业	集群数		1	0
	产值		85	0.00

资料来源：兰州高新区、白银高新区。

（四）吸引投资

2018年，兰白国家自创区实际引进内资279.08亿元，较上年增长5.1%；外商实际投资额398.28万美元（见表6）。2019年，自创区积极落实优惠政策，加大招商引资力度，兰州、白银两个高新区先后引进项目58个，合计投资额515.49亿元。兰州高新区招商引资到位资金79.5亿元、到位率106%；其中省外到位资金64.92亿元，到位率185.5%。白银高新区新签约项目12个，签约总额43.2亿元；重点推介项目62个，项目投资约256.35亿元；正在对接、洽谈的项目34个，项目拟投资额170.32亿元。

表6 2017~2018年兰白国家自创区吸引投资概况

高新区	实际引进内资额（亿元）		外商实际投资额（万美元）		科研与技术服务业企业数（家）		科研与技术服务业企业营业收入（亿元）	
	2017年	2018年	2017年	2018年	2017年	2018年	2017年	2018年
合计	265.45	279.08	4830	398.28	18	23	19.41	12.11
兰州高新区	185.00	195.00	0	0	12	15	18.41	10.98
白银高新区	80.45	84.08	4830	398.28	6	8	1.00	1.13

资料来源：甘肃省科技厅、兰州高新区、白银高新区。

（五）创新产出

兰白国家自创区高度重视科技成果和先进技术的转移转化，多措并举推进技术交易，自创区企业技术交易较为活跃。2018年自创区企业当年完成技术合同成交额及万人发明专利拥有量呈增长态势（见表7）。2019年，兰州高新区万人发明专利拥有量为45件；近五年获得发明专利累计61项、自主知识产权130项；白银高新区完成省市级科技成果登记37项，技术市场登记额6.22亿元，万人发明专利拥有量2.2件；近三年取得省级科研成果44项。

表7 2017~2018年兰白国家自创区创新产出概况

高新区	技术合同成交额（亿元）		万人发明专利拥有量（件）		开发新产品、新技术（项）		新产品销售收入（亿元）	
	2017年	2018年	2017年	2018年	2017年	2018年	2017年	2018年
合计	35.48	43.59	113.66	135.17	257	247	58.29	67.13
兰州高新区	33.49	41.71	94.98	114.76	168	158.00	8.76	7.26
白银高新区	1.99	1.88	18.68	20.41	89	89	49.53	59.87

资料来源：甘肃省科技厅、兰州高新区、白银高新区。

（六）科技金融服务

为了推动科技金融快速发展，兰白国家自创区积极引进和培育各类金融机构，建立、完善科技金融服务体系，努力为区内企业提供多元化的融资渠道，积极推进科技与资本融合。兰州高新区主动对接各类基金平台，加快建立甘肃省十大生态产业基金、风险补偿资金池等科技金融产品；组织74家金融机构、科技企业举办金政企融资对接会。2019年成功推荐30家企业获得特色产业发展工程贷款1.2亿元、3家企业获得中小企业互助贷款、6家企业获得小微企业信用贷款。

白银高新区完成高新投资公司和高新发展公司"1+N"模式改制，设立子公司3家，与甘肃省股权交易中心达成发行总规模1亿元的企业可转债，完成两期共6562万元资金募集工作；与甘肃金控白银融资担保公司、中国农业银行、甘肃银行合作，7家优质企业获得融资5000万元。高新投资集团参股甘肃青宇新材料有限公司信用背书，为企业融资1000万元；争取国家发改委银东工业园一期基础设施建设项目资金第三批地方政府专项债券 1 亿元[①]，及城区老工业搬迁改造和推进创新链整合项目资金 1936 万元。积极搭建"政银企担"融资对接平台，已有 10 家企业与金融机构达成贷款意向 8.01 亿元。

三 兰白国家自创区发展中存在的问题

《新时代甘肃融入"一带一路"建设 打造"五个制高点"规划》提出要坚持创新驱动、推动甘肃经济高质量发展。高质量发展是"十四五"时期我国宏观调控的基本要求，推动高质量发展需要更高质量的科技创新。对标高水平国家自创区，兰白国家自创区在发展、建设中仍然存在一些问题。

（一）政策支撑体系尚不健全

国家自创区作为实施创新驱动发展战略的载体之一，大致的演进阶段包括工业园区、科技园区、国家自创区，这一演进符合经济发展规律，也契合实际发展需求。国家自创区阶段，以市场化为导向的政策设计和制度安排非常重要，健全完善的政策体系可以聚集创新要素、营造创新经济生态、激发创新活力，更可以解决创新动力问题。甘肃省建好国家自创区要着眼于自创区承载的创新功能和先行先试的天然使命，将体现五大发展理念、创新创业生态营造、高水平开放等目标任务纳入自创区政策体系。在实际建设中，兰白国家自创区在政策体系的构建上尚存在不足。从纵向政策体系来说，缺少纲领性文件；从横向政策体系来看，政策的覆盖面不够，创新活动的诸多领域和环节政策不完善、细则不充分；已经出台的政策也存在创新性不够、先进性不足、针对性不强等问题。

[①] 《守初心担使命增辉"国"字号招牌》，《白银日报》2019 年 11 月 27 日。

（二）自创区的独特性优势并未充分体现，科技创新引领作用并未充分发挥

"十三五"时期我国着力推进国家自创区先行先试、自主创新建设，国家层面关于自创区资源配置效率及制度建设的优化政策和措施持续完善。梳理这些措施可以发现，国家在自创区、高新区的发展布局上存在显著侧重，高新区侧重体现产业特色，自创区更多体现创新特色。通过对甘肃省高新区及自创区的调查研究及与发达地区、发展较好的国家自创区相比，兰白国家自创区先行先试政策创新与探索力度不够，自创区的独特性优势并未充分体现，科技创新引领作用并未充分发挥，国家自创区的主体和形式同传统高新区的差异比较小，尚存在职能不清、责任不明晰等管理方面的问题，也存在激励措施缺乏针对性等问题。

（三）战略性新兴产业尚未形成有效的规模支撑

2018年，兰白国家自创区战略性新兴产业集群产值374.94亿元，传统产业集群产值462.93亿元。自创区内传统产业占比较大，转型升级较慢，战略性新兴产业比重小，尚未形成有效的规模支撑，对经济增长的贡献力量不够强，新旧动能转换任务艰巨。造成这一问题的原因在于：首先，高端创新资源不足，区域内高水平创新平台少，以两院院士等为代表的高层次创新人才在全国占比较低，与发展较好的国家自创区比较，实力差距明显；其次，域内各片区的发展定位存在同质化倾向，错位发展、优势互补、协同推进的机制尚不完善；再次，政策环境营造不够充分，大胆探索，具有突破性、原创性、针对性的政策较少，模仿、借鉴其他国家自创区的政策较多；最后，政策的宣传、释义及督导力度不够，一些好的政策尚存在落实不到位的现象。

（四）创新要素集聚不够，创新能力有所下降

区域创新能力的强弱在很大程度上取决于区域创新资源的多寡。创新资源集聚关注的是国家高新区所拥有的创新要素资源和基础条件，它一方面体现了区域创新的资源禀赋差异，另一方面也反映了政府及其企业在创新投入方面所做的努力。根据《国家高新区创新能力评价报告2019》数据，2018年，甘肃省国家高新区创新能力总指标加权增长率为-6.7%，在全国30个省（区、市）排名第29；甘肃高新区创新资源集聚指标为-30.5%，在全国30个省（区、市）排名第29；甘肃高新区企业R&D人员全时当量为0.26万人年，在全国30个省（区、市）排名第26；甘肃高新区企业R&D投入占增加值比例为1.4%，在全国30个省（区、市）排名第29。这里的甘肃高新区是指兰白国家自创区的载体：兰州高新区和白银高新区。这些排名靠后的数据说明甘肃省高新区创新要素集聚不够、创新能力有所下降。需要相关省（区、市）层面对国家高新区的创新发展建设工作给予足够重视，从顶层设计着手优化整体发展环境，强化创新发展。

（五）人才队伍结构失衡，人才质与量双重欠缺

国家自创区人才资源集聚能力在很大程度上受到所在地区的区位及发展实力的影响，兰白国家自创区的区位、自身发展实力及未来发展潜力在一定程度上影响了对人才的吸纳能力。区内人才集聚存在不平衡和短缺现象。首先，高层次人才数量较少，符合产业发展和技术需求的高紧缺人才更少，自创区面临人才质与量的双重欠缺。2018年，自创区企业R&D人员全时当量为0.26万人年，占国家高新区整体的比例仅为0.14%。在海外高层次人才方面，更是远不及国内中关村、武汉东湖等自创区；另外，自创区人才队伍结构失衡，综合管

理类人员较多，但规划、金融、环保等专业管理人才缺口较大，远不能满足国家自创区发展需要。其次，在人才培养方面，与省属职业技术院校的合作深度不够，订单式培养没有真正落到实处，导致技能型人才大量缺乏；企业在培养人才上花费多、周期长，加上人才流失等问题，企业自主培养人才的信心与动力不足。最后，自创区用才主动权不足，灵活的选人用人机制和薪酬绩效激励机制还未建立，人事制度改革尚未得到落实。受限于企业自身发展和产业结构等因素，企业为各类人才提供的工资薪酬等待遇比较低，企业对人才干事创业的积极性调动得还不够，无法更好地激励各类人才发挥作用；系统的人才使用、评价、退出等长效机制尚未形成；受制于财力，人才财政资金扶持力度和范围有限。

（六）科技金融服务和金融产品创新不足

科技金融对自创区的创新发展意义重大。科技金融的发展是自创区实施自主创新战略、提升创新能力和园区竞争力，进而促进自创区经济创新增长和引领产业结构调整的重要保障。兰白国家自创区已经制定了加快科技金融融合发展的支持政策，但是仍然存在科技金融服务发展缓慢、金融产品创新不足的问题。

首先，兰白国家自创区基金业务尚未全面展开，创新基金、创投引导基金、风投基金、天使基金、产业基金、"新三板"等都没有落地；目前尚无科技支行，创投机构、区域性银行分支机构也很少。其次，受制于自创区财力不足、资质不够，创业风险投资机构和金融风险担保机构无法形成规模。同样受制于引导资金不够，无法匹配创投机构对企业的风险投资。为技术创新项目提供的低息贷款或贷款贴息、为企业自主创新贷款提供担保、试行知识产权、无形资产和个人信誉担保抵押贷款等金融支持政策也落实得不好，信贷业务尚未全面展开。最后，金融、证券、保险、期货等专业人才缺乏。

四 兰白国家自创区高质量提升建议

习近平总书记在党的十九大报告中对我国的发展阶段做了科学阐述,"我国经济已由高速增长阶段转向高质量发展阶段"。在2020年9月的科学家座谈会上,习近平总书记强调"加快科技创新是推动高质量发展的需要""西部欠发达地区,更需要实施创新驱动战略"。兰白国家自创区是甘肃省实施创新驱动战略、推动高质量发展的核心力量和载体。基于兰白国家自创区发展现状,借鉴高水平国家自创区的发展经验,围绕高质量提升需求提出建议。

(一)加快出台《兰白国家自创区条例》

2018年2月,国务院批复建设兰白国家自创区。批复要求在科技体制改革、科技金融创新、知识产权保护、科技成果转化、科技人才激励、创新主体培育等方面先行先试。落实批复要求需要法律保障;同时,基于兰白自创区发展现状,也需要把自创区建设和改革探索的重要成果和成功经验以法治的形式固化,把改革决策转化为制度保障;另外,随着国家自创区建设推进,一些制约发展的体制、机制方面的问题逐渐显现,迫切需要以法律形式明确国家自创区主体地位,解决权力合法依据缺失、体制僵化及国土规划、财政等方面的矛盾和问题。目前,北京中关村、武汉东湖、湖南长株潭、河南郑洛新等国家自创区已经出台条例(见表8)。实践证明,以条例形式从法律层面规范自创区发展十分必要、意义重大。条例应基于《兰白国家自创区建设实施方案》,涵盖战略定位、规划建设、管理体制、产业发展、合作协同等方面内容,对创新环境改善、创新要素聚集、创新金融服务、创新人才引培、产业链条支撑等关键环节也应做出具体规定。

表8 国家自主创新示范区

序号	省区市	自创区名称	涉及的高新区	高新区个数（个）	批复时间	出台条例
1	北京	中关村自创区	中关村科技园区	1	2009年3月13日	√
2	湖北	武汉东湖自创区	武汉东湖高新区	1	2009年12月8日	√
3	上海	上海张江自创区	上海张江、紫竹高新区	2	2011年1月19日	
4	广东	深圳自创区	深圳	1	2014年5月13日	√
5	江苏	苏南自创区	南京、苏州、无锡、常州、昆山、江阴、武进、镇江高新区，苏州工业园区	8+1	2014年10月20日	√
6	天津	天津自创区	天津滨海高新区	1	2014年12月11日	√
7	湖南	长株潭自创区	长沙、株洲、湘潭高新区	3	2014年12月11日	√
8	四川	成都自创区	成都高新区	1	2015年6月11日	√
9	陕西	西安自创区	西安高新区	1	2015年8月25日	
10	浙江	杭州自创区	杭州高新区、萧山临江高新区	2	2015年8月25日	
11	广东	珠三角自创区	广州、中山火炬、东莞松山湖、佛山、惠州、珠海、肇庆、江门高新区	8	2015年9月29日	
12	山东	山东半岛自创区	济南、青岛、淄博、潍坊、烟台、威海高新区	6	2016年4月5日	
13	辽宁	沈大自创区	沈阳、大连高新区	2	2016年4月5日	
14	河南	郑洛新自创区	郑州、洛阳、新乡高新区	3	2016年4月5日	√

续表

序号	省区市	自创区名称	涉及的高新区	高新区个数（个）	批复时间	出台条例
15	福建	福厦泉自创区	福州、厦门、泉州高新区	3	2016年6月16日	
16	安徽	合芜蚌自创区	合肥、芜湖、蚌埠高新区	3	2016年6月16日	
17	重庆	重庆自创区	重庆高新区	1	2016年7月19日	
18	甘肃	兰白自创区	兰州、白银高新区	2	2018年2月1日	
19	浙江	宁温自创区	宁波、温州高新区	2	2018年2月1日	
20	新疆	乌昌石自创区	乌鲁木齐、昌吉、石河子高新区	3	2018年11月23日	
21	江西	江西自创区	南昌、新余、景德镇、鹰潭、抚州、吉安、赣州高新区	7	2019年8月29日	

资料来源：根据科技部火炬高技术产业开发中心网站相关材料整理所得，http://www.chinatorch.gov.cn。

（二）坚持自创区和试验区联动发展，打造区域经济增长极

着眼于实施创新驱动发展战略，凝聚政策合力和建设合力，发挥政策优势和叠加效应，坚持"自主创新"和"先行先试"，全域布局、同步推进，实现兰白国家自创区和兰白试验区政策互动融合、协同联动发展，打造区域经济增长极。

首先，继续加强顶层设计，优化体制机制，推进融合发展。深化完善"省统筹、市建设、区域协同、部门协作"跨层级、跨部门的集中统筹和高效协同管理机制，适时跟进调整自创区、试验区领导小

组成员及单位,落实好与省直部门"七个直通"机制,全力推进自创区、试验区建设。兰州市、白银市,兰州自创区管委会、白银自创区管委会,结合自身权限不断完善本级支持意见和政策措施,加快形成省、市、区三级联动支持自创区发展建设的"1+N"政策体系。

其次,将试验区作为自创区的政策辐射区,协调推进互补发展,形成定位清晰、特色鲜明、错位有序的科技创新发展新格局。理顺管理运行机制,落实省级经济管理权限,协同推进兰州、白银两市基础设施互联互通和产业发展互补互促,推动创新要素在两市之间、园区之间合理流动和高效组合。

最后,切实提高认识,明确发展定位,遵循创新、协调、绿色、开放、共享发展理念,以《兰州白银国家自主创新示范区建设实施方案》《兰白科技创新改革试验区发展规划(2015~2020年)》确定的重点建设任务和主要发展指标为目标,借国家自创区建设之名、之势,打造创新环境良好、创新机制健全、创新要素聚集、开放合作深化、创新能力领先的区域科技创新中心,为西部欠发达地区深化科技体制改革和现代化经济体系建设提供可复制、可推广的示范样板。

(三)持续优化创新创业生态

创新创业生态是指影响创新能力与绩效的外部因素。良好的创新创业生态既意味着新技术和新产品的集聚,也意味着创新要素和人才资本的集聚,是国家自创区持续开展创新活动的有力支撑和保障。兰白国家自创区作为科技创新先行先试、高质量发展的支撑平台,需要在推进创新驱动高质量发展的政策方面迈出实质性步伐,需要持续优化创新创业生态以提升自创区的内在吸引力。

首先,健全、完善科技创新政策体系,为园区企业的创新发展提供良好的政策服务环境。继续深化"放管服"改革,争取下放省级经济管理权限,落实好国家减费降税政策及省、市出台的各项优惠政策，推进自创区"3+2+10"和"1+4+7"政策的落实归并，并对政策体系落实情况进行系统评估和修改完善。

其次，加大对创新创业的资金支持力度。包括以创业风险投资、贷款贴息等方式支持科技型企业技术创新；加大专项资金投入力度，持续支持技术委托开发、知识产权运营、科技成果转化、大型科研仪器共享等科技服务，推动高校与科研院所、企业开展协同创新，整合优势力量，突破关键核心技术。引导自创区企业争取兰白科技创新改革试验区技术创新驱动基金支持，激发企业创新活力。

再次，加大对创业孵化载体的建设力度，构建"众创空间—孵化器—加速器—专业园区"的孵化体系，不断提升创业服务质量，优化创新创业环境，力争把兰白国家自创区打造成为"双创"主体最聚集、"双创"活力最强劲、"双创"环境最优越的区域。大力推进相关创新创业服务机构的发展，对众创空间等"双创"平台提供支持，精简前置审批，清理、规范涉企收费，切实减轻企业负担；出台产权保护政策，在知识产权创造奖励、政策补助等方面给予相关企业大力扶持，协力推进丝绸之路国际知识产权港建设，强化知识产权全生命周期、全产业链条服务体系建设，支持创建国家知识产权试点示范园区；积极导入政府资源，做实做强兰州大学丝绸之路知识产权研究院，着力推动研究院向实体新型研发机构转型。

最后，进一步强化与创业相关的公共服务机构建设，整合政府和社会资源，为企业提供创业指导、人力资源、法律服务、金融服务等全方位立体化服务，加强对企业成长的支撑；进一步健全完善人才综合服务平台，加强自创区的"双创"教育与目标培训。

（四）实施高新技术企业提升计划，提高企业的技术创新能力

首先，应当以提高自主创新能力为核心，完善长效、稳定的财政

支持机制，加大对基础研究的财政投入，确保基础科研和核心攻关。省、市、区三级统筹专项资金，引导、支持企业开展研发活动，构建以市场为导向、以企业为主体、产学研深度融合的技术创新体系，提高企业的技术创新能力，以企业创新促进产业提升。

其次，引导企业加大研发投入，走创新驱动发展道路。高新技术企业作为创新引领者，体现了自创区的创新发展水平。高新技术企业数量少是兰白国家自创区乃至甘肃省的创新短板。应当完善激励政策，统筹专项资金，引导企业进行研发升级。优化高新技术企业认定程序，对经认定的高新技术企业给予奖励、补助及税收优惠；对经认定的新型研发机构在项目建设、用地审批、投融资、人才建设等方面给予与国有研发机构同等的待遇。

再次，筛选一批高成长、有潜力的科技企业申报牛羚企业、瞪羚企业和独角兽企业，构建"资金—项目—基金—培训—服务"五位一体的高技术企业培育体系，支持、鼓励高成长性企业自建、组建省级或者国家级高标准技术创新中心，成立发展专项资金，用于支持企业创新发展奖补。

最后，探索有针对性的绩效评价方式，进行自创区企业创新积分制试点，通过综合定量的绩效评价和定向帮扶，促进创新要素向企业聚集，提高企业技术创新能力。建设多元化主体参与的公共科技支撑平台，包括公共研发平台、高校院所开放的研发平台、合资或者外方独资的研发机构等，共同营造有助于企业创新能力快速提升的支持环境和生态。

（五）创新金融服务，加速推进科技与资本融合

科技金融对国家自创区创新发展意义重大。科技创新的加速、创新经济的发展，都离不开资本的投入。国家自创区应当成为科技金融发展的引领区。

首先,围绕创新链部署资金链,从科技企业的需求出发,不断创新金融支持政策和金融产品。构建科技投入、吸引金融信贷和鼓励创投跟进投入的多元化、多层次、多渠道的科技金融投融资体系;围绕"创投+担保+贷款"、"政府推荐+担保+贷款"、"统贷支持"、知识产权质押、企业互保等模式积极创新信贷产品,为科技创新型企业开辟信贷"绿色通道",提供差异化的资金支持。综合运用无偿资助、股权投资、风险补偿、贷款贴息、后补助和建设多层次资本市场等多种方式,满足企业尤其是创业企业和科技型中小企业的融资需求。

其次,设立政府投资引导基金,引导社会资本共同设立产业投资、创业投资、天使投资三大领域基金,打造全方位投资体系,投资于高新技术企业和优质发展企业,助推产业转型升级。加快"十大生态产业"基金等省内外基金公司落地运营。建立科技型中小企业信贷风险资金池,探索开展知识产权证券化试点,鼓励开发知识产权质押融资、融资租赁、科技保险等金融产品。健全、完善金政企对接例会机制,搭好金融与实体经济的支持和服务平台,实现项目、资本精准对接,为不同成长阶段的企业提供金融服务。

最后,引进和培育各类金融机构,搭建科技金融服务平台。国家自创区应当规划建设投融资机构高度集中的金融商务中心区,组建金融管理机构,出台金融支撑专项政策,通过多种举措积极引进和培育包括创业风险投资机构、保险代理机构、证券机构、担保公司、小额贷款公司及科技融资租赁公司等在内的金融服务机构。建立产业园区科技服务网站平台,为投融资供需双方汇集、整理、提供高质量信息,解决投资机构、金融机构与中小企业信息不对称问题。

(六)健全完善人才引培机制,强化按需精准引才

人才在兰白国家自创区建设中至关重要,人才库的基础和实力决定着自创区的发展实力、发展潜力和未来高度。自创区应该以更高的站位、更务实的态度和更加精准的思路，健全完善人才发展体制机制和政策，激发创新主体活力。

首先，推进人才发展体制机制改革，继续完善自创区"双创"人才引培政策，对于高层次人才要采用更具灵活性的引进措施，对于人才引进、使用方面的权利做到应放尽放。强化精准引才，立足甘肃省产业体系构建需求、企业创新需求、核心技术需求，有的放矢引进需用、适用、管用的人才和科研团队，不唯高精尖，只唯实。

其次，要重视人才培养。实施"青年人才培养"计划，完善、优化科技创新人才梯度培养机制，加大与省属职业技术院校的合作深度，积极落实订单式培养，解决技能型人才大量缺失的问题；注重本土人才培养工作，提升企业自主培养人才的信心和动力，打造兰白自创区自己的"梯度人才库"；建立健全对本土人才的普惠性支持制度，做到本土人才与引进人才一视同仁，在自创区累计工作达到核定年限的本土人才和在企业中成长起来的技术人才，经过考核评定，可以与引进的高端人才享有平等、无差别的待遇；放宽对青年创新创业人才的选拔政策，加大对青年人才创新创业的资助力度。

再次，建立健全符合国家自创区实际的选人用人、薪酬激励、绩效考核及人才服务机制，提高人才待遇，加强人才激励和保障；以超前主动、全方位的管家式服务，解决引进人才生活方面的诸多问题，实现人才"引得进、留得住、安下心"。创新人才流动机制，以高站位、大格局意识支持国有企事业单位、科研机构和高等院校专业技术人才创业和流动。

最后，建立以能力和业绩为导向的科学的人才考评与容错免责机制。国家自创区作为政策先行先试的区域，应当鼓励全面创新、宽容失败，建立容错免责机制。兰州高新区制定了《兰州高新区干部改革创新容错纠错免责制度和产业项目政府投资失败容错制度》，为科创管理者大胆改革和探索提供了制度保障。同样，对于科研项目和科研人员也应该建立容错免责机制。对于符合程序、尽责勤勉、无谋取私利、未取得预期成效的改革创新和先行先试不作负面评价、免除责任；对引领前沿、亟须探索、风险程度高的科研项目给予一定容错期限，以消除项目承担者的顾虑，鼓励科研人员敢干事、干成事。

参考文献

袁金星：《郑洛新国家自主创新示范区发展路径探析——基于国家自主创新示范区发展实践的思考》，《郑州轻工业学院学报（社会科学版）》2018年第1期。

《打造甘肃高质量发展重要平台－兰州白银国家自主创新示范区建设纪实》，http://gansu.gansudaily.com.cn/system/2019/04/20/017172816.shtml。

秦娜：《打造甘肃高质量发展重要平台》，《甘肃日报》2019年4月20日。

B.14
榆中生态创新城建设研究

索国勇*

摘　要： 建设"榆中生态创新城"是甘肃积极融入国家"一带一路"倡议、新时代西部大开发战略、兰西城市群战略以及黄河流域生态保护和高质量发展战略的一项重大决策。2019年榆中生态创新城建设被纳入全省政府重点工作，并且政府工作报告中先后提出了"全面启动榆中生态创新城规划建设"和"加快榆中生态创新城建设"的要求，成立了省市县三级政府的"榆中生态创新城建设领导小组"，全力推进规划建设进程。本报告以"生态"和"创新"为价值理念，从榆中生态创新城建设的提出和启动、榆中的经济基础和资源优势、榆中生态创新城的总体定位与规划设计、榆中生态创新城的项目建设进展状况等方面进行分析，并针对榆中生态创新城建设中缺乏严谨科学的前期论证、缺少粮食安全应急保障体系建设、城市规模总量规模过大和建设资金短缺等问题提出了相关对策建议。

关键词： 榆中　生态创新城　科技创新

---

* 索国勇，甘肃省社会科学院决策与咨询研究所副所长、副研究员，主要研究方向为政治学。

为了应对环境污染、能源短缺和经济发展问题，国内外许多城市纷纷开展生态城市的系统研究和建设，通过调整城乡空间结构和改善能源结构，制定详细生态城市建设原则和衡量标准，解决大都市城市能源资源紧张和环境恶化等问题，以提高人居环境质量，降低社区相关费用，协调人和自然的平衡与共生等，在这样的大背景下，甘肃省提出了建设榆中生态创新城的构想。

2019年甘肃省政府工作报告提出要"全面启动榆中生态创新城规划建设"，2020年甘肃省政府工作报告再次提出要"加快榆中生态创新城建设"。自此榆中生态创新城建设正式被纳入政府重点工作中，随后甘肃成立了"榆中生态创新城建设领导小组"，在省政府的大力推动下启动了榆中生态创新城的建设。2019年，甘肃进行了城市规划编制工作，通过全球招标的方式，形成了概念性的城市规划设计。2020年，在第26届兰州贸易洽谈会上，榆中生态创新城招商引资157亿元，31个基础性项目进入开工建设阶段。

一 榆中生态创新城建设现状

自榆中生态创新城规划建设启动以来，甘肃省针对榆中生态创新城规划建设，提出要统筹谋划，处理好兰州主城区、兰州新区、生态创新城三者之间的关系，相向错位发展，主城区重点强化省会城市功能，新区重点发展制造业，生态创新城突出科教、创新元素和城市副中心，坚持"兰州大学'双一流'大学建设、兰州城市副中心和全省新的经济增长极培育"三篇文章一起做，着力打造以生态和创新带动高质量发展的样板型增长极。

榆中生态创新城的构想与国家兰州西宁城市群、甘肃省兰州白银都市经济圈、兰州市"一心两翼"战略重任相联系，按照"生态优先、开放创新、区域协调、交通引领、高质量发展"的总体思路，以高站位谋划打造，以高起点规划设计，以高品质建设管理，以高标准推动实施。努力打造绿色生态宜居、配套功能完善、营商环境一流、创新活力迸发的"西部创新新平台、甘肃新兴增长极、兰州城市副中心"。

2020年，榆中生态创新城总体规划及相关专项编制已经完成，园区建设步入高质量招商建设的阶段。

（一）榆中生态创新城建设的提出和启动

1. 政府高度重视，设立组织机构

一是纳入政府重点工作。2019年甘肃省政府工作报告提出全面启动榆中生态创新城规划建设，由此榆中生态创新城建设被纳入全省政府重点工作中。

二是成立领导小组。成立了省级"榆中生态创新城建设领导小组"，由甘肃省省长唐仁健同志担任组长。随后兰州市和榆中县，也先后成立了市县两级的"榆中生态创新城建设领导小组"。

三是成立筹备委员会。2019年6月5日，召开了省级榆中生态创新城建设领导小组会议，会上确定成立了兰州榆中生态创新城筹备委员会。

四是成立管理委员会。2020年，榆中生态创新城建设领导小组召开会议，确定成立兰州榆中生态创新城管理委员会，2020年7月27日，兰州榆中生态创新城管理委员会召开首次大会，隆重举行了挂牌仪式，会议宣布由兰州市委常委、常务副市长吕林邦同志兼任榆中生态创新城党工委书记、榆中生态创新城管理委员会主任。

2. 召开工作会议，推动项目进度

榆中生态创新城建设领导小组成立后，以高度的责任心和饱满的热情投入工作，近两年时间里密集召开了十多次会议，研究确定总体定位、建设理念、前瞻性内涵等核心内容，部署榆中生态创新城建设的设计规划等一系列工作。以召开学术研讨会、广泛征求国内外专家意见、向社会各界推介宣传和开展积极招商引资等方式,大力推进规划设计和重点项目落地。

一是明确了构建以"四园""四创"为内核的榆中生态创新城。不仅能够改变城乡结构、区域结构,还能在一定程度上改变所有制结构,与全省推进"八大创新"、提升"五力"、解决"四大结构性问题",培育经济发展新动能高度契合。把榆中生态创新城作为培育经济发展新动能的主攻点,强化共识、以"实"字为先、以"干"字当头,激发企业家的活力,调动科学家的动力,增强劳动者的能力,挖出各级干部的潜力,提升全要素生产率的效力,全力推进榆中生态创新城高站位、高起点、高品质、高标准建设,让规划成果尽快展示出来。

二是立足产业、城市、生态多元融合,做好总体规划与专项规划有机衔接,优先打造核心示范区。把握好领导体制和工作机制的关系,突出把方向、管全局,领导体制架构清晰,工作机制体现作战效能,充分调动市县两级积极性,成立相关管理机构。

三是本着平等的原则综合考虑,最大限度地整合优质央企、省属企业和兰州市的资源,科学搭建开发运营主体,合理设计投资结构,推动各种要素加快汇聚。把握好生态用地和开发强度的关系,认真研究培育优势主导产业,严格把关,让有限的土地发挥最大的效益,积极推动综合性国家科学中心落地。

四是坚持合理布局,优先推进交通路网、生态绿化、保障住房、医院学校等基础性工程建设,吸引人群尽快集聚。把绿色作为底色,"先植绿、后建城",着力打造布局合理、景观优美、生物多样的生态系统,加快构建西部领先、全国一流的全域生态绿化体系。各级政府管理机构对照任务清单、责任清单,建立务实管用的工作机制,协同发力,严格督导落实,通过台账管理保证工作高效开展。

3. 出台优惠政策，保障投资持续稳定

榆中生态创新城被纳入要素保障机制的保障范围。2020年7月6日，省政府办公厅印发《关于"强化要素跟着项目走"保障机制持续做好稳投资工作的意见》（甘政办发〔2020〕63号），这项政策通过控制和优化资金、土地、能耗、污染物排放总量，来替代传统的指标、数据、市政配套、人才、重大协调服务等要素安排，以实现要素和项目需求精准匹配。其中将榆中生态创新城建设纳入"稳投资"的保障范围。

此外，从省级到县级陆续出台了一系列优惠政策，为做好榆中生态创新城招商引资工作，加大了政策保障力度，全力优化营商环境，积极"筑巢引凤"。

（二）榆中的资源优势和经济基础

榆中县位于兰州市东部的榆中盆地，距离兰州市主城区约38公里。全县辖20个乡镇268个村4个社区居委会（含兰州高新区托管的定远、连搭2个镇30个村），总人口56万，其中农业人口39.61万。全县海拔1480~3670米，属温带半干旱气候，年均气温7.5℃，年降水量641毫米，无霜期163天①。榆中县的历史人文和自然资源丰富，农工商业基础深厚，有较大经济发展潜力。具体表现在以下八个方面。

1. 历史文化悠久

建置始于秦始皇三十三年（公元前214），因秦将蒙恬斥逐匈奴"垒石为城，树榆为塞"而得名。明代改为金县，1919年恢复榆中县，距今已有两千多年历史，是兰州地区最早的县级行政区域建制，素有"丝路重镇""省城咽喉"之美誉。境内历史遗存众多，可开发

---

① 数据来源于榆中县人民政府。

的人文旅游资源丰富，明肃王陵被列为国家级文物单位，青城古镇、金崖古镇被命名为"中国历史文化名镇"。

2. 自然生态环境优美

县内有陇上屋脊马啣山、国家历史文化名镇青城古镇、小十三陵肃王墓等8处风景名胜，"陇右名山"兴隆山属国家4A级旅游风景区、国家级森林公园，拥有55万亩原始森林，是省会兰州的"一叶绿肺"和"天然氧吧"，也是省内旅游避暑必选地。近年来，完成生态造林35万亩，其中退耕还林15万亩、飞播造林10万亩，是全省首例飞播造林县和退耕还林面积最大的县区，成为兰州建设山水城市最适宜区域。

3. 土地资源广袤丰富

县域总面积3302平方公里，耕地105.74万亩，境内地势呈马鞍形，分为南部高寒二阴山区、北部干旱山区和中部川塬河谷区三类地区。特别是中部川塬河谷区——榆中盆地，地势平坦、面积广袤，约221平方公里。兰州战略布局的七大组团，榆中就有和平组团、金来组团、定连组团，独占其三，已成为承接兰州中心城区抽疏、生产生活资料市场转移及城市东扩发展的中心地带。

4. 交通设施综合完备

榆中境内连霍高速公路、312国道、309国道和陇海铁路纵横贯通，兰渝铁路、宝兰客专在榆中设客货枢纽，有4个高速公路出口和9个铁路货运站，建成环城西路、兴隆山大道等城市主干道10条51公里。在城镇化的快速推进下，和平、定远、连搭等区域已与主城区融合互动、浑然一体。夏官营军民两用机场、机场快速路、轨道交通4号线、兴隆山旅游专线等项目的启动实施，将进一步拉近榆中与主城区的距离，为建设兰州城市副中心和生态创新城提供便利的交通条件。

5. 特色农业优势突出

榆中县已发展形成了无公害蔬菜、高原夏菜、养殖畜牧、中药材等特色优势农业，成为国家级出口食品、农产品质量安全示范县，全国无公害蔬菜生产示范基地，全省冷凉型蔬菜出口创汇基地。在现代设施农业建设方面，榆中获批全国8个田园综合体试点之一，这也是甘肃首个田园综合体，它与三角城康源现代农业示范园、青城魏家大坪现代农业示范园等5个现代农业示范园形成优势互补、良性互动的现代农业发展格局，创建中国特色农产品优势区。

6. 现代工业初具规模

榆中的现代工业经济发展较快，工业企业数达到325家，其中规模以上26家，基本形成了以新型钢铁、有色金属新材料、生物医药、新型建材、塑编制造、乳制品加工等为主的工业体系，徐家营工业园和卧龙川工业园正在发展壮大。在榆钢公司、金川科技园、庄园乳业、亚兰药业、奇正藏药、京兰水泥、高崖金城水泥、甘草环保建材公司等一批重点企业的支撑下，榆中的现代工业已具备一定规模，近年来注重发展战略性新兴产业，不断推动传统产业向低碳化、绿色化方向发展，战略性新兴产业比重有较大幅度提升。

7. 第三产业发展态势良好

榆中综合推进商贸、物流、现代服务和旅游经济等多种行业，已建设成毅德商贸城、瑞鑫国际、家盛市场等一批大型商贸物流项目，现代商贸物流业呈现蓬勃的发展态势。特别是兰州高原夏菜副食品采购中心即将建设成多功能、强辐射的大型综合性平台，这个中心整合了一级农产品的批发、集散、物流、园区和田园综合体等多项功能，可以高效率地面向国内外市场服务。

8. 文化旅游底蕴深厚

榆中不仅有悠久的历史，更有丰富的旅游资源。依托得天独厚的旅游资源和悠久深厚的历史文化底蕴，榆中县重点打造李家庄田园综合体、浪街·老家、花田间、栖云田园小镇、西坡精品民宿等项目，启动综合服务中心、兴隆风情小镇、自驾游营地等项目建设，在景区开发、景点基础建设、民宿酒店打造、旅游商品开发等方面取得了理想的成绩。

（三）榆中生态创新城的总体定位与规划设计

榆中生态创新城规划积极借鉴雄安新区、上海自贸区、深圳前海、海口江东新区等国内开发区的先进经验，形成了总体定位、建设理念、产业发展思路和创新合作机制等，并且精心组织安排，在全球范围招标，逐步完善了规划设计。

1. 明确总体定位，推出建设理念

其一，总体定位。榆中生态创新城的总体定位是"西部创新新平台，甘肃新兴增长极，兰州城市副中心"。

其二，建设理念。榆中生态创新城的建设理念是：绿色生态宜居、配套功能完善、营商环境一流、创新活力迸发的"榆中生态创新城"，能充分体现"西部科创研发引领区、西北生态城市典范、甘肃高质量发展示范区、城市功能疏解样板区"的内涵特征。

其三，产业发展思路。榆中生态创新城产业发展的总体思路是：依托省内龙头科创资源优势和区域生态环境比较优势，围绕兰西城市群国家战略创新驱动任务要求，面向甘肃重大需求，聚焦科技创新前沿，将榆中生态创新城建设为"西部创新新平台，甘肃省产业创新发展新高地"。

其四，创新合作机制。强化开放合作机制创新、人才服务能力建设和多级多类创新载体打造，积极吸纳和集聚创新要素资源，大力推动科创、文创、农创产业集聚。"重平台、重机制，设门槛、优门类"，以生态、创新为导向，以科创产业引领、科创绩效带动，建立创新引领、体系完整、结构优化、特色鲜明的现代产业体系。

2. 精心组织安排，完善规划设计

《榆中县城市总体规划（2014~2030）》于2016年8月由兰州市

人民政府批准实施，该规划为将榆中县建设成为"陇右文化山水旅游名城"发挥了积极作用。2019年1月，召开的甘肃省委十三届七次全会提出将榆中生态文化创新城作为全省两大重要增长极之一；2019年甘肃省政府工作报告提出全面启动榆中生态创新城规划建设。根据省委省政府这一重大举措，兰州市发展和改革委员会于2019年3月起，组织开展《榆中生态创新城空间发展战略规划（概念性）》国际咨询和总体规划编制工作，历经多轮技术论证和审查，于2020年初形成《榆中生态创新城总体规划（2019~2035）》成果，该规划范围与榆中县城市总体规划中心城区范围一致。

根据兰州市委、市政府全面启动榆中生态创新城规划建设的工作安排，根据《中华人民共和国城乡规划法（2019年修正）》的规定，榆中县人民政府启动榆中县城市总体规划修改工作，由榆中县自然资源局组织编制《榆中县城市总体规划》（2020年修改）——中心城区（榆中生态创新城）规划草案，本次规划修改将《榆中生态创新城总体规划（2019~2035）》充分融入规划草案，并将规划草案通过网站及新闻媒体向全社会予以公示，公开征求社会各界的意见。

3. 规划方案翔实，内涵丰富具体

2019~2020年的甘肃省政府工作报告提出要"全面启动榆中生态创新城规划建设"和"加快榆中生态创新城建设"，有力推进了榆中生态创新城总体规划的出台。榆中生态创新城总体规划方案，通过全球招标，在形成概念规划的基础上，进行战略性规划，经过广泛征求意见和多次修改，于2020年4月公开出台了《榆中生态创新城总体规划（2019~2035）》方案。这个总体方案主要有以下几个方面的特点。

其一，体现时代精神、顶层战略的高点定位。

总体定位。榆中生态创新城的总体定位是"西部创新新平台，甘肃新兴增长极，兰州城市副中心"，体现"西部科创研发引领区、西北生态城市典范、甘肃高质量发展示范区、城市功能疏解样板区"的内涵特征。

城市性质。榆中生态创新城是以科技创新产业为特色的甘肃省新兴增长极，大兰州都市圈"一心两翼、三城联动"的重要东部战略支点，体现山水人文特色的生态宜居典范。

规划范围。榆中生态创新城位于榆中县中部，规划范围东起青龙岭，西至白虎山，南起兴隆山，北至北山，规划面积约123平方公里。

其二，融山聚水、组团拓展、轴线串接的可持续城市发展形态。

空间结构：规划形成"一带、两廊、三绿轴、三片区"的总体空间结构。"一带"即南北贯穿的"兴隆山大道—科创大道"城镇综合发展带；"两廊"即延展萃英山、宛川河山水两翼的文创发展廊道与科创发展廊道；"三绿轴"即各片区内部东西向连山通水的生态绿轴；"三片区"即夏官营片区、三角城片区、榆中县城片区。

三个片区互有侧重、有序推进，其中：夏官营片区突出科创产业布局和夏官营枢纽建设，为近期建设的重点片区。规划期末，规划面积55平方公里，其中城市建设用地24平方公里；近期城市建设用地面积17平方公里。三角城片区以综合服务为主，预留未来高能级行政管理单元的植入空间，是中远期建设的主要空间，规划面积34平方公里，其中城市建设用地16平方公里，近期城市建设用地面积1平方公里。榆中县城片区以存量更新为主，以人居环境改善为重点，规划面积34平方公里，其中城市建设用地26平方公里，近期城市建设用地面积25平方公里。

功能分区：规划六大类功能板块。

科创产业板块。依托现有科教优势资源主要布局夏官营片区，少量于三角城片区和县城片区。功能以高等院校、科研机构和科创园区为主，辅以少量高技术、高附加值、无污染的制造业，配套生产性服务业和高品质、定制型的公共服务设施。

公共服务板块。分别布局于三大片区。依托高等级公共服务设施的导入、高铁站建设及夏官营片区科创效益聚集形成，重点发展文博会展、科创金融、总部经济等现代服务业。

宜居板块。主要布局于县城片区，少量布局于三角城片区和夏官营片区，功能以高品质居住、基础公共服务为主。

生态休闲板块。主要为沿夹沟河、南河两侧的生态廊道及贯穿三大片区的中央绿廊，功能以生态休闲、娱乐健身为主。

交通枢纽板块。结合夏官营机场的改造升级和高铁站的建设，建设交通物流枢纽及配套服务用地。

战略留白板块。在城镇开发边界内做好空间战略留白，确保未来重大功能项目、重大事件落地。

土地利用：本次规划共涉及15个大类35个中类国土空间规划用途分类。

其三，创新产业发展思路与布局。

产业空间布局体系：规划形成"三带"引领、"三区"联动的产业创新发展总体空间布局。"三带"即"科创带""文创带""农创带"；"三区"即三个产业集聚片区，包括夏官营片区、三角城片区和榆中县城片区。

五大创新载体建设：加快建设国际一流大学组群；谋划建设一批大科学装置和重大科学基础设施；推动建设一批"飞地创新园"；推进建设多级多类的产学研深度融合区；营造高水平的现代服务业集聚区。

其四，构建生态优先、山水辉映、特色突出、幸福宜居的总体空间布局。

公园城市建设：聚力绿色发展，打造黄土高原"公园城市"样板。规划期末，公园绿地服务半径覆盖率达到90%以上，实现国家生态园林城市指标。建设包括郊野公园、滨水公园、综合公园、社区公园、街头游园的全域公园体系。

城市道路交通系统：规划形成"五纵十二横"的骨架性主干路网体系。坚持"小街区、密路网"结构，全面推进以支路为主体的微循环道路体系建设。城市道路总路网平均密度达到13~15公里/平方公里。

（四）榆中生态创新城的项目建设进展状况

1. 制定投资目标

在重大项目建设中，榆中生态创新城以"五比五拼"为抓手，紧盯项目建设，加快推进项目前期工作，力争实现年度固定资产投资100亿元目标。

2. 优先生态绿化

榆中生态创新城坚持生态优先，实施生态绿化项目。围绕"入口添景、两岸增绿、两山见林、三线显廊"绿化目标，开展春季绿化攻坚行动，加快公路、铁路、河道、渠系沿线绿廊及滨水空间建设。在兴隆山大道、宝兰客专、连霍高速、大小夹沟河两侧等造林4000余亩，实施1.3万亩面山绿化增效工程，截至目前，栽植各类苗木12余万株。

3. 推进基础项目

榆中生态创新城坚持基础先行，紧锣密鼓推进路网管廊等基础设施项目。在区域路网管廊建设方面，榆中生态创新城先期建设区域主次干道15条（7主8次）。在安置保障房建设方面，榆中生态创新城周前村安置点（一期）工程已开工建设。榆中生态创新城还围绕总体规划和产业发展方向，加快推进核心示范区市政工程、国科大兰州学院、兰大榆中校区附属学校、兰州国际医学中心等重点项目前期工作，以尽快形成全面建设的局面。

4. 拓宽融资渠道

榆中生态创新城将充分发挥兰州生态创新城发展有限公司融资平台作用,加强与央企、省企以及金融机构的对接,拓宽融资渠道,吸引有实力的企业参与榆中生态创新城建设,为榆中生态创新城建设创造有利条件。榆中生态创新城还设立了榆中生态创新城建设基金来强化资本运作能力,确保榆中生态创新城各项工作有序推进。

在第二十六届兰州贸易洽谈会期间,榆中县举办了重点招商项目推介会暨重大项目集中签约仪式,榆中县共签约项目 21 个,总投资额 146.44 亿元。其中,省级专场签约项目 1 个,投资额 4 亿元;市级专场签约项目 10 个,投资额 73.59 亿元;县专场签约项目 10 个,投资 68.85 亿元①。

5. 启动科技创新区

先期全力打造科创引领的夏官营启动区。围绕兰州大学、西北民族大学等高校及科研机构,逐步集聚区域科创资源,初步形成科创学镇的创新格局。榆中县城片区同步开展更新优化、环境品质提升工作。榆中县城片区和夏官营片区平衡发展,三角城片区作为战略预留。

二 榆中生态创新城建设存在的主要问题

面对国际形势的复杂多变和国家进入高质量发展阶段的调整要求,以及推动"双循环"发展新格局的需要,建设榆中生态创新城中存在的诸多问题需要慎重对待。

---

① 数据来源于甘肃省经济合作局。

（一）缺乏严谨科学的前期论证

从国内外学术研究的角度看，目前尚没有非常专业的"榆中生态创新城"相关研究成果问世。从甘肃省官方公布的资料和媒体宣传的内容看，就只有大规模美好愿景的宣传推介，以及政府的高标准要求和加速快建的推进机制，使得这项定位很高的战略性举措表现出理论支撑不足和城市扩建的必要性论证缺失的遗憾，在综合理论论证不足和城市扩建必要性不清晰的情况下，快速启动规划设计，大举推进城市扩建进度，带有强烈的感性色彩，而从城市的人口密度、经济总量、社会结构、发展潜力等方面的理性思考严重不足，决策这样的项目有可能顾此失彼，重蹈此前雁滩、兰州新区等许多大型项目开发中盲目冒进的覆辙，浪费甘肃省有限的财力和珍贵的自然资源。

（二）榆中生态创新城规划城市规模过大

打造"西部创新新平台，甘肃新兴增长极，兰州城市副中心"，其总体占位的高度和建设理念的广度，可以和发达的东南沿海地区有关生态创新城相比，政府急于加速甘肃省经济社会发展和提升省会城市品位的意愿令人钦佩。榆中生态创新城规划虽然是通过全球招标完成的，但无论国外的还是国内的规划设计，都是在没有充分论证支撑的情况下完成的，换个角度说，就是仅仅为了满足打造"榆中生态创新城"而做的这个规划，那么举全省之力规划布局这样一个规模较大的新型城市的实证依据是什么？

从最新公布的数据看，榆中生态创新城规划占地约123平方公里，相当于又打造一个面积大、规格高的新城市，而国内外复杂因素影响下的甘肃社会发展和经济支撑，以及持续投入能力和政策的连续性都是未知数，所以现有规划的规模显得过大，需要合理做出调整。

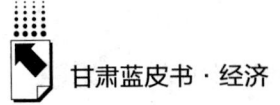

（三）榆中生态创新城建设资金来源不足

榆中生态创新城管委会制定了年度固定资产投资100亿元的目标，搭建了融资平台，招商引资也有一定成效，但就投资的主体来看，这个项目目前还没有得到国家的扶持和资金投入，招商引资的成效也很有限，资金来源主要还是依赖地方政府财政投入，表现出建设资金来源少、实际投入金额不足的状况。

（四）缺乏粮食安全保障体系建设

由于新冠肺炎疫情的影响，全球出现粮食紧张局势，全球粮食安全面临诸多挑战。作为省会城市的兰州市，由于近几十年的房地产开发等城市扩建项目的发展，粮食和蔬菜种植面积减少，导致兰州市应对突发事件的粮食应急保障能力减弱和下降，人民日常生活负担加重。例如，蔬菜等生活必需品的价格，已经远远超过京上广深等发达地区的物价。而目前推出的省会城市副中心战略规划中，对国家提出的重农抓粮、藏粮于地、藏粮于技等，构建粮食安全保障体系的战略重视不够，其中缺失了兰州市粮食安全保障体系相关项目的建设。这就需要在榆中生态创新城建设中考虑和补齐这个短板，以增强省会城市的粮食安全和应急保障能力，并且通过粮食安全和应急保障项目的建设，尽快降低兰州市的生活必需品价格。

三 榆中生态创新城建设的对策建议

鉴于应对疫情影响和国内外复杂的经济环境变化，立足甘肃省经济发展现状，针对榆中生态创新城建设中的几个明显问题，提出以下四个方面的对策建议。

（一）放缓建设速度，重点立项科学论证

发展理念提出后要坚持科学论证先行的程序，避免美好愿景和热情淹没理性的思考。甘肃作为欠发达省份要建设规模较大的新城市，必须避免过去粗放模式，做更加深入细致的研究，进行全方位的严密论证后才能实施。从投资能力上讲，在国家不投入的前提下，现阶段兰州市的经济实力和财政能力也限定了榆中生态创新城的建设速度，这必将是一个需要长期持续投入和建设的未来城市。因此，建议放缓榆中生态创新城的建设速度，设立省级重点科研项目，在充分论证科研成果的基础上，有依据地调整完善现有规划设计。

1. 要准确定位兰州在省会城市乃至都市圈和中心城市中的地位

必须从常住人口规模，经济规模和经济效益，城市经济发展阶段，城市空间规模和用地集约程度等方面开展严密的论证。

2. 要对榆中生态创新城的发展潜力做客观评估

在资源和人才继续向京上广深等东南沿海倾斜的现实条件下，要对榆中生态创新城的环境资源承载能力、人口集聚能力、城市发展潜力等做出更加符合实际的论证。

3. 要严格遵照国务院发布的《关于建立国土空间规划体系并监督实施的若干意见》

国土空间规划体系中明确规定了"三区三线"，榆中生态创新城建设必须认真执行这些政策。根据城镇空间、农业空间、生态空间三种类型的空间，分别对应划定城镇开发边界、永久基本农田保护红线、生态保护红线三条控制线。防止推进建设中造成城市不集约和粗放型的扩张。

（二）缩小建设规模，优先升级老城区品位

为了应对当前复杂多变的国内外经济发展形势，争取做细做好科

学论证和合理规划的时间，节约有限的财政资源，预留未来发展空间。建议先缩小榆中生态创新城的建设规模，优先改造提升榆中县和兰州市旧城区的基础设施，把榆中县和兰州市旧城区升级成规模适中的可以与中东部地区相媲美的现代化生态创新城。通过改造提升老城区来拓展存量，通过优先抓好生态和粮食安全来创造增量，推动老城区与新城区相互融合、接轨发展。

1. 缩小榆中生态创新城的建设规模

缩小榆中生态创新城建设规模可以争取科学论证和纠错纠偏的空间和时间，可以节约宝贵的自然资源，为未来条件成熟时的开发留足发展空间。缩小榆中生态创新城建设规模可以节约财政，使有限的财力发挥更大的效力。最重要的是缩小榆中生态创新城建设规模，可以从容应对当前复杂多变的国内外经济形势，为降低风险和提升应对风险的能力做好准备。

2. 优先把榆中县和兰州市旧城区改造升级为新型生态创新城

按照中央要求的"绿色发展、循环发展、低碳发展，尽可能地减少对自然的干扰和损害"的发展理念，在榆中生态创新城规划的"三片区"中，应当优先推进已有城市基础的"榆中县城片区"的建设，以及兰州中心城市基础设施的现代化改造升级，最大限度地改善已有城市的旧城弊端，提高旧城区的集约化、智能化、绿色化、低碳化水平，把榆中县和兰州市旧城区改造升级成基础设施先进、功能完备和规模适中的现代化新型生态创新城。

（三）改善融资环境，加大招商引资力度

榆中生态创新城建设单靠政府财政投入还是不能满足建设需要的全部资金，为保证生态城建设的有序推进，必须推出相关融资政策，并且不断完善融资机制，引进不同的金融机构，建立多类型的立体融资平台，实现多元化融资方式的整合。一是积极争取国家对榆中生态

城建设的支持；二是同国有、私有和外资等大银行建立合作机制，通过融资贷款等方式筹备建设资金；三是采用 BOT、PPP 融投资方式，广泛吸引社会资金参与榆中生态创新城建设；四是继续优化营商环境，制定招商引资优惠政策。提高行政效率，降低准入条件，提高招商人员的业务水平和管理能力等，改善政策、经济、服务、生态等投资环境，加大招商引资力度，作为财政投入不足的补充。

（四）建设粮食安全保障中心，增强应对突发事件的能力

粮食安全是和平与发展的重要保障。国家把粮食安全作为治国理政的头等大事，提出了"确保谷物基本自给、口粮绝对安全"[①] 的新粮食安全观，强调中央储备与地方储备协同运行的粮食安全保障措施。面对新冠肺炎疫情导致的全球粮食安全问题，在 2020 年第四十个"世界粮食日"，国家粮食和物资储备局策划了"全国粮食安全宣传周"活动，提出"端牢中国饭碗，共筑全球粮安"的主题。推进提升粮食绿色仓储和应急保障能力，增加绿色优质粮油产品供给，满足广大人民群众对粮油消费安全的基本需求，以便在更高层次上保障国家粮食安全。

作为兰州市副中心的榆中生态创新城建设，应当优先考虑到榆中的农业基础和耕地资源的保护利用。榆中县是"国家级出口食品、农产品质量安全示范县"、"全国无公害蔬菜生产示范基地"和"全省冷凉型蔬菜出口创汇基地"，也是全国 8 个田园综合体试点之一。榆中县总面积 3301.64 平方公里，合 495.24615 万亩。其中，可耕地 188.62476 万亩（实有耕地 111.94 万亩）[②]，具有优越的现代农业基础，应当在确保耕地面积不减少的前提下，重点建设兰州市粮食安全

---

① 《中国的粮食安全白皮书》（国务院新闻办），2019 年 10 月 14 日。
② 数据来源于榆中县人民政府。

生产储备基地，打造兰州市粮食安全应急保障中心，大力推进粮食安全和应急保障水平的提升，增强应对突发事件的能力和基础。

（五）珍惜自然资源，改善生态综合效益

榆中生态创新城建设的效力和前景可以期待，但发展潜力如何还缺乏清晰的定论，如果在保护原有生态资源的基础上，大力改善和修复生态系统，珍惜水源等不可再生自然资源，大规模的绿化荒山荒地，保护生态多样性，就可以逐步提升生态综合效益，创造出明显的发展优势。因此，现阶段我们应当从打造生态创新城为主的方案，转变为首先打造环境优越的生态示范区为主，并以此促进旅游、生态康养产业和绿色生态农业的发展，发挥好生态综合效益，为实现建设一个高质量的榆中生态创新城打好生态基础。

参考文献

张务锋：《切实端牢十四亿中国人的饭碗》，《粮油市场报》2020年10月17日。

侯敏：《国土空间规划背景下村庄规划设计研究——以福州市芙蓉村为例》，《福建建筑》2020年6月1日。

马建堂：《在新起点上更好地保障国家粮食安全》，《新经济导刊》2019年12月1日。

社会科学文献出版社

皮 书

智库报告的主要形式
同一主题智库报告的聚合

❖ 皮书定义 ❖

皮书是对中国与世界发展状况和热点问题进行年度监测,以专业的角度、专家的视野和实证研究方法,针对某一领域或区域现状与发展态势展开分析和预测,具备前沿性、原创性、实证性、连续性、时效性等特点的公开出版物,由一系列权威研究报告组成。

❖ 皮书作者 ❖

皮书系列报告作者以国内外一流研究机构、知名高校等重点智库的研究人员为主,多为相关领域一流专家学者,他们的观点代表了当下学界对中国与世界的现实和未来最高水平的解读与分析。截至2020年,皮书研创机构有近千家,报告作者累计超过7万人。

❖ 皮书荣誉 ❖

皮书系列已成为社会科学文献出版社的著名图书品牌和中国社会科学院的知名学术品牌。2016年皮书系列正式列入"十三五"国家重点出版规划项目;2013~2020年,重点皮书列入中国社会科学院承担的国家哲学社会科学创新工程项目。

中国皮书网

（网址：www.pishu.cn）

发布皮书研创资讯，传播皮书精彩内容
引领皮书出版潮流，打造皮书服务平台

栏目设置

◆ 关于皮书
何谓皮书、皮书分类、皮书大事记、
皮书荣誉、皮书出版第一人、皮书编辑部

◆ 最新资讯
通知公告、新闻动态、媒体聚焦、
网站专题、视频直播、下载专区

◆ 皮书研创
皮书规范、皮书选题、皮书出版、
皮书研究、研创团队

◆ 皮书评奖评价
指标体系、皮书评价、皮书评奖

◆ 互动专区
皮书说、社科数托邦、皮书微博、留言板

所获荣誉

◆ 2008年、2011年、2014年，中国皮书网均在全国新闻出版业网站荣誉评选中获得"最具商业价值网站"称号；
◆ 2012年，获得"出版业网站百强"称号。

网库合一

2014年，中国皮书网与皮书数据库端口合一，实现资源共享。

权威报告·一手数据·特色资源

皮书数据库
ANNUAL REPORT(YEARBOOK) DATABASE

分析解读当下中国发展变迁的高端智库平台

所获荣誉

- 2019年，入围国家新闻出版署数字出版精品遴选推荐计划项目
- 2016年，入选"'十三五'国家重点电子出版物出版规划骨干工程"
- 2015年，荣获"搜索中国正能量 点赞2015""创新中国科技创新奖"
- 2013年，荣获"中国出版政府奖·网络出版物奖"提名奖
- 连续多年荣获中国数字出版博览会"数字出版·优秀品牌"奖

成为会员

通过网址www.pishu.com.cn访问皮书数据库网站或下载皮书数据库APP，进行手机号码验证或邮箱验证即可成为皮书数据库会员。

会员福利

- 已注册用户购书后可免费获赠100元皮书数据库充值卡。刮开充值卡涂层获取充值密码，登录并进入"会员中心"—"在线充值"—"充值卡充值"，充值成功即可购买和查看数据库内容。
- 会员福利最终解释权归社会科学文献出版社所有。

数据库服务热线：400-008-6695
数据库服务QQ：2475522410
数据库服务邮箱：database@ssap.cn
图书销售热线：010-59367070/7028
图书服务QQ：1265056568
图书服务邮箱：duzhe@ssap.cn

卡号：436218516947
密码：

S 基本子库
SUB DATABASE

中国社会发展数据库（下设 12 个子库）

整合国内外中国社会发展研究成果，汇聚独家统计数据、深度分析报告，涉及社会、人口、政治、教育、法律等 12 个领域，为了解中国社会发展动态、跟踪社会核心热点、分析社会发展趋势提供一站式资源搜索和数据服务。

中国经济发展数据库（下设 12 个子库）

围绕国内外中国经济发展主题研究报告、学术资讯、基础数据等资料构建，内容涵盖宏观经济、农业经济、工业经济、产业经济等 12 个重点经济领域，为实时掌控经济运行态势、把握经济发展规律、洞察经济形势、进行经济决策提供参考和依据。

中国行业发展数据库（下设 17 个子库）

以中国国民经济行业分类为依据，覆盖金融业、旅游、医疗卫生、交通运输、能源矿产等 100 多个行业，跟踪分析国民经济相关行业市场运行状况和政策导向，汇集行业发展前沿资讯，为投资、从业及各种经济决策提供理论基础和实践指导。

中国区域发展数据库（下设 6 个子库）

对中国特定区域内的经济、社会、文化等领域现状与发展情况进行深度分析和预测，研究层级至县及县以下行政区，涉及地区、区域经济体、城市、农村等不同维度，为地方经济社会宏观态势研究、发展经验研究、案例分析提供数据服务。

中国文化传媒数据库（下设 18 个子库）

汇聚文化传媒领域专家观点、热点资讯，梳理国内外中国文化发展相关学术研究成果、一手统计数据，涵盖文化产业、新闻传播、电影娱乐、文学艺术、群众文化等 18 个重点研究领域。为文化传媒研究提供相关数据、研究报告和综合分析服务。

世界经济与国际关系数据库（下设 6 个子库）

立足"皮书系列"世界经济、国际关系相关学术资源，整合世界经济、国际政治、世界文化与科技、全球性问题、国际组织与国际法、区域研究 6 大领域研究成果，为世界经济与国际关系研究提供全方位数据分析，为决策和形势研判提供参考。

法律声明

"皮书系列"(含蓝皮书、绿皮书、黄皮书)之品牌由社会科学文献出版社最早使用并持续至今,现已被中国图书市场所熟知。"皮书系列"的相关商标已在中华人民共和国国家工商行政管理总局商标局注册,如LOGO( )、皮书、Pishu、经济蓝皮书、社会蓝皮书等。"皮书系列"图书的注册商标专用权及封面设计、版式设计的著作权均为社会科学文献出版社所有。未经社会科学文献出版社书面授权许可,任何使用与"皮书系列"图书注册商标、封面设计、版式设计相同或者近似的文字、图形或其组合的行为均系侵权行为。

经作者授权,本书的专有出版权及信息网络传播权等为社会科学文献出版社享有。未经社会科学文献出版社书面授权许可,任何就本书内容的复制、发行或以数字形式进行网络传播的行为均系侵权行为。

社会科学文献出版社将通过法律途径追究上述侵权行为的法律责任,维护自身合法权益。

欢迎社会各界人士对侵犯社会科学文献出版社上述权利的侵权行为进行举报。电话:010-59367121,电子邮箱:fawubu@ssap.cn。

社会科学文献出版社